教师教学反思能力培养及其行动研究

徐大林 著

·成都·

图书在版编目（CIP）数据

教师教学反思能力培养及其行动研究 / 徐大林著. -- 成都：电子科技大学出版社，2020.11
ISBN 978-7-5647-8426-3

Ⅰ.①教… Ⅱ.①徐… Ⅲ.①教师-教学能力-师资培养-研究 Ⅳ.①G451.2

中国版本图书馆CIP数据核字(2020)第214731号

教师教学反思能力培养及其行动研究
徐大林　著

策划编辑	杜　倩　李述娜
责任编辑	李燕芩

出版发行　电子科技大学出版社
　　　　　成都市一环路东一段159号电子信息产业大厦九楼　邮编　610051
主　　页　www.uestcp.com.cn
服务电话　028-83203399
邮购电话　028-83201495

印　　刷	石家庄汇展印刷有限公司
成品尺寸	170mm×240mm
印　　张	13.75
字　　数	250千字
版　　次	2020年11月第一版
印　　次	2020年11月第一次印刷
书　　号	ISBN 978-7-5647-8426-3
定　　价	56.00元

版权所有，侵权必究

前 言
Foreword

当前，随着我国教育改革日渐深入，应试教育向素质教育的转轨进入关键时期，在这个过程中，教育观念的转变成为这一教育改革成功与否的关键一环。只有在新的教育观念的指导下，才会有新的教育实践，并把这种教育实践从自发的、经验的高度提升到自觉的、理性的高度，这种新的教育观念，不能只存在于教育理论家的头脑里，而应该走向丰富复杂的教育实践当中去，为第一线的广大教育工作者所理解、掌握、应用、修正和发展，因为广大教育工作者才是现代教育改革的中坚，新教育正是从他们手里诞生的。

我们这里所说的新的教育理念主要包括：理解教学、合作学习、体验教学、生成教学、开放教学、反思教学、对话教学、问题探究教学等，这些教育理念的实施将大大提高我们的教学质量和课堂效率。

无论是面对新课程，还是面对价值多元、观念复杂的学生群体，许多老师深深感到以往的经验不能奏效了，以新的标准来衡量，自己的知识经验在量与质两个方面都存在着这样或那样的不足，在日益情境化、个性化、具体化的教育教学活动中，时常会手足无措。虽然也在时时处处追寻着社会变化，试图使自己的教学跟上经济社会发展的变化，但举目四望，教师总会觉得自己与其他行业从业人员有不小的差距，自己的理念等各方面都存有欠缺。这种感觉是教师以往的教育教学经历中没有过的，是自己的老师从来没有体验过的。

从教师的专业发展来看，一般来说，教师成长有其发展规律，要经历新手—成熟—专家等一系列发展阶段。每个教师走上教学这个岗位，就明了自己的发展过程。但是，置身于不断变化的时代，置身于教育变革的特殊时期，原有的教师成长经历几乎不再适用。在多变的教育情境之中，每个教师都是学习者、适应者和探索者。无论年龄大小，都需要重新定位，找寻专业发展的路径，积累处理新生问题的经验。成长中少了固定化的阶段，少了可以参照的榜样，成长忧虑也就伴随教师的专业发展自然而生了。

反思教学在经历了一个简短的发展过程之后，在今天受到了学界和一线教师的关注，它对于传统教学的改进有积极的意义。本书属于教师教学反思方面的研究著作，由前言、教师教学反思概述、教师专业发展与教学反思、教师教学反思的基本构成、教师教学反思能力培养的行动与路径、教师教学反思能力的培养形式、教师教学反思性评价等内容组成，全书以教师教学反思为研究重点，理论结合实践，具有一定的理论意义和实践价值，对教师行业的从业者和爱好者具有一定的学习和参考价值。

目 录
Contents

第一章 绪　　论 / 001

　　第一节　研究对象 / 001

　　第二节　研究思路与方法 / 001

　　第三节　研究价值 / 004

　　第四节　国内外研究述评与展望 / 006

第二章 教师教学反思概述 / 018

　　第一节　教学反思的内涵、特征及意义 / 018

　　第二节　教学反思的理论基础 / 031

　　第三节　教师反思与反思性教学 / 039

第三章 教师专业发展与教学反思 / 044

　　第一节　教师专业发展取向 / 044

　　第二节　反思性教学与教学主体性 / 054

　　第三节　教师专业发展的内容与教学反思 / 066

　　第四节　教师专业发展的过程与教学反思 / 071

第四章 教师教学反思的基本构成 / 076

　　第一节　教学反思的内容 / 076

　　第二节　教学反思的层次 / 087

　　第三节　教学反思的过程 / 090

　　第四节　教学反思的类型 / 093

I

第五章 教师教学反思能力培养的行动与路径 / 097

第一节 运用研究探索活动促进反思能力发展 / 097

第二节 构建学习共同体促进反思能力发展 / 099

第三节 营造良好的文化氛围促进反思能力发展 / 116

第四节 教师教育反思行动研究 / 124

第六章 教师教学反思能力的培养形式 / 148

第一节 反思型教师与培训 / 148

第二节 纸笔式教学反思日记 / 161

第三节 电子档案袋式教学反思 / 166

第七章 教师教学反思性评价 / 175

第一节 教学评价概述 / 175

第二节 反思性教学评价的价值取向 / 179

第三节 反思性教学评价的设计与方法选择 / 184

第四节 反思性教学评价的策略 / 195

参考文献 / 207

第一章 绪 论

第一节 研究对象

本研究采取整群抽样的方式,将本地区几所不同阶段的学校、不同学科的教师作为被试对象。

被研究对象的任教学科涉及语文、输血、英语、地理、历史、政治、生物、音乐、体育、数学等学科。笔者希望通过此次研究,能够获悉目前一部分教师对于教师教学反思能力及反思行动真实的了解情况,以及在日常教学中对于教学反思的应用,在提高其个体反思能力中的效果和遇到的具体困难,希望得到的帮助有哪些等。

第二节 研究思路与方法

一、研究思路

本书的研究思路分为三步——发现问题、分析问题和解决问题。第一步,发现问题,本部分在文献梳理的基础上确立了教师教学反思能力的研究意义、研究基础。第二步,分析问题,本部分综合运用访谈法和问卷调查法,调查分析当前新任高中地理教师教学反思能力的现状及影响因素。第三步,解决问题,也是本文最关键的一步,在实地考察的基础上,结合现状,提出教师教学反思能力及其反思行动的培养策略等相关研究。

以下为本次研究思路的技术路线图展示：

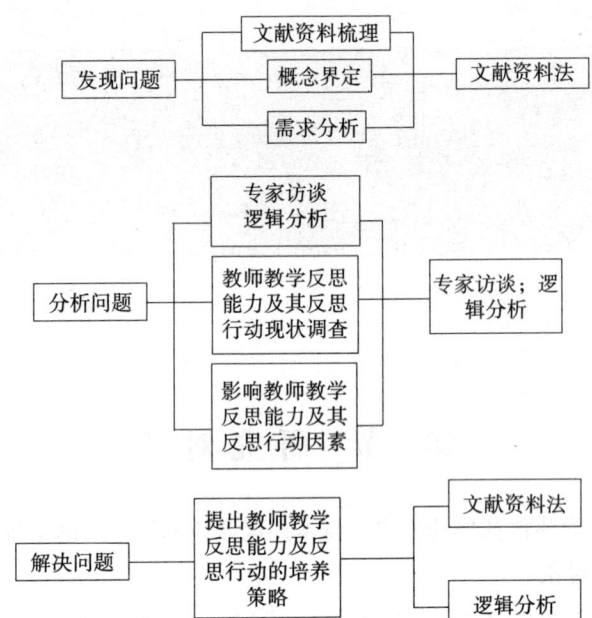

二、研究方法

首先，确立本书的研究方法，本书综合运用文献资料法、专家访谈法、逻辑分析法、实地考察法等。

（一）文献资料法

1. 文献资料法

通过运用因特网对"中国知网""百链外文学术搜索"以及中国博士硕士优秀论文库等相关网站、书籍，检索，搜索以教学反思、教学反思能力、教学反思能力，教师教学反思能力等关键词，对教学反思能力的著作、学术期刊、学术报告、学位论文和大学学报等理论和研究成果进行了搜索和分析，共计3297篇。其中165篇可参考其价值，查阅图书馆相关参考书籍31本，通过对资料的筛选、归纳、总结、分析，为本书教学反思能力的现状、提高调查和分析提供依据和论述，旨在为本书的研究框架及内容构思提供参考。

2. 文献研究

对已有的相关研究资料进行文献分析是研究工作所必不可少的一个重要方法。首先，在研究前期的准备阶段对有关教师教学反思的理论著作、相关研究等文献进行整理、归纳和分析，在进行理论学习的同时，了解了相关研究的进展和不足，从中为自己的研究寻找研究视角、分析框架以及落脚点。同时，对教学理论工作者和实践工作者关于教师教学反思的相关研究成果进行分析、整理，在批判继承的基础上不断整合、创新，为本研究的顺利进行打下基础。其次，通过研究文献，运用归纳和演绎、分析与综合以及抽象与概括等方法，对获得的各种有关教师教学反思的材料进行思维加工，由此及彼、由表及里，从文献资料中发现有关教师教学反思的新问题，提出新观点，形成新认识。

3. 资料分析

收集学校和教师有关教学反思以及反思行动的资料，包括教学后记、教学反思日记以及学校有关教师教学反思方面的文本资料，通过分析这些资料加深对教师教学反思现状的了解程度。

（二）专家访谈法

所谓专家访谈法是有代表性地搜集具有丰富相关研究经验专家的意见和想法，并基于访谈得来的信息资料作为参考依据，进而对所研究主题作出相应的评价或判断。

在本书的研究中，则针对我国当前教师教学反思能力及其反思行动作为主题，对相关教师职业培训、教师职业生涯规划等方面的研究专家进行了深度采访。期间，就教师教学反思能力现状、存在的问题、制约因素、提升策略，以及教师反思行动的方式方法进行了详细探讨，为本书的研究提供了极具可行性的信息与建议。

（三）逻辑分析法

逻辑分析法主要是指"语言的转向"之后出现的分析哲学、科学哲学中所使用的分析方法。这种方法利用现代数理逻辑这个强有力的工具，对语言进行分析，并通过语言分析来解决传统的哲学问题。在学术研究中，逻辑分析法的应用，通常是基于大量的权威资料累计之下而进行，从而能够对研究对象进行最为直接的审视与思考，以此建立较为全面的研究结果。

在本书中，对于逻辑分析法的应用，则是承接与"文献资料法""专家访谈法"和"实地考察法"之上，在这一系列的研究资料获得之后，进行或穿插或统一性的科学分析，进而得到研究结论。

（四）实地考察法

传统意义上，实地考察法值得是从人类学中借用过来的一种定性研究方法，具体指的是为明白一个事物的真相、事态发展流程，继而进行实地的、直观的、局部的调查。

在学术研究中，则是相应地逻辑意思。即研究人员针对所研究的相关课题，进而进行的实地性的多方位调查。实地考察法的应用，首先要明确考察的对象和目的，也就是"考察什么？""为何要做这次考察？"这样是规避研究过程陷入盲目性的有效前提。在实施过程中，则要注意了解事物的总体与局部，应分清主次和重点，保障考察结果的层次性，其次，还应当做到边考察、边分析、边记录，做好文字性的说明文章，才能准确把握所考察的事物。

在本研究中，笔者针对教师教学反思能力及其反思行动的主题，对周边地区几所不同阶段学校的教师教学过程进行了实地的跟踪观察，并对个别教师做了相关采访，认真听取并记录了教师在教学反思方面的个人想法与建议，极大地促进了考察资料的真实性与有效性。

第三节 研究价值

社会日新月异的发展和教育事业的突飞猛进，对教师的专业化水平要求越来越高，社会的期望也迫使教师必须不断更新自己的教育观念、专业知识、专业技能等。同时，新课程改革给学校带来的最大挑战莫过于教师专业化水平的挑战，教育事业改革成败取决于教师的发展，教师发展也成为提高学校办学水平的关键。在《国家中长期教育改革和发展规划纲要》中就强调"加强教师教育，深化教师教育改革，创新培养模式，增强实习实践环节，强化师德修养和教学能力训练，提高教师培养质量。"[①] 而在教师教育培训中，教师的反思能力是需要关注的核心问题之一。

一、研究的必要性

（一）学校的发展依赖于教师的反思能力提升

学校发展依赖于每个教师个体的发展，而最经济的办法就是让每个个体的进步换来群体成员的进步。教师的发展水平决定着学校的发展水平，建设一支具备良好的专业素养、具备较强的反思能力的教师队伍是学校可持续发展的基础和保障。

---

① 陈世辉. 教研员工作概论 [M]. 哈尔滨：黑龙江朝鲜民族出版社，2012：42.

(二) 教师专业发展需要教师提升反思能力

目前的教师继续教育和教师职业发展主要靠行政手段来推进，主要以区域教研活动的开展和学校组织的校本研修为主要形式，而内容上的突出特点是通过教育教学研究专家或者骨干教师将教育理论和教育教学的方法以灌输的形式传授给教师。而实际情况是，这种来自外部的带有强制性的继续教育模式中，对教师进行的既有教育教学理论和方法所采取的概念性解释和示范很难直接转化为教师对教育教学这一复杂过程的深刻理解和把握，更谈不上内化为教师的职业意识和职业技能。因此，应当采取有效的培养和方法策略，激发教师专业发展的原动力，促使教师在不断地自我反思中成长，倡导一种自我激励、自我更新式的"反思型教师"专业成长模式。也就是说，不仅要通过外部培训不断增加教师的专业知识和技能，更要采取适当的方法和策略帮助他们通过对自身教育教学经验的总结和反思，寻找教育教学中存在问题的解决办法，对自己的教育教学乃至专业化成长过程进行自觉的自我评估、调节和监控。

(三) 学生的发展呼唤教师提高反思能力

学校教育教学行政管理在促进教师反思、不断提高教师专业化水平方面工作的缺失。要改变这种现状，提高学生发展水平，仅靠教师的软磨硬泡是远远不够的，必须以教师发展为中心，加强校本培训和研修，不断优化教师自我成长过程，培养主动发展的意识和能力。因此，应当始终把教师以反思能力为核心的自我发展能力的培养放在首位，贯穿始终。这才是教师提高教育教学水平、促进学生发展的有效抓手。

实际上，教师对于教育教学活动的自我评估与反思，自我调节和监控就是元认知的过程，或者说，元认知能力决定着教师反思能力的提升和发展。经过师范教育和一段时间的教育教学实践，在实际教育教学过程中，教师对教育教学中的变量关系，也就是元认知知识一般来说是不缺乏的，比如对自己的认知过程、教育教学能力、学生的认知能力差异、教育教学的目标任务、教学方法以及他们之间的相互促进、相互制约的关系等，都会有比较明确的认知。但作为元认知核心的元认知监控能力得到有意识地发展的教师相对较少。也就是说，能够自觉地进行学情、教情的分析，在教育教学过程中不断地自我反思，发现问题并解决问题、主动进行教育教学方法调整改进，不断提高教育教学质量的较少。所以说，提升教师反思能力就是采取适合的方法和策略，教师以一定的元认知知识为基础对教学过程进行反思，对自己的教育教学活动进行认知监控的过程。以此不断地提升教师的元认知能力，在引导教师积极主动对自己的教育教学行为进行监控、调节、改进的基础上，促使他们不断反思自己的专业化成长过程，及时调整自己的发展方向和策略，像更高层次的自己迈进。

二、研究的实践意义

（一）有利于提高教师教育教学反思能力和水平

大量研究表明，元认知水平高的人认知水平也相对较高，因此国外在进行认知心理研究的时候，会把元认知策略的训练作为智力提升训练的途径之一。本研究试图在元认知相关理论的指导下，针对特定的教师人群，开展反思能力提升的研究，通过完善教育教学管理相关制度和各种培训、研修、论坛等活动，提高目标人群的认知水平，促进教师专业发展能力和水平提升。"授之以鱼"不如"授之以渔"。对于教师而言，掌握科学的学习方法、增强反思意识和能力、增强专业发展自我调控的能力比强制的行政管理要重要得多。通过本研究，使教师重新审视自己教育教学过程的基本状况，在学校行政管理的帮助之下，有意识地基于元认知理论，自觉主动地改进教育教学策略，并能够在平时的教育教学活动过程中，切实学会反思、调整、监控、改进自身教育教学行为，并将这种能力运用于自己的专业发展中，为提高学校的办学质量和学生的终身发展服务。

（二）有利于促进教师主动专业发展

新一轮课改以来，各级教育主管部门和教研部门对教师的专业发展愈加关注，过程中教师的教育科研得到了非比寻常的重视。教育科研是学校发展和改进的基石，是教师专业成长的有效途径。近年来我校教师的科研意识和水平都较之以往有很大提升，但更多的还是局限在每日忙忙碌碌的教学上，也就是完成日常教育教学任务上。过程中，往往忽视了自我反思与提高，对自身的教育教学行为的有效性、对自己专业化水平的发展与提升很少回头审视。通过本研究的实施，将引导参与的教师将目光更多地转移到对自身教育教学行为的反思与调控上，不断优化教师的学生观、教学观、科研观、发展观和课程观、教育观。

第四节　国内外研究述评与展望

从目前的国内外研究情况来看，目前针对教师这一群体开展元认知和反思能力相结合的研究相对还比较少，所形成的方法和策略还显得比较零散而不成体系。本研究试图在针对教师这个群体开展一系列实践研究，以提高教师的以元认知能力为基础的自我反思能力的训练、反馈、改进的方法、策略，在一定范围内实践、验证元认知和反思型教师培养的相关理论，并在一定程度上丰富目前国内元认知和反思型教师培养策略研究的内容。

反思与教育教学活动结合起来，并对此做出了一系列的探讨，由此掀开了教学反思研究的序幕。时至今日，中外学者一直站在各自的立场上对教学反思进行着思考和探索。近年来，随着教育改革的逐步深入，教学反思的理论研究和实践操作也渐成气候。笔者在分析前人相关研究成果的基础上，对教学反思的研究进行系统的述评，并对其未来的研究做出思考。

一、"反思"的研究历程

有学者认为，"反思"作为"教学反思"的上位概念，其内涵必然会影响着人们对教学反思的理解和认识，还有学者认为，人们最初对"反思"进行的探讨就内在地包含了对教学反思的分析，由此可以发现，我们不能脱离"反思"来研究教学反思。所以，我们在追述教学反思研究历程之前，首先对"反思"的研究历程进行深入分析。

众所周知，"反思"一词应用已久。在漫长的历史长河中，中外学者据其特定的文化背景和研究需要对"反思"作出了见仁见智的界定。

在我国，早在春秋战国时期，儒家学派的奠基人们就从人格修养的角度提出了"吾日三省吾身"之言，在《论语·里仁》中，孔子又提及："见贤思齐焉，见不贤而内省也"，在朱熹制定的《白鹿洞书院学规》也指出"行有不得，反求诸己"，以及作为"朱子读书法"之一的"切己体察"等语句中都含有"反思"之意。[①] 由于中国传统教育是以道德教育为核心，所以我国古代思想家、教育家所论的反思同反省混用，其对象是个体自己过去的行为，而从新旧《辞海》对反思的解释来看，反思包括两个方面：一是个体觉察与了解自我心理活动或思维活动的一种方式，即个体通过自我意识或元认知来了解、监控与调节自身的心理活动或思维活动。二是个体从自己过去对事物的感知中获取知识的一种途径，即个体通过重新审视自己与其他个体具有很大相通性的内心世界来获得有关人的心理活动与思维活动的新知识。这种解释不仅使反思的对象与内容扩大，而且还使反思的价值得到提升。直至今日，在汉语语义里，人们对反思的理解依然遵循这两种解释。

在西方，反思是德文 Naehden ken 和英文 reflection 的意译。最先对其进行

---

① 靳玉乐. 探究教学论[M]. 重庆：西南师范大学出版社，2001:63.

论述的是旧哲学中的哲学家们，洛克认为经验按其来源可分为感觉与反思（又译反省），其中反思是对意识的内在活动的观察。黑格尔则专用此词指对思想本身进行的反复的思索，即思想的自我运动。贝克莱则把反思看成对我自己的存在，即我自己的心灵、我的精神或在我之中的精神原则的认识方式。同时，斯宾诺莎、胡塞尔等人也提出了类似的观点，诸如此类，不再一一而论。从这些论述中不难发现这些哲学家们都是从唯心主义的角度来认识反思的。在西方学者中对反思的认识有所突破的当属于美国实用主义哲学家、教育家、心理学家杜威，他不仅把反思从唯心主义的泥潭中拯救出来，而且赋予了其科学的界定。在其第二版（1933年）的《我们怎样思维》(How We Think)一书中，杜威对反思做了界定，他认为反思是思维的一种形式，是个体在头脑中对问题进行反复、严肃、执着的沉思。在此基础上，进一步解释为"对于任何信念或假设，按其所依据的基础和进一步推导出的结论，对其进行的主动的、持久的和周密的思考"。他认为反思是问题解决的一种特殊形式，是一个能动的、审慎的认知加工过程。以此看来，反思的对象是现实问题，反思的过程就是问题解决的过程。同时，杜威还进一步指出，在个体进行反思时有三种态度是非常重要的，一是开放的头脑，二是责任感，三是专心致志。正是这三种态度确保和推动了人们的反思行为。[①]

近几十年来，由于文化的交流和互动，中西方学者对反思的认识几近一致。笔者将这些认识归结于以下几个层面。

第一，反思主体对自身头脑中已有经验和观念的审视与重构。反思是主体反观自己的精神视界中的经验与观念，对其进行严肃慎重的思考并按照一定的标准对其实施重构。从这一层面上看，反思的对象是主体精神视界中的经验与观念，从本质上看其对象乃是唯物主义领域中的"意识"，反思目的在于寻求头脑中不同经验与观念的内在的联系，使其在更高的水平上建立关系。

第二，反思是主体对自身当下行为与意识活动的直接觉察与调节反思，是主体思考已经发生的行为与意识活动，并在此基础上对未来的行为与意识活动实现预设，使其按照"合理化"的方向行进。从这一层面上看，反思的对象指向了主体的行为与意识活动，从本质上看其对象即是唯物主义领域中的"物质"，反思的目的在于通过人们意识到自己思维与行动的存在即元认知并根据当时的情境对自身思维与行为作出调节，使其与情境保持一致。

哲学、行为学等学科尤其是心理学的发展为学者们深入研究反思提供了强

[①] 王春光. 反思型教师教育研究[M]. 长春：东北师范大学出版社，2010:93.

有力的理论支撑,在各国学者的共同努力下,反思的本质愈加明了,反思的内涵愈加清晰,反思的外延更具条理,反思的价值和功能也更加精准、实际。如今的反思研究为人们呈现了一副较为完整、相对科学的图景,这无疑为教学反思的研究创造了不可或缺的条件。

二、教学反思研究的历程

有学者认为自人类社会的教育教学活动开始之日起,教学反思就已经萌芽,只是很久以来一直未得到系统的关注。也有许多学者认为教学反思研究起源于美国实用主义哲学家教育家杜威 20 世纪 30 年代的一系列研究。笔者综合诸家之言,将教学反思的研究历程划分为如下四个阶段。

(一)第一阶段:酝酿阶段(原始社会—20 世纪 30 年代)

一般来说,反思是在某种活动之后对其本身的反察与校正,同理,教学反思发生在教育教学活动之后。以此类推,教学反思的相关探索始于人类教育教学实践活动诞生之后,即原始社会。从原始社会直到 20 世纪 30 年代,教学反思的相关探索一直停留在只言片语的叙述上,如孔子等人对"反思"的论述,这些叙述零散地分布在哲学著作中,尚未形成系统的研究,因此笔者将这一时期称为酝酿阶段。在这个漫长的酝酿过程中,教学反思的思想蕴含在人们对"反思"的论述中,尽管这些论述不成规模、未成系统,但这些零散的研究为教学反思相关研究的发展创造了不可多得的条件。

(二)第二阶段:雏形阶段(20 世纪 30、40 年代)

经过数千年的酝酿、升华,到 20 世纪 30 年代,教学反思的研究终于有所突破。如前文所述,此时的美国实用主义哲学家、教育家杜威不仅对反思做出了系统的论述,而且还尝试把反思与教育教学活动结合起来,他虽未明确使用"教学反思"这个术语,但是其在《我们怎样思维》(1933 年)一书的论述中却勾画了教学反思的雏形。在该书中,他把教学行为划分为"常规教学行为"和"反思教学行为"。杜威指出,"常规教学行为"主要是受人的本能、习惯、经验和在专家的指导下实施地教学行为,这种教学行为是在约定俗成的模式中,按照一定规则在一种或多种现实的规定中选择的行为。[①] 但是任何事物都是发展运动变化的,教学亦是如此,所以现实的规定不可能永远满足教学的需要,不可能永远为高价值的教学服务,这就要打破常规以适应新的需要,从而形成

---

① 靳玉乐.探究教学论[M].重庆:西南师范大学出版社,2001:48.

一系列建立在常规教学行为基础上的新的行为,即反思教学行为。杜威一系列的描述虽然粗浅,但为后人继续研究教学反思提供了必要的基础,也正是杜威的一系列描述使得教学反思的雏形渐渐呈现出来。

(三)第三阶段:沉寂阶段(20世纪40年代—20世纪70年代)

从20世纪40年代至70年代这40年中,世界政治经济格局一直处于"颠变"的状态,这种局势自然会影响到人们对教育的关注,加之美国在20世纪五六十年代对杜威实用主义进行了激烈的批判,这一系列的现实使教学反思研究陷入沉寂状态。所幸的是,一些学者在其研究中或多或少涉及了教学反思的相关内容,如今这些内容都已融入教学反思研究的体系中。其中,英国课程论专家斯滕豪斯从20世纪60年代开始就不断强调,每个教师都应该成为教育科学研究集体中的一个成员,都应该成为自主和开放的教师,其唯一途径就是以一个研究者的眼光和角度来审视自己的教学,提高自己的职业判断力,不断改进自己的教育教学实践。1970年,巴西教育家弗莱雷在其专著《被压迫者的教育学》中阐述了一个基本的观点,即应当把教育视为"反思性实践",由这一思想引申出来的"教师成为反思性实践者"的理念拓展了教学反思的研究领域。

(四)第四阶段:复兴阶段(20世纪80年代—至今)

20世纪80年代以来,科学技术的弊端日渐凸显,世界范围内刮起了"反思"的风潮。这种风潮同样波及了教育领域,再加上世界性的教师专业化运动兴起。这种特殊的时代背景下,沉寂了四十余年的教学反思研究进入了复兴时代。美国学者恩德·舍恩对教学反思研究的复兴做出了卓越的贡献,他在杜威等人相关研究的基础上,对教学反思做出了系统的研究,他在理解弗莱雷相关论述的基础上首次明确提出"反思性实践"这个概念,并研究了反思性实践的操作过程。在《反思性实践者:专业人员如何在行动中思考》(1983年)、《反思实践者的教育:走向专业中教学和学习的新设计》(1987年)这两本著作中,他从将教师培养成专业化人员的角度出发,阐述了作为实践者的教师职业活动的特点,并据此提出了两种反思类型和三个阶段的反思进程,其中两种反思类型包括对行动的反思和在行动中反思,三个阶段的反思进程是指欣赏—行动—再欣赏顺次衔接的反思过程,这些研究不仅是对杜威相关学说的进一步发展,同时也成为后人进行教学反思研究的基础。以恩德·舍恩开创性的研究为起点,世界各国学者从哲学、心理学等学科中汲取丰富的营养,以后现代主义、批判理论为基础,借助建构主义、成人学习理论、情境认知理论以及经验学习理论等心理学中的新近研究成果对教学反思展开了更加系统、更加深入、更加多元的研究。

国内学者在 20 世纪 90 年代中期也加入了教学反思研究的行列，以林崇德教授、熊川武教授、谢维和教授等为代表的一批学者展开了教学反思的研究，如：林崇德教授认为，21 世纪教师能力中最重要的成分是教师的教学监控能力，并提出"优秀教师 = 教学过程 + 反思"的成长公式。[①] 熊川武教授对与教学反思相近的反思性教学进行了系统的研究，谢维和教授则提出，教师的教学实践能力不仅表现在教育学生方面，而且也体现在对自己教学活动的反思上。[②] 以论文、著作等形式呈现的研究成果层出不穷，特别是学者们相关著作的出版代表了国内学者对教学反思研究的水平，如熊川武教授的《反思性教学》（1999 年）、靳玉乐教授的《反思教学》（2006 年）、学者赵明仁的《教学反思与教师专业发展》（2009 年）等等。同时还有许多学者引介了国外学者的相关研究，如张伟等人翻译的《批判反思型教师 ABC》（2002 年）、赵清梅等人翻译的《课堂问题分析与解决——如何成为反思型教师》（2007 年）、伍新春教授等人翻译的《课堂观察、参与和反思》（2009 年）等等。在国内学者对教学反思十余年的研究中，取得了丰硕的成绩，不仅理论探讨在不断更新，实践操作也在与时俱进。这些研究对教师教育的改革、课堂教学质量的提高、师生关系的改善均发挥了积极的效应，其实践价值也正在逐步彰显。

三、教学反思研究的评述

从教学反思研究的历程来看，在这长达数千年的研究历史中，学者们对教学反思研究进行了相对全面、系统的研究，尤其是在最近八十余年的研究中，教学反思研究的规模更加庞大，成果也更为丰富，新的理论、思想、观念相继出现在世人面前，这些研究使教学反思研究的体系日渐完善，为人们呈现了一副相对完整的研究图景。笔者在综合相关研究的基础上，对当前的研究成果进行了归类和分析，并分别对其进行评述。

（一）教学反思内涵的研究

内涵是理解术语的逻辑起点，内涵的质量直接影响着人们对术语的理解程度，更影响着人们对相关领域的研究。同理，教学反思的内涵也对教学反思的研究有着至关重要的影响。为此，几乎每个从事过教学反思研究的学者都曾对教学反思的内涵做过界定，其内涵数量之多，似乎无法一一列举。在这些内涵中，学者们界定的理论视角不尽相同，伯莱克站在哲学和教育学的角度指出，

---

① 裴娣娜.教育研究法导论[M].合肥：安徽教育出版社，2000：23.
② 裴娣娜.教育研究法导论[M].合肥：安徽教育出版社，2000：24.

"教学反思是立足于自我之外的批判地考察自己的行动及情境的能力"[①]；张立昌等人则依据批判理论把教学反思界定为"一种批判思维活动，一种教师在教学实践中，批判地考察自我的主体行为表现以及学校教育、教学行为背后的更广泛的社会、历史、伦理、道德意义上的思考、审视和分析的过程"[②]。同时，各种内涵的指向内容也不完全一致，有的内涵指向教学活动过程，尤其是教学技能、教学方法等方面，如一些学者把教学反思看作是一种技术，认为"教学反思是分析教学技能的一种技术，是对教学活动本身（尤其是教学技能、教学方法）的深入思考"[③]；有的内涵却指向具体的教学内容，一些学者认为"教学反思是一种教师选择的行为，是教师对于教什么和如何教的问题进行理论性的和具有伦理性的选择，并对其选择负责任"；有的内涵则指向教学效果，学者们认为"教学反思是教师立足于教学实践，以提高教学效果和教学质量为目的，以自己的教学活动过程为思考对象，对教学过程本身以及教学过程中的行为进行理性的审视和分析，反思教学中存在的问题与不足，进而采取相应的改进策略"[④]。

由于学者们是在各自的文化立场上基于某种特定的目的对教学反思的内涵做出的界定，这样就会形成一种"横看成岭侧成峰"的情况，所以我们不能武断地指出哪一种界定是正确的，或哪一种内涵是错误的，不过可以肯定的是这些内涵的出现确实加深了人们对教学反思的认识，同时也存在一些不可避免的弊端，一方面，研究者们往往缺乏开放的胸怀，致使他们更多的独创的内涵而不去借鉴前人已有的研究成果，造成许多内涵在本质上的重复，这些内涵只是在语词的运用上存在浅显的差异，这种滥竽充数的现象势必影响人们对教学反思的理解；另一方面，教学反思界定的多元化会使人们经常误用那些与教学反思似是而非的概念，如"反思性教学""反思教学""教师的反思"等等，实际上他们的内涵与外延各不相同，这种误用或者混用不仅会影响人们对教学反思的认识，还会影响人们对以上所述概念的理解。

（二）教学反思类型的研究

为了进一步加深和细化教学反思的研究，许多学者依据不同的标准对教学反思进行了分类。一些学者依据反思的具体内容对教学反思进行了划分，如卡尔、凯密斯、麦伦等学者，他们将内容各有侧重的教学反思分为三个层次，即

---

① 傅建明.教师专业发展——途径与方法[M].上海：华东师范大学出版社，2007：152.
② 傅建明.教师专业发展——途径与方法[M].上海：华东师范大学出版社，2007：153.
③ 傅建明.教师专业发展——途径与方法[M].上海：华东师范大学出版社，2007：153.
④ 傅建明.教师专业发展——途径与方法[M].上海：华东师范大学出版社，2007：154.

技术性反思、实践性反思和批判性反思。一些学者依据教学反思的特征对其进行划分，如 Griffuhsy 与 Tann 等人从五个层面把教学反思分为迅速的反思、补救的反思、回顾的反思、研究的反思、再理化与再形成的反思。还有一些学者按照教学反思发生的时间进行划分，如布鲁巴赫等人把教学反思分为对行动的反思、在行动中反思、为了行动的反思，或分为课前反思、课中反思、课后反思。

众所周知，只要划分标准在不断更新，教学反思的类型就会源源不断地出现，而且未来的划分标准将会越来越细，教学反思的类型也将会越来越多。毫无疑问，越来越多的教学反思类型将会遮蔽人们统揽全局的视线，造成"只见树木不见森林"后果。同时，过于强调分类可能会使教学反思研究变得支离破碎，也把原本完整的教学反思拆解地七零八落。不难看出，过分地强调教学反思类型的研究肯定会影响人们对教学反思完整、科学的认识，这也许就是"过犹不及"的效应，因此，对教学反思类型的研究应该遵循适度的原则。

（三）教学反思方法的研究

为了使教学反思的实践价值得到最大限度的发挥，学者们或者以理论探讨为起点设计了许多具体的反思方法，或者以实践经验为基础总结出许多具体的反思方法，或者通过改造其他领域的反思方法形成新的教学反思方法。正是因为学者们从不同的角度、依据不同的基础对教学反思的方法进行研究，使得教学反思方法的数量急剧增长。曾经有学者对前人的提出的反思方法进行了整理和归类，认为教学反思的方法可以分成如下三类："从自己眼中认识自己，具体包括自传反思，如教学录像、教学日志或专业日志、教学总结、教学档案袋等；从学生眼中认识自己，具体包括学生日志、批判事件调查表、问题诊断、学生学习文件夹、学生给学者的信等；从同事的眼中认识自己，具体包括批判事件法、循环式回答活动、变换不同对话角色等"[①]。当然，上述总结不能涵盖全部反思方法，如教师课堂观察法、教师小组反馈法等等尚未列入其中。

教学反思方法数量众多，似乎有一种信手拈来即可运用的感觉，实则不然，教学反思方法的研究还存在许多值得深思的地方。一方面，教学反思方法中存在"名近实远"和"实近名远"的现象。所谓"名近实远"是指一些反思方法名称稍有差异但具体操作程序完全相同，所谓"实近名远"是指一些方法的具体实施程序之间存在细微的差异但称谓却相距甚远，这必然会导致人们在具体方法的运用上存在混乱。另一方面，许多反思方法的理论探讨有余，而实

---

① 王春光.反思型教师教育研究[M].长春：东北师范大学出版社，2010：56.

际操作远远不足,一些反思方法的操作程序模糊不定,一些反思方法缺乏实践的对应性,这都会使教学反思方法在实际操作中收效甚微,甚至无效。

(四)教学反思模式的研究

教学反思方法研究并未实现其原初的目标,于是,近年来有许多学者开始致力于教学反思模式的研究。截至目前,各国学者依据不同的理论基础提出了许多经典的模式,包括国外学者先后提出了埃拜模式、爱德华兹—布朗托模式、拉博斯凯模式、布鲁巴切尔模式和爱德华兹模式等和国内学者提出的"发现问题—分析问题—确立假设—验证假设"的教学反思模式、"课前反思—课中反思—课后反思"的三阶段教学反思模式。

这些教学反思模式或者具有扎实的理论根基,或者具有丰富的实践基础,且目前已在相应的实践中得到应用,其实践价值也已逐渐凸显出来,基本实现了研究者们最初设定的目标。但在教学反思模式的研究中依然存在"反思"的空间。一方面,源自理论的模式多,基于实践的模式少。大多数教学反思模式是研究教学反思的专家、学者在深刻理解教学反思相应理论基础的前提下提出的,只有少数反思模式是在案例研究或实验研究的基础上建构的,对反思模式的操作者——一线教师们来说,前者理论水平较高,不易操作,而后者则不存在这样的问题,这势必影响教学反思模式实践价值的体现。另一方面,大多数模式只关注教师的反思行为,忽视了学生在教学反思中的主体性和主动性。众所周知,教学是师生双边统一的活动,其本身就包括教师和学生两个主体,因此,作为可操作程序的教学反思模式应该同时关注教师和学生两个教学活动的主体,不仅关注教师的反思的主体性和主动性如何发挥,还要关注学生的在教学反思中的主体性和主动性的体现。但遗憾的是,实际情况却恰恰相反。最后,与国外学者的研究相比,国内学者对教学反思模式的研究相对粗浅,大部分研究成果基本上都以杜威的反思理论为基础,而且几乎都是对国外教学反思模式的引介或改编,独创性的研究成果较少。

(五)影响教学反思因素的研究

教学反思作为一种实践活动,其在运行中必然会受到许多因素的影响,如教师本人的意识、态度等,同事尤其是专家和领导的表率、示范情况等。许多学者都曾对影响教师教学反思的因素进行过分析和探讨,笔者在分析相关研究的基础上,发现影响教师教学反思的因素可以归结为内部因素和外部因素两个方面,其中,外部因素主要包括"教育政策、学校管理、校长态度、学校组织文化、院校协作程度、同事关系、教研组氛围、专家引领程度、教师生存压力等方面",内部因素主要包括"教学经验、教师责任感、职业道德、反思意识、教师对自身的期望、教学信念、教师个人经历和生活环境等方面"[①]。

这种总结似乎涵盖了所有影响教学反思的因素,但是学者们在探讨影响教学反思的内部因素和外部因素时,却忽略了外部因素是如何通过内部因素来影响教师的教学反思的。众所周知,马克思主义哲学认为,内因是事物发展变化的根本原因,外因则是事物发展变化的条件,外因通过内因而起作用,这就要求学者们在探讨影响教师教学反思的因素时,还要充分的思考外部因素如何通过内部因素发挥作用并最终影响教师的教学反思的。

(六)教学反思价值的研究

许多学者都曾对教学反思的价值进行过探讨,各家之说或在表述上存在差异,或在维度的划分上有所不同,但从实质上看却存在许多相似之处。从学者们对教学反思价值的探讨来看,教学反思的价值大致体现在三个方面,即提高课堂教学的质量,推进教师专业化的进程,课程改革的有效执行。

不难发现,学者们对教学反思价值的探讨主要集中在实践层面。实际上,教学反思除了具有实践价值,还具有理论价值,如教学反思的研究对教育学、心理学、教育心理学尤其是对其中的教学理论、教师专业化理论、教师心理等理论的拓展和深化有若不可忽视的价值,教学反思的理论价值还包括其对教学反思的理论基础,如经验主义哲学、元认知理论、批判教育学、后现代主义、反思性心理学等的升华作用。但遗憾的是,从笔者目前占有的资料来看,鲜有学者对教学反思的理论价值展开探讨。

除以上研究成果外,学者们在教学反思的内容、教学反思的视角等方面均取得了丰富的成果,这无疑又进一步丰富了教学反思研究的体系。

四、教学反思研究的展望

在各国学者的共同努力下,教学反思研究取得了丰硕的成果,但其中也存在诸多不足和缺陷。随着教育科学研究的逐步深入和教育教学活动的蓬勃发展,教学反思研究定会获得长足的发展。笔者在纵观教学反思研究历程的基础上,以教学反思已有的研究成果及现存的研究缺陷为起点,对教学反思未来的研究进行展望。

[①] 苏建华.教师专业化发展的研究与实践[M].北京:中国书籍出版社,2011:96.

（一）从研究重心上看，教学反思研究的重心将由理论研究转向实践研究

研究重心的转移意味着研究者的研究方向将会发生调整，众所周知，在过去很长一段时间里，教学反思的研究主要集中在理论层面，如教学反思的内涵、教学反思的类型等。如今，其理论研究基本趋于稳定和完善，同时当前教育教学实践对教学反思的诉求日益增强，在这种客观情况下，学者们将会适时的调整研究重心，把越来越多的精力放在教学反思的实践研究上，开发更多具有可操作性的教学反思程序，设计更多教学反思实际操作的模板，如预教学和备课的反思性观察清单、小组教学的反思清单等。诸如此类的教学反思实践研究不仅使教学反思满足教育教学实践的需求，彰显了教学反思实践研究的价值，同时还使教学反思研究获得持续深入的原动力。因此，教学反思的实践研究势必得到更多的关注。

（二）从研究对象上看，教学反思研究的主要研究对象将由教学反思方法转向教学反思模式

一直以来，教学反思研究的对象都不止一个，但其主要研究对象却往往只有一个，随着教学反思研究的重心由理论研究转向实践研究，研究者们曾一度把教学反思研究的主要对象确定为教学反思方法，期望教学反思方法的研究能够彰显教学反思的实践价值。但是，实践证明，由于教学反思方法的强零散性、强独立性和强随意性等特性的存在，使教学反思方法在教育教学实践活动中根本无法达到预期的目标。在这种情况下，部分研究者把目光转向教学反思模式研究，从理论上看，教学反思模式的科学性、系统性和整体性要远远高于教学反思方法，从实践上看，教学反思模式的连贯性、灵活性和可操作性也远远高于教学反思方法，也正是因为这些特性的存在，教学反思模式的实践价值体现得更加明显。从国际范围上看，教学反思模式的研究刚刚兴起，因此我们相信教学反思模式研究将会得到进一步的强化。

（三）从研究指向上看，教学反思研究的主要指向将由基础教育转向基础教育和高等教育并重

所谓研究指向，主要是指研究所涉及的领域。纵观当前国内外教学反思研究，不难发现，其研究几乎都集中在基础教育的课堂教学中，专门针对高等教育的教学反思研究却少得可怜，只有部分学者对高校的公共必修课程的教学反思进行了一些探讨，但是这些有限的研究无论是在理论层面上还是实践层面上远远不及基础教育领域的研究。随着人们对高等教育质量的要求逐步提高，笔者相信会有越来越多的研究者投身于高等教育教学反思研究,使基础教育教学反思研究和高等教育教学反思研究处于并驾齐驱的状态。

(四)从研究形态上看,教学反思研究的主要形态将由宏观研究转向微观研究

研究形态,可以粗浅的分为宏观和微观两种。目前大多数教学反思:研究都是宏观性的,从宏观的角度研究固然有其普遍的指导意义,但其过于笼统而缺乏针对性,致使许多教学反思研究的实效性差强人意,这一不可避免的现实促使更多的人开始关注微观的教学反思,如针对某一学科的教学反思展开研究,针对某一专业化阶段的教师的教学反思进行研究,等等。

第二章 教师教学反思概述

第一节 教学反思的内涵、特征及意义

一、教学反思的内涵

所谓"反思"是指用批判和审视的眼光，看待自己的思想、观念和行为，并做出理性的判断和选择，从而实现自己思想观念和行为的巩固完善及变革。教学反思是一种思考教育问题的方式，要求教师具有做出理性选择，并对这种选择做出理性的分析。例如：教师在教学过程中经常要回想过去一周或一个月、一个学期，找到一些事情，"是它让你的教学生活如此艰难"，或者"是它让你想到从事教学是那样的快乐"，并深一层地分析其内在的原因。

经杜威提倡、萧恩等人的影响和推动，20世纪80年代以来，"反思"一词在美、英、加拿大等国的教师教育文献中被广泛使用，"教学反思"或"反思性教师教育"相应成为国际教师教育改革的新方向。以美国为例，20世纪80年代中期，很多学者对教学反思的生命力表示怀疑，但到20世纪90年代初期已"没有声称自己是不关心培养反思性教师的教师教育者了"。近年来，我国教育界也开始对"教学反思"或"反思性教师教育"的学术探讨，以"反思"导向的实践层面的教育改革正处在形成中。

人类早在古代社会就有反思的意识，"反求诸己""扪心自问""吾日三省吾身"等至理名言就是佐证。自反思性教学兴起，许多学者对其进行了研究。美国学者维拉认为："反思性教学是教师借助发展逻辑推理的技能和仔细推敲的判断，以及支持反思的态度进行的批判性的过程。[1]"伯莱克认为："反思是立足

---

[1] 钱民辉.教育社会学：现代性的思考与构建[M].北京：北京大学出版社，2004：58.

于自我之外的批判地考察自己的行动及情境的能力。使用这种能力的目的，是为了促进努力思考以职业知识而不是以习惯、传统或冲动的简单作用为基础的令人信服的行动。[①]"布鲁巴赫等人从时间的角度来认识反思性教学，他们认为反思性教学实践可分为三类：一是"对实践的反思"（reflection on practice）；二是"实践中反思"（reflection in practice）；三是"为实践反思"（reflection for practice）。"对实践的反思"是指反思发生在实践之后，"实践中反思"指的是反思发生在实践的过程中，而"为实践反思"则是前两种反思的预期结果，即"实践后反思"与"实践中反思"的目的最终形成超前的反思，从而形成在实践之前的三思而行的良好习惯。华东师范大学熊川武教授对反思性教学作了如下定义："教学主体借助行动研究，不断探究与解决自身和教学目的，以及教学工具等方面的问题，将'学会教学'（learning how to teach）与'学会学习'（learning how to learn）结合起来，努力提升教学实践合理性，使自己成为学者型教师的过程。"[②] 由此可见，反思性教学不仅仅是回忆或回顾已有的教学活动和教学行为，而是要通过教学主体的不断探究、质疑，找到其中的问题和答案，审慎地考虑教学实践并不断矫正不正确的教学行为，合理地进行自我评价，追求教学实践合理性，指导未来的教学行动，使自身的教学具有发展的价值、创造的价值和自我实现的价值，使自我经验型的教师发展成为学者型的教师的过程。

（一）教学反思的含义

反思性教学是教师对自己教学行为的思考与研究，对自己在教学中存在的问题不断地进行回顾，运用教学标准中的要求不断地检验自己，追求的是教学全过程的合理性。而这种合理性的涵盖量就很大，如教学计划中的目标设定是否合理，教学过程设计是否合理，目标达成是否合理等等。同时它研究的不仅仅是让学生如何"学会学习"，即学习方式的改变，它更强调教师如何"学会教学"，即教学方式的改变，进一步理解教师在新课程改革中角色及行为的转变。

对于"反思性教学"的含义，不同信念的学者和教育工作者有不同的理解。我国学者熊川武教授认为："反思性教学"是教学主体借助行动研究不断探究与解决自身和教学目的以及教学工具等方面的问题，将"学会教学"与"学会学

---

① 周越良.信息化环境中的教师专业发展[M].北京：科学出版社，2008：106.

② 陈二伟.论反思性教师及其能力培养[D].首都师范大学，2003：12.

习"统一起来，努力提升教学实践合理性，使自己成为学者型教师的过程[①]。这个定义揭示了反思性教学以探究和解决教学问题为基本点，以追求教学实践合理性为动力，以两个"学会"和促进师生共同发展为目标的主要特征。对于反思性教学模型，熊川武教授在分析比较埃拜模型、爱德华兹与布朗托模型以及拉博斯凯模型的基础上认为：尽管他们的理论基础与表达方式不同，但从根本上看，这三个模型是一致的。这主要表现在通过反思"提出问题—探讨研究—解决问题"是其灵魂。

维拉（L.M.VUlar）认为，"反思性教学，是教师借助发展逻辑推理的技能和仔细推敲的判断，以及支持反思的态度进行的批判性分析的过程。[②]"这个定义至少告诉人们，反思性教学依赖理智的思考和批判的态度与方法，是教学主体自我解剖的过程。伯莱克（J.Berlak）通过说明反思进而阐释反思性教学。他认为："反思是立足于自我之外的批判地考察自己的行动及情境的能力。使用这种能力的目的，是为了促进努力思考以职业知识而不是以习惯、传统或冲动的简单作用为基础的，令人信服的行动。这样的反思性定向包括：把理论或以认识为基础的经验同实践联系起来；分析自己的教学和以实现改革为目的的学校情境；从多种角度审视情境；把机动方案当作自己的行动和自己行动的结果；理解教学的广泛的社会和道德的基础。"这说明仅仅从技术上考虑、质疑或评价自己的教学的有效性，不是完全意义上的反思性教学，反思性教学，还要求教师审慎地考虑他们实践的伦理意义并乐意根据顿悟矫正不良行为。还有人对反思性教学进行层次和要素分析，以便更深入地说明问题。

比如麦伦指出反思性教学有三个层次：第一层次，主要反思课堂情境中各种技能与技术的有效性。在这个层次上，主要教学反思主体目的的适应性和教学策略使用的合理性等。第二层次，主要针对课堂实践基础的假说和特定的策略以及课程的结果。也就是说，在这个层次上，教师开始把教育的理论标准运用于教育实践，以便作出关于教学内容等方面的独立决策。第三层次，主要针对道德的和伦理的，以及其他直接的或间接地与课堂教学有关的规范性标准。将这三个层次综合起来看，反思性教学确实有广阔的空间和丰富的内涵。可见，人们进行反思，其目的不仅是回顾过去，或意识到元认知过程，而且是为了指导未来的行动。

推敲起来，这些观点虽能给人一定的启发，但各有不足之处。如维拉的观

---

① 徐斌艳.教师专业发展的多元途径[M].上海：上海教育出版社，2001：98.
② 徐斌艳.教师专业发展的多元途径[M].上海：上海教育出版社，2001：99.

点，主要强调理性因素的作用，给人一种视野较窄的感觉。伯莱克的视野比较开阔，尤其强调了伦理道德方面的问题，但忽视了时间和过程。麦伦把反思性教学的技术和理论基础，以及伦理道德等问题统一起来认识，但也没有注意时间问题。布鲁巴赫考虑了过程，似乎忘记了反思的具体内容。有鉴于此，这里将反思性教学尝试定义为：教学主体借助行动研究，不断探究与解决自身和教学目的，以及教学工具等方面的问题，将"学会教学（learning how to teach）"与"学会学习（learning how to learn）"结合起来，努力提升教学实践合理性，使自己成为学者型教师的过程。具体来说：反思性教学以探究和解决教学问题为基本点。在反思性教学过程中，反思不是一般地回想教学情况，而是深究处于教学的决策和技术以及伦理等层面的教学主体、教学目的、教学工具等方面存在的问题。这样一来，反思性教学具有了较强的科学研究性质。反思性教学的人员不机械地按照教材和教学大纲或上级的要求等按部就班地行事，而是在领会教材与教学大纲要求的基础上，重点解决教学中存在的问题，并在解决问题的过程中使教学过程更优化，取得更好的教学效益。

教学反思虽然成为西方国家教师教育改革的重要运动，但对于什么是教学反思，说法迄今仍很不统一。不同学者与教育工作者从各自的立场出发，对教学反思作出不同的界定，使教学反思概念的内涵与外延极不统一，以致有的将"探究教学""行动研究"也归于教学反思，并都声称自己的解释触及了教学反思的实质。新课程要求教师成为学者型教师，而学者型教师除了具有专门学科的知识和技能以及能力，还应具有深厚的教育理论修养，广阔的教育前沿视野，敏感的教育问题意识，过硬的教育科研能力。教师不可奢望仅职前师范教育就可获得这些特征，而需在长期的教学实践中不断探究，掌握科学研究的本领。

杜威从反思思维出发，强调改进教师的课堂教学实践；萧恩从实践性认识论出发，重视反思指导教师教学实践的实践性理论；采用批判理论视角的学者则要求对教学的伦理方面作反思。多角度的研究使得单一定义难以反映教学反思的复杂性，因此，为促进读者理解教学反思的丰富内涵，本书从反思的目的、过程和焦点这三个方面对其加以阐释，以此来更加明确地揭示教学反思的内涵。

（二）教学反思的目的

各学者在研究教学反思时，十分关心教师为什么要成为反思性实践者，为什么要对教学进行反思。总体来看，教学反思目的相当广泛，从获得教学技巧，教学实践的改进，到教师个人专业发展，再到社会的重建。

目的维度连续体的一端表明的是，教学反思是为了取得技术熟练，通常是把自己的教学实践跟大学研究者设计的教学模式相对比，来取得熟练。这种教学反思不对实践做系统探究，也不考虑教学实践的社会、伦理含义，主要是反思教师的教学实践与大学研究者设计的教学模式之间的关系。这种反思性实践的视角显然是有局限性的，它似乎跟技术理性模式一脉相承，许多学者反对仅进行该层面的教学反思。

很多研究把教师个人专业发展确定为教学反思的目的，因此他们所倡导或设计的教师教育或教师培训计划，常常是为了提高教师个人的专业能力，包括解释能力、理解个人信念与个人实践性理论的能力、课堂决策能力。这种反思实践的目的是要给教师提供机会，使其能够利用元认知，意识到个人的信念、价值观与实践习惯，以便能改进自己对实践的理解。这种通过发展元认知能力来谋求教师专业发展与教学反思的方法，意味着教师须扮演双重角色：一是作为教师或演员在课堂上表演，二是作为观众以便对自己的教学实践进行反思。

跟连续体的个人发展一端相对比，反思性实践也关心社会的改良与重建。从这个角度来看，反思性实践具有变革功能，试图理解并最终改变学校与社会固有的权力与等级关系。支持这个目的的学者把教学与反思性实践看作道德与社会重建过程。反思性实践的这个目的主要关心教育、学校与理想政治、社会结构的关系。反思性实践也倾向于给教师赋权，提高教师的专业地位。具体来说，是为了给教师提供发表意见与他人听取教师意见的机会与途径。赋权具有政治与个人两方面含义。

（三）教学反思的过程

事实上，几乎所有教学反思研究者都对反思的具体过程作了描述，其步骤或阶段一般包括：（1）确定教育问题的性质；（2）提出可能的解答；（3）分析各种解决问题的办法的目的与手段。虽然他们使用的名称与阶段的数量不一致，上述三个阶段却是许多研究者建议反思时需经历的过程。

大多数教学反思研究者都把反思看作决策或判断所应经历的过程。有些研究把这个过程看作阶段性的、线性的，另外的研究则把这个过程看作整体性的或格式塔式的。对某些学者来说，反思主要是个体认知过程，经常指反思性思维。另一些学者则把反思看作社会过程，它根植在反思性实践者所处的历史、政治和社会文化框架之中。

从这一维度来看，连续体一端的反思过程是线性的、阶段性的，由外部人士提供指导，顺序和焦点被事先确定，旨在帮助教师个别反思由研究者提出的教学方法，与他们在课堂应用的教学实践的关系。在连续体的另一端，研究者把反思过程看作整体性经验，一种向内考查自己的思想和向外考查发现自我的具体情境的辩证过程。

总体来说，反思过程始于具体经验，由个人从观察与分析中提供反思的信息，然后对有问题的具体经验形成抽象概括，终于某种形式的积极实验或决定。例如，奥斯特曼等人描述的反思活动周期就是如此，它始于一个具体经验，接着是对经验与观察进行分析，然后形成抽象的概括，最后是实践者将某些事情付诸实践的实验。

（四）教学反思的核心

与教学反思目的紧密相连的是反思核心内容的确立。反思总是对某些事情的反思。教学反思的焦点是什么，对这个问题，不同研究者也许会有不同看法，但似乎他们都同意反思性思维与实践应当把焦点集中在具体的课堂事件、现象和教师的经验上。

具体来说，在连续体的一端，教学反思的焦点是教师的教学技术集中在事先确定的教学行动上，这些行动被发现是教师可利用的最有效教学方法。在连续体的另一端，教学反思聚集在教育实践的社会、道德和伦理方面，主要关心的是课堂所采取的行动与社会结构的关系。

二、教学反思的特征

教学反思作为一种科学的、先进的教学模式，它能够对我们的教学工作起到极大的帮助，是因为其自身有着独特的特点，这种特点迎合了时代对教育的要求。

（一）与行动密不可分

反思不同于冥思苦想，不是哲学上那种动脑不动手的沉思，而是跟行动密不可分。在杜威看来，反思性实践的目的是改变教师的课堂实践与行动，以及作出有关课程与教学决策的过程。在萧恩看来，反思是在行动中对行动和为了行动的反思。批判视角下的反思则是一种消除不公正、不民主现象的社会行动。如果反思不能引起行动，那它只是在浪费时间。从这个意义上说，反思性实践的目的在于关心教师采取的行动，反思必须与行动相联系，如果不是这样，教师只是在为反思而反思，而没有运用他们获得的新理解来改进教学实践，那就毫无价值可言。反思的价值就在于教师对它的实际运用，而不应是一个孤立的、无行动的内在认知活动。

（二）倡导从经验中学习

教学反思实际上是一种学习过程，一种从做中学、从经验中学习的过程。经验学习理论主张学习应该从经验，尤其是从个体有问题的经验情境开始，促使学习者更多地参与学习过程中，引发行为更有效的变化。建构在经验学习理论基础上的教学反思，即始于具体经验。教学中教师针对特定的教学问题，借助自己的经验、他人的经验以及各种理论原理进行分析，伴随着问题意识和认知失调感的产生，进入反思环节，再通过问题分析、建立假设和验证假设等操作过程完成反思活动。由此看来，教学反思是一个从实践中解决问题的过程，它通过对教师实践经验的理性分析和直觉感悟，使问题及答案逐步明确、清晰，它遵循实践的逻辑而非认识的逻辑。

（三）以解决教学问题为基本点

教学反思不只是教师对自己的教学情况做回顾，就像有的教师在准备同一教学内容的教案，或针对平行班上同一门课程所做的那样，往往把以往的教案拿出来回顾当时的备课重点与难点，或回忆上次在另一个班上同一内容的情况，而是针对教学中存在的不足和问题，围绕引起问题的情境做回顾，希望从中收集有利于解决问题的更多信息。如前所述，这些问题可能是技术方面的，也可能是教学内容或伦理方面的，问题的产生可能是在教学过程中，也可能是在教学过程之前或之后。反思性教学不是简单地回顾教学情况的教学，而是教学主体发现教学中存在的问题（不足），根据解决问题的方案组织教学内容，通过解决问题，进一步提高教学质量的教学。反思型教师在进行反思性教学的过程之后，他们不仅想知道自己教学的结果，而且要对结果及有关原因等进行反思，因此总是喜欢问"为什么"，这种追问的习惯，往往促使反思型教师增强问题意识和"解题"能力，所以它是一种千方百计追求"更好地"完成教学任务的教学。

（四）唤醒教师的自主意识

教学反思要求教师确立自学的反思意识，积极主动地投入对教学活动的思考与探究中去，成为自己专业发展的主人，而不是等待别人来安排自己的命运。教学反思过程中，教师不再是他人课程知识与教育理念的被动消费者，机械按照固定程序复制和照搬有效教学的行为标准，而应当在分析和发展自己的实践性知识的基础上，自主设计教学，监控教学，评价教学，艺术性地、创造性地解决教学问题，提升专业能力。

（五）反思性教学以追求教学实践合理性为动力

教学中教师之所以要反思，主要是为了改进教学，这实质上是向更合理的教学实践努力。许多反思性教学专家认为，反思性教学兴起的主要原因之一是"人们通常假定，反思在本质上是教学与师范教育的好的和合理的方面，而且教师越能反思,在某种意义上越是好的教师"。

(六)反思性教学以增强教师的"道德感"为突破口

一般来说,缺乏道德感的教师,除非因教学上的失误迫于外界压力,否则不会自觉反思自己的教学行为。在反思性教学理论家看来,对于大多数有合格师资的学校来说,要提高教学质量,增强教师的道德感,似乎比进一步提高教师的教学技能与能力更为重要。而倡导反思,是增强教师责任感的有效途径之一。

(七)反思性教学以"两个学会"为目标

学会教学其含义与学会学习有类似之处,即要求教师把教学过程作为"学习教学"的过程,不仅学习教学的技术,还要学习教学伦理与道德知识。由于反思性教学以两个学会为目的,因此,它既要求教师教学生"学会学习",全面发展学生,又要求教师"学会教学",自身获得进一步发展,直至成为学者型教师。

三、教学反思的意义

教学是一种道德职业。教师的道德意识的水平如何,直接影响到教学行为的投入程度。教师的道德水平越高,就越会反思自己的教学行为,表现出一种执着和责任心,它是教师自觉教学反思行为的前提。提高教师的教学反思能力,能帮助教师从冲动的或例行的行动中解放出来,以审慎的方式行动。

尽管人们对教学反思的理解存在分歧,有的甚至打着教学反思的旗帜重复传统教学的老路,但从教学反思的提出和主流倾向看,它是在试图赶超传统经验型教学与科技理性教学的基础上产生和发展的,因而有巨大理论与现实意义。

(一)拓展教师专业发展的领域,是提高教师素质的途径

教学反思的兴起,为我们寻找这样的智能体系,构建教师专业化的新内涵和新标准开辟了新领域,为提高教师素质、促进教师专业发展提供了新启示。从根本上说,教学反思的产生与发展,是西方近些年来教育研究认识论与方法论转向的体现,即从传统的"科学"范式转向"人本主义"范式的结果。这种转向,使教师在自己的专业教学活动中形成的知识体系与专业技能受到高度的重视。这些知识与技能,即个人理论或实践性知识,从认识论角度看,既有别于传统的形而上的观念的演绎,又有别于近代以来科学理性的逻辑推理,它融理性与直觉、科学与艺术、事实与价值、目的与手段等于一体。尽管这种知能体系跟形而上学、科技理性等知识形式不同,但它在性质上并不附属于或低于任何其他知识形式。

1. 反思性教学有助于教师成为研究者

斯腾豪斯提出"教师解放"的思想，认为教师实现自身解放，摆脱"遵照执行"的被动局面，回避家长制作风和极权论，必须能够专业自主。而通向解放的一条有效路径就是"教师成为研究者"。在反思性教学中，教师追求自己的职业理想。在长期的教学实践中，研究自己的教育实践以及对自己在教学实践中做出的教学行为，及由此产生的结果进行反思，不断探究和解决教学问题，使教学和反思有机结合，成为真正的研究者。

2. 教学反思实践有利于促进教师的自我教育

教师教育实践表明，教师教育如果忽视教师的自主能动作用，那么其实效必将受到不利影响，难以培养出具有主动性、积极性和创造性的高素质教师。教师的自我教育是指作为教师主体的个人自己对自己的教育，教师自我教育的过程是自我认识、自我改造的过程，是实践内化为意识的过程。教师的自我教育随着教师自我意识的发展而发展，教师自我意识的发展会促使教师提高教学行为的自主性，促使教师由不自觉到自觉，由他律到自律，由他教到自教的转化。教学反思的开展有助于教师的自我教育，因为教学反思实践的过程是教师以自己的教学过程为思考对象，对自己的教学行为、教学结果进行审视和分析，从中发现问题、解决问题，达到对教学实践的改进。

3. 教学反思实践有利于提高教师的教学理论素养

教学理论素养是教师素质的重要组成部分。在传统教师教育中，一直存在这样的认识误区——只要教师通过教学理论的教学或培训获得有关教学理论知识后，就会导致教学行为的改变或改善，而实际情形并非如此。在具体的教学实践活动中，教师将受到两类教学理论的影响：一类是外显的"倡导的理论"，这类理论通过授受而获得，教师容易意识到，但对教学实践往往不断产生直接的影响；另一类是内隐的"实践性知识"或"个人理论"，这类知识深深地根植在教师的潜意识之中，不张扬，不外显，并且更多地受文化和习俗的影响，不容易受新信息的影响而发生变化，但却直接影响着教师的教学行为。

由于教师的个人理论是教师在自己的教学实践情境中形成的，带有鲜明的情境色彩，因而不具有普遍的指导意义。它既可能是合理的，对教学实践起促进作用，又可能是不合理的，对教学实践起阻碍作用。教师持有的外显理论是抽象的，是教师群体的公正理论，对教学实践具有普遍的指导意义。教师只有将自己的个人理论与倡导的理论有机联系起来，才能使自己的个人理论得到完善与发展。然而，在日常教学实践中，教师常常意识不到自己这两类理论的不一致，当然也就无法利用二者的相互作用来改进教学。教学反思的开展，迫使教师对教学中自己的行为与学生的表现进行认真的观察和分析,并通过教师之间的相互观摩讨论,使教师发现倡导的理论跟个人理论的不一致,从而利用倡导的理论改变个人理论,利用个人理论丰富倡导的理论,并最终改进教学。所以说,反思性教学实践是沟通教师倡导的理论与个人理论的桥梁,是提高教师教学理论素养的有效途径。

4.教学反思实践有利于促进教师从经验型教师向反思型教师转变

随着信息化社会的到来,社会对教师素质的要求越来越高。在新一轮基础教育课程改革的推动下和后现代课程观的影响下,教师仅作为经验型教师和专家型教师,已经不能满足现代教学的需要了。社会呼唤反思型教师。"课改"新理念强调,教师与学生是平等交往与对话关系,教师不再是课程的忠实执行者,而是课程的创造者与开发者,学生也不是知识的旁观者,不是填充知识的容器,而是课堂教学的积极参与者,课程开发的宝贵资源。这种角色的转变,要求教师善于对自己的教学进行总结、反思,成为反思型教师。

美国学者泽兹纳和利斯顿认为,反思型教师具有以下五个特征:(1)观察、提出并能试图解决课堂教学中的两难问题;(2)能有意识地将解决问题的方法运用到教学中去,并在教学实践中进行检验;(3)能密切关注制度和文化背景对教学的影响;(4)能积极参与课程建设与促进学校发展;(5)能担负起自己专业发展的责任。因此,反思型教师不仅要关注课堂内的问题,还要关注制度与文化等课堂外的因素对教学的影响;不仅执行规定的教学内容,同时还参与课程开发,促进学校发展;不仅关心学生的成长,还积极完善自己的专业发展。然而,现行许多中小学教师离反思型教师的要求很远,他们只具备教学所需的基本知识与狭隘的教学技能或教学经验,缺乏发现、解决教育问题的能力。显然,要改变这种状况,就必须积极从事教学反思。

5.反思性教学有利于教师的教学理论素养的提高

反思性教学能使教师对自己在教学中的活动以及学生的表现,进行认真的观察与分析,并通过教师之间的相互观摩讲座,使教师真正意识到自己的潜意识中对教育教学的理解与所接受的新信息之间的差异,从而使新信息不断应用到教学实践中去。在不断应用的过程中,使自己对教育教学的理解得到发展和改变。

6.反思性教学有利于教师掌握实践性知识

教师的实践性知识是教师对教育教学的认识。其意义主要体现在两方面:首先,教师的知识构成大体可分为一般文化知识、学科知识、教育学知识及实践性知识,前三部分知识分别与其他文化人、学科专家、教育理论工作者类似,而实践性知识则是其他人所没有的。因此，对教师实践性知识的肯定，就是对教师职业独特性的肯定，而这种肯定无疑有助于增强教师的自尊和自信。其次，实践性知识为教师专业发展提供建设性工具。教师实践性知识的开发有利于解决教育理论与实践相脱离的问题，更好地对教师实践予以指导；教师实践性知识的个体性、创造性和发散性特点有利于教师工作特点的充分发挥；教师的实践性知识，在教师从新手成长为一个成熟的专业人员过程中起决定性作用。

（二）促进教师教育的学理探讨，为教师教育改革提供了新思路

教学反思的兴起，在本质上意味着有关教学的知识观和方法论的变化，它要求我们在教师教育的学理探讨上锐意进取，在教师教育的培养目标、内容和方法等方面进行相应的变革，从而使教师教育不至落后于正在进行的基础教育改革，能够对基础教育改革发挥先导作用。具体来说有以下几点。

第一，在教师教育的内容方面，要注重学生实践性知识的获得与积累。传统教师教育在学生的培养方面遵循"科技理性"范式，把教师当工匠来塑造，其专业特性被确定取决于其专业领域的知识与技术的成熟度，专业力量受学科专业知识、教育学、心理学原理与技术的制约。据此，长期以来，教师教育的教学内容一直由三大块组成：学科专业知识、教育科学知识、教学法与教育技术知识。在教学反思的视野中，教学问题主要不是理论或技术问题，而是在教学现场如何行动的问题。一个教师更为需要的是在面临实现有目的的行为中，所具有的课堂情境知识，即实践性知识，这种知识产生于复杂的和不确定的情境过程本身，以及行动中的反思。这样，便产生了反思性教师教育范式。根据这一范式，教师的专业发展有赖于实践性知识作保障，教师成长的关键在于实践性知识的不断丰富。这要求改革教师教育内容，把实践性知识作为教师培养的重要内容，以便他们将来走向工作岗位后，能运用已有的实践性知识应对类似的教育情境，解决类似的教育问题。

第二，在教师教育的目标方面，要重视学生批判能力的培养。教师教育是培养师资的专业教育，造就具有专业特性即专业能力的合格教师，是教师教育责无旁贷的目标追求。根据教学反思的要求，教师的专业特性不仅指拥有理解并运用所教专业学科的知识的能力，掌握并操作教育理论与技术工具的能力，还必须拥有批判性地系统思考自己教学实践的能力即反思批判能力，包括对自己教学实践的质疑与探讨能力，探究自己的教学实践与信念的行动研究能力，在实践中对教学实践进行质疑与检验的态度和能力，有意识地激活那些难以言明的实践性知识，以便批判、验证和发展它们的能力，以及对教学赖以进行的制度与文化背景的分析能力。这些都是构成教师专业能力的重要方面。

第三，在教师教育的教学方式方面，要重视学生的直接体验与活动。根据教学反思，教师教育不仅是一个掌握书本知识的过程，更是一个不断获取实践性知识的过程，而实践性知识不是通过课堂教学完成的，它只能由学生本人在实践活动的经验中去建构和创造。因此，在教育类课程的教学中，教师应避免一味地抽象讲解，而重视创设真实具体的教育情境，引导学生在大量"临床性"教学行动与反思中去获得实践知识。

特别需要指出的是，应加强教育实践类课程的改革，促进学生实践性知识的获得与交流。目前，典型的教育实践课程主要包括教育见习、模拟实习、教育实习等，它们在实施过程中尚存在种种问题，主要表现为：（1）重视程度低，视其为可有可无，实施得不到保证；（2）观念狭隘，认为教育实习的作用仅限于应用和检验课堂所学的理论，看不到它是实践性知识的来源；（3）时间短，教育实习仅为6~8周；（4）形式单一，往往只集中进行；（5）教育实践基础缺乏，跟中小学没有建立一种"共生关系"。以上问题难以保证学生从真实的教育环境中体验教育教学的真谛，积累教育实践知识，形成教育技能。针对上述情况，应根据教学反思的要求，积极从两方面改革教育实践课程：一是延长、分散教育实践的时间，并采用多样的形式，为学生提供充分参与教育实践的机会；二是加强反思，积极从实践中发现和解决问题，发展他们的实践性知识。

（三）开辟了教师继续教育的新途径

在教学反思的过程中，教师对教学经验，特别是问题性经验作批判性分析，这样他就能主动地将与行为有关的因素纳入教学过程中来，重审自己教学中所依据的思想，并积极寻找新思想与新策略来解决所面临的教学问题。按照教育家杜威的说法，当教师进入反思时，应该是自觉地、积极地、心甘情愿地思考自己的行动，即使不会令人满意或非常劳累也会坚持不懈。

近年来，我国虽然加强了在职教师的培训，但实际的收效甚微，其中一个很重要的原因是，教师的职前或在职培训往往出现理论与实践脱节的情况，教师在培训中始终处于附属地位，往往被机械地灌输一些现成的教育教学理论，这对提高教师的专业素质与实践能力作用不大。"你说你的，我做我的；培训过后，一切照旧。"教师的这种言论在很大程度上反映出现行教师培训的困境。事实上，不少短期培训与函授学习只不过是走过场而已。

教学反思的兴起，无疑为有效的在职教师培训带来了契机。首先，培训时要帮助教师学会采用切实可行的办法，如写教学日记，来体察与提炼教学实践中转瞬即逝的"智慧火花"或"关键事件"，使他们能够从实际感受中意识到教学中的问题所在，并明确问题的性质与结构；其次，要培养教师观察与分析教学实践的能力，即帮助教师学会广泛收集并分析有关教学经验，能够做到以批判的眼光反观自身，包括自己的思想、行为、信念、价值观、态度与情感；再次，指导和培养教师从事与教学密切相关的科学研究，以提高自己教学反思的能力。以往对教师进行教育科研培训时，介绍的多是学者们采用的方法或思路，跟他们的实际不符。教学反思提倡的在行动中的反思与对行动的反思以及当前兴起的行动研究，则都是教师可以躬身力行的。

（四）反思性教学促进教学实践更加合理

面对新课程，以往的教学方式已经不太适用了。我们在急于改变教学方式的同时，往往会因抓不住根本而流于形式。如我在一节课上，就宋朝的农业、手工业发展概况安排了"记者采访"这一环节。本想用这种新颖的形式激发学生的兴趣，但却没有收到预想的效果。我后来想到，如果在平时的教学活动中不注重培养学生的问题意识，他们是当不好"记者"的。那么如何让这种形式变成一种真正实用的方式？在以后的课堂上我尝试着这么去做：课堂上鼓励学生自己提出问题，从基础的问题提起，然后逐步提出更深入、更有价值的问题。当学生有了这种问题意识的时候，才能理解把握所学的知识，而不至于死记硬背。

对教学实践合理性的永无止境的追求，是反思性教学的使命。反思性教学不仅"完成"教学任务，而且总是千方百计地追求"更好地"完成教学任务。仅求"完成"教学任务的经验型教师，通常只想了解自己教学的结果，喜欢问"怎么样"。反思型教师不仅想知道自己的教学结果，而且要对结果及有关原因进行思考，总是问"为什么"。这种"追问"帮助教师增强问题意识，永不停歇地追求教学的更高层次的合理性。

（五）提供了改进教学质量的新思路

尽管教学中不能完全排除经验型教学与科技理性教学，二者甚至是整体教学的组成部分，但它们的缺陷是不容忽视的：经验型教学的教师容易满足于以往的教学经验，固守着某些在特定条件下形成的结论，机械地按决策行事，对课堂教学中出现的新情况、新问题缺乏敏锐与及时的应变能力；科技理性教学注重将一般性的教学理论尤其是技术性研究成果运用于教学实践，极易忽视教学情境的独特性，从而影响解决问题的有效性。教学反思则突出教学的情境性、过程性、文化性与反馈性，这对于提高教学质量、实现教育公平来说，无疑提供了另一种思路。

第二节 教学反思的理论基础

教学反思是对行动的反思。而只有对行动本身形成深入的理解才有可能进行有效的反思。在这个意义上,对行动的认识是研究教学反思的基础。行动理论是认识行动及改变行动的理论,通过行动理论我们可以认识行动的本质,进一步指导如何通过反思来改善行动。

教学反思是一个心理过程,也是一个社会过程。作为心理过程,是教师在思考和行动过程中建构的。作为社会过程,教学反思需要教师之间具有开放的交流气氛、批判性对话、风险承担和合作。建构主义理论为分析教学反思的过程提供有益的理论视角。教学反思是一种批判性的思考活动,批判是教学反思的灵魂。在批判意识的指引下,能够帮助教师对行动中困惑和惊奇更为敏感。在批判能力的帮助下,教师能够找出解决问题和改善行动的更多路径。

一、行动理论:改善心智模式

行动理论起源于哲学家、社会科学家和专业实践者对"怎样才能使人的思想和行动统一"问题的探索。行动理论认为,教师同时拥有宣称理论和使用理论,两类理论有时一致,有时并不一致。当不一致的时候便导致了教师的思想和行动的不统一。在使用理论中存在两类不同的行动模式,第一类表现为封闭与压抑的行动环境,称之为单环模式,第二类表现为开放的和超越的行动环境,称之为双环模式。在不同模式中的行动目的、策略和结果是不同的。

(一)宣称理论和使用理论与教学反思

宣称理论就是教师所相信的,在行动中将会或不会遵从的理论。如果有人问教师在某一环境下他将做什么及如何做时,他的回答就是宣称理论。我们能够容易地用语言把宣称理论表达出来,有些时候通过正式的语言宣称,有些时候则通过格言和警句来表达。如"孩子不打不成器""学习应该是快乐的""教学要以学生的主动探究为主"等。

宣称理论存在于教师的意识层面,有时容易随着外界的影响而改变。例如通过修习师范教育的课程、听专家报告、参加工作坊等,个人就会产生新的想法,这样就使得有的宣称理论发生了改变。

需要说明的是,此处的宣称理论与信念是不同的,宣称理论只是个人愿意支持、赞成和拥护的理论。持有人可能是相信的，并有强烈的意愿付诸实施；也可能将信将疑的，只是想在行动中试试看。而信念则是持有人信以为真的，并愿意在实践中持之以恒地践行的。具体地说，在宣称理论与信念的关系上，笔者认为宣称理论包括信念和"暂时相信的，愿意试一试"的理论两部分。可以举例说明后者的内容，比如当教师听完专家的讲座、他人的经验时所产生的一些愿意尝试的念头和观点。"听听感动，想想激动，回去一动不动"就是这种宣称理论的描述。笔者认为，早期经典的教师专业发展模式的问题也就在此，把这种暂时相信的理论作为信念看待。

另外，在信念和使用理论的关系上，信念可以分为两部分，一部分是在实践中能够实现的信念，实际上就是使用理论，而另外一部分是不能实践的。例如，老师总是说要在自主的教学理念下让学生通过探究来学习，但是在课堂教学中他们总是喜欢讲授。老师虽然认为合作学习对于学生社会性发展，批判性思考能力的提高，促进对学习内容深层次理解有帮助，但在传统的提高学习效率的潜意识驱动下，以及不愿打破习以为常的教学模式影响下，教师在教学中很少让学生进行合作学习。早期经典的教师学习模式就是这种观念下的产物：教师在职培训——教师知识与信念的改变，教师课堂教学实践的改变，学生学习结果的改变。这个模式相信，通过在职培训就能使教师的知识得到扩充，信念得以更新。以此为前提，教学实践就会水到渠成地改变，从而自然而然地产生理想中的学生学习成就。此模式在实践中遭遇了不少的困境，如秉承这种理念的校外专家讲座式培训，并不能产生预期的效果，反而得到受培训教师无休止的抱怨，产生抵触情绪。因此，人们认识到存在于这个模式中的逻辑需要重新排列组合。

如果说宣称理论独立于行动之外，使用理论则融合于行动之中。使用理论本身就是关于行动的理论，使用理论行动的关系，犹如影子与人的关系一样。阿吉瑞斯与肖恩就说，我们建构使用理论的过程和建构行为世界的过程是相同的，我们审视自己的使用理论就是在审视自己的行为世界。使用理论以缄默知识的形式存在，不能通过言语清晰地表达出来，需要观察人的实践来建构。它直接地、持续地影响人的行为。使用理论一般要经过文化浸润而生成，就如我们是在浸入式的环境中学习母语一样，通过听、模仿、练习和从别人那里获得反馈，这样所形成的一套非常复杂的体系就是使用理论。即使五岁的孩子也能够掌握这套复杂的使用理论进行口头交流，尽管他不能解释其中的语法和句式是什么。教师也是基本上按照这种习惯化的方式行动，不会刻意地寻找日常行为背后的假设是什么，他们为什么要这样做，这样做的后果是什么，甚至不去好好地思量他们到底在做什么。正如鱼要寻找自己文化的话,那么最后它发现的就是水了。犹如水之于鱼一样,使用理论虽然不在教师意识的前台,身处无意识的后台,但是却持续地影响着教师行为中的每个细节。

有许多研究发现,使用理论和宣称理论有时是一致的,有时却是不一致的,而且有的时候教师却不能意识到两种理论之间的落差。一项质化研究发现,尽管教师非常信奉建构主义教育哲学,但是在课堂中并不是经常实践。而只有持续的教师学习才能使小学科学教师改变教学策略。使用理论和宣称理论之间的关系,最理想的状态是宣称理论和使用理论一致,即人的思想和行为是统一的。然而,现实中总是:一部分宣称理论并没有付诸行动,人的思想和行为不一致。一部分的使用理论没有被人意识到,处于日用而不知的层面,没有被行动者挖掘、利用和修正。

以上是从宣称理论角度分析两种理论之间的不一致情况,肖恩对实践情境的分析,则能够从使用理论的角度很有说服力地说明这个问题。在肖恩看来,实践情境的性质表现为复杂的、不确定的、不稳定的、独特的和价值冲突的。在这种情境中,问题本身就很不清晰。所以首先要对问题情境进行建构,找出实践情境中的具体问题,之后才有可能结合宣称理论,在专业知识的帮助下解决问题。因此,对实践情境的深切关注,不断寻找实践中的问题,并且根据问题来寻找改善实践的对策是使用理论的基本逻辑。而宣称理论则相反,按照自上而下的路径,是从想要达到的结果开始改善实践。

问题解决是使用理论改善实践的信条,代表着专业知识地宣称理论在解决实践问题中出现的信任危机,根源在于专业知识与实践情境的错位,即使专业知识满足了实践的新要求,专业知识在提高实践中的作用也是短暂的,因为实践情境在不可避免地发生变化。实践要求专业知识根据不可预测的变化情形来调适。因此,宣称理论的一般性原理、标准化的知识并不能直接用于充满不确定的、不稳定的和特殊的复杂情境中的问题。在相互磨合的过程中,其中的不一致现象也就是难免的了。关键的问题是,如何才能减小宣称理论和使用理论之间的落差呢?

人们总是期望要言行一致,教师在专业生活中能够做到思想和行动的统一。因为宣称理论代表着"应然"的追求,希望所达到的目标,使用理论则代表着"实然"的状况。所以宣称理论和使用理论的一致性,表明的是教师实践的改善程度。具体说来,教学反思可以通过两个方面的作用来减小宣称理论和使用理论之间的落差。

第一,通过教学反思来觉察、修正使用理论。使用理论存在于人的行动当中，经常潜藏于无意识层面，通常不为人所注意，这种"日用而不知"的状况是人生活的常态。让人去想自己的使用理论是一件困难的事情，而它又是真正决定人行动的理论，因此，通过反思使人把潜藏在无意识中的使用理论觉察出来，通过分析之后再修正，并把觉察后的使用理论与宣称理论进行比较，有助于缩小两种理论之间的距离。

一般而言，支配变量是行动者优先满足的价值观，之后行动者会根据所处的实践情境选择相应的行动策略来试图满足支配变量，当行动策略能够到达所期望的行动目标后，会对行动策略和支配变量进行反馈。如果达不到所期望的结果时，就要针对这些非所欲的结果给予支配变量及行动策略回馈，重新选择支配变量的优先顺序与程度，重新设计并采取修正后的行动策略，到将结果达到令人满意的范围内为止。

使用理论的模式认为，人是自己行动的设计者，行动结果是被人设计出来的，不管是有意图的，还是没有意图的，使用理论便是探究存在于行动中的支配变量、行动策略、结果和实践情境以及之间的关系。对于行为改变来说意识是很重要的。反思的实践者为了对实践有新的认识，一方面必须是一个演员的角色，另一方面又要作为批评家来观看与分析自己的演出。

通过反思，行动者能够把隐藏在行动中的使用理论分离出来，对行动所处的环境脉络，支配行动的主导价值，行动的策略和过程，以及行动的过程进行慎思，以发现其中存在的问题和有待利用的宝贵经验。如果不通过反思，使用理论将会隐藏于人的行动中，潜藏在人的无意识中，得不到提炼，分析与改善。教学反思通过发现、检验和改变引导人行为的使用理论来促进深层的和有意义的改变。

第二，通过教学反思来检验、调适宣称理论。虽然教学反思是为行动的，但并不是说反思者从外界所获得的知识不参与反思的过程。要不然，如何才能使反思有批判性呢？如何才能寻找改善行动的新视角？在对反思本质的讨论中已经论及，反思是反思者思想、知识和行动的整合过程。因此，反思也是宣称理论和使用理论互动和统整的过程。在反思中，一方面实践者根据宣称理论来分析使用理论，寻找改善的路径；另一方面，实践者在特定的情境下，对使用理论进行检验、调适和转化，把一般性的原理和规则转化为适合于特定情境的知识，从而把宣称理论内化为使用理论。

（二）单环模式与双环模式中的教学反思

当一个行动策略的结果是行动主体所预期的时候，行动主体的支配变量便得到了确认。如果当一个行动策略的结果不是行动主体所预期的，甚至是相反的时候，行动主体可能会采取另外的策略来满足支配变量的要求。这个过程就是单环模式的使用理论，它虽然改变了行动策略以达到所预期的结果，但却没有促进支配变量的改变。单环模式的使用理论中支配变量有：达到预先设定的目标，只赢不输，抑止负向的感觉和强调理性。相应的行动策略便是，单方面地控制环境、工作及他人。这种行动策略的实施特征是，单方面的归因和评价，压制公开的探究，并不鼓励面对面的辩证与讨论，自以为是，总以为自己是对的。在这样的行动策略下导致的行动结果是防御性的人际与团体关系，并不宽松的选择空间和封闭的信息交流环境。因为很少公开地验证理论，行动者的自我隐藏和欺骗，行动者缺乏内在的投入和风险承担精神，最后的行动结果是在行动主体预料的范围之内，并不能完成自我超越。

单环模式秉持技术理性的认识论，以控制他人和过程为手段来达到预先设定的精确目标为旨归。效率至上，而忽视行动者的主体意识，人文关怀是单环模式的特征。在这种模式中的教学反思，成为达到结果的手段。对行动主体的主导价值观，即支配变量不予反思，反思的对象局限于行动的策略和结果。具体到教师而言，部分教师的教学反思对象主要是教学过程中的"事实"，至于为何教学这种"价值"问题则消失在教师反思的视野之外。教学反思的主要内容可能是，教学目标如何分解，教学流程如何设计，教学内容如何裁减，学习动机如何激发，而不追寻怎样的教学才有价值的问题。另外，在单环模式中，教师的教学反思对象倾向于自身之外的"事"与"人"，而缺乏认真地审视自己的意识和勇气。

当一定的行动策略不能达到期望结果时，行动主体会检讨主导价值观改变的可能性，这个时候双环模式的使用理论便有可能发生。双环模式的支配变量是：每个参与者都有机会参与确定行动目标，每个参与者都是成功者，注重情感表达。相应的，行动策略中强调探究而尽量减少单方面的控制，参与者具有较高的内在投入，行动过程是成长导向的。行动的结果表现为行动者之间能够相互促进和合作，自我防卫低，人与人之间和团体中的关系融洽。能够对理论进行公开的验证，认为学习是一个探究的过程，其中的不确定性是学习的机会而非威胁。

双环模式的使用理论是一个开放的而非封闭的系统，行动策略、主导的价值观和实践情境都可以修正。珍惜行动者主体意识的表达，每个行动者的价值观得到重视与保护。行动不再仅仅是达到预设目标的过程，而是一个具有内在价值的旅途。双环模式中，反思不仅仅作用于行动策略的修正和行动结果的验证，也作用于目的的选择。反思是在赋权的环境中，在行动者相互信任与支的氛围中进行的公开交流与辩证过程。

二、建构主义学习理论：主动性地成长与学习方法

建构主义是一种学习理论，说明我们如何学习，如何认识知识的。尽管在建构主义旗号下有多种不同的观点，但它们有着明显的共同点，即都明确肯定学习是学习者以已有的知识和经验为基础的主动建构活动。建构主义并非是一家之言，经过二十多年的发展出现了不同的理论流派。总体而言，可以把建构主义分为认知建构主义、社会建构主义和批判建构主义三类。认知建构主义主张学习是个体认知的发展过程。

对于教师而言，教学反思与建构主义有着紧密的联系。一方面，知识的建构需要通过教学反思进行。建构主义的学习是以过去的经验为基础的，而教学反思是分析与提炼过去经验的手段。也就是说，只有通过教学反思，过去经验才能够被发现与运用。另一方面，教学反思是以建构方式进行的。如肖恩所描述的那样，实践者的困惑或惊奇使他重新思考行动中的知识，这种思考超出了自己所拥有的理论、规则和事实。他必须重构自己的问题、行动和理论来回应实践中的困惑或惊奇，并通过"点式实验"来检验新的理解。

社会建构主义则认为学习除了认知投入外，还需要学习者积极的社会投入，因为个体水平的发展受到环境的影响。不过，把宏观的社会和历史背景看作理所当然的存在，并不分析其存在的合理性。批判建构主义则聚焦于讨论学习中的权力和平等等政治话题，以批判的眼光来审视知识生产中的合法性。下面首先阐述不同建构主义理论流派的主要观点，然后分析对教学反思的意义。

（一）认知建构主义中的教学反思

认知建构主义是建构主义理论中最基本的理论，因为建构主义理论的本意来源于此，而社会建构主义和批判建构主义是以认知建构主义为基础扩展的。

自20世纪70年代末出现的教学反思风潮有三个理论渊源，除了肖恩在批判技术理性基础上提出的行动中反思认识论、信息加工理论外，就是以皮亚杰（J.Piaget）为旗手的认知发展心理学。认知建构主义为教学反思提供了个体如何学习的理论基础。

皮亚杰是建构主义理论的先驱，也是认知建构主义流派的奠基者。皮亚杰对认知建构主义的解释是："知识并不是直接观察的结果，而脱离对客体的建构，或者不依赖于现存的、内在的认知结构。智力的功能只能通过认知结构来表达，这个结构具有遗传性和创造性，通过与对象积极的互动而形成。基于这样的观点所形成的认识论，既不是经验主义也不是先验主义，只能是建构主

义"。按照皮亚杰的上述观点,学习是学习者积极主动地用自己原有的认知结构去吸收、内化外来的知识。当不能顺利完成同化过程时,学习者可能会通过顺应,主动地改组自己原有的认知结构去适应新知识的过程。通过这个过程有两种学习结果,一是同化,新的知识并不能引起学习者认知结构的改变,而是原有的认知结构给新的知识赋予意义,从而丰富了现存的认知结构。二是顺应,原有的认知结构没有办法吸收新知识时,新知识刺激现存的认知结构发生改变,在这个过程中,新的知识给现存的认知结构赋予了新的意义。

在教学中经常努力地使自己所期望的结果发生,忽视与他们现存认知结构不一致的信息,对行动中产生的"新的结果"视而不见。由于他们在行动中看不到意外的观察所以就不能为现存认知结构的重建提供必要的依据。我们认为,教师之所以在行动中看不到新的信息,也就是说即使行动中出现了新的结果,也不去有意识地发现是因为教师对行动缺乏反思,不论是在行动中,还是行动后的反思。没有教师对行动的反思,教师的工作就变成了在同一水平上的不断重复,不能通过同化来丰富原有的认知结构,也不能经过顺应来形成新的认知结构,教师的认知水平得不到提高。所以,反思是教师对行动赋予意义,从而发现其中存在的"意外",不论是令人困惑不解的问题,还是令人惊奇的发现,这些不确定的经验是认知成长的刺激诱因,在引起认知冲突后,最终导致新的认知结构产生。

(二)社会建构主义中的教学反思

认知建构主义聚焦于个人认知结构的调整与增减,这样的认识旨趣招致的批评是:"忽视了认识的社会性和历史性,否定了意义生产的合作性和社会性。诱发个人认知结构改变的认知冲突往往需要通过社会互动进行意义协商才能产生,皮亚杰也有相似的观点,与他人对话,就是在寻找引起认知不平衡的机会。"

社会建构主义着重于弥补认知建构主义的缺陷,其基本立场在于突出强调认知活动的社会性质,也即认为认知活动不应被看成是一种纯粹的个人行为,而是必然地包含一个在不同个体之间进行表述、交流、批评与反思,以及不断改进的过程。在社会建构主义看来,认识的发展就是社会环境与个体内在思维活动共同作用的结果。

社会建构主义的观点可以再细分为两种形式:处境认知和社会文化。处境认知强调学习是在人与环境互动中建构的,学习者所处的环境是决定能够学到什么的重要因素,知识与学习环境不可分离。在对专家知识的研究中发现,专家知识高度地依赖于特殊的背景,是围绕事件和情节性建构的。另有研究通过认知人类学的方法，也有相似的发现，认为知识并不能脱离其产生和使用的活动、文化和背景而存在，说明知识生产中处境认知的性质。知识的获取和使用是一枚硬币的两面，不能分开。由此我们可以发现，处境认知和教学反思的观点是极其相似的。从肖恩观点来看，教学反思的产生就是源自对技术理性的批判和超越，倡导在实践情境中通过反思而对实践知识生产的重要性。我们认为，处境认知是教学反思本质属性的表现，如果我们把处境认知从教学反思中抽离出去，教学反思就没有什么能够说明自己是教学反思了。这样一来，我们在讨论教学反思的时候.在很大程度上，就是讨论处境认知。

如果说处境认知强调学习者的"人"与环境中的"物"互动的话，社会文化则着重于学习者之间"人"与"人"的互动。社会文化观点认为，学习者其实处在各种不同的社群当中，社群中通过对话所产生的思想、理论和概念是个人思考和专业对话的认知工具，这些认知工具不仅能够刺激和鼓励个人进行知识建构，而且也是影响学习者能够学到什么和如何学习的决定性因素。一方面，当学习者需要帮助的时候，他人能够提供有效的支持以使学习者形成更丰富、更复杂的认知结构。另一方面，通过与他人的互动，个人不断产生最近发展区，为学习者的发展提供多种可能。复杂的思考是在社会互动中进行的，如果要让教师成功地应对教育改革，他们必须在专业社群中讨论新的教材和教学策略，共同承担风险，改善实践。学习者不是在真空中进行认知建构的，总是处在一定的社群中分享着集体的文化，并把文化内化到自己信念与行为当中。

（三）批判建构主义中的教学反思

社会建构主义批评认知建构主义只关心个体而忽视个体所赖以存在的实践情境和社会文化背景，批判建构主义则小于社会建构主义只顾实践情境和社会文化对个体认知建构的影响，而缺乏自我觉醒的意识与对环境的批判思考。在认知建构主义视野中，教学反思是实践者认知结构丰富和修正的过程。具体的过程是，实践者在对支配行动的价值观、行动的策略和行动的结果及其之间的关系进行认真的思考，当发现其中的冲突、不协调时，如通过一定的策略伴有意外的结果产生，实践者会反思行动策略和行动的价值观，可能会引起行动策略和行动价值观的改变。

教师是反思的实际工作者，他应该是一个自由人，贡献于知识的价值，并能培养年轻人批判思考的能力。一个具有完全自主性的教师，在反思中能够意识到教育情景中政治的、历史的、社会的和意识形态的因素，从而进行自由的和有意识的行动。

批判建构主义认为我们需要有明确的建构知识取向，这种取向要有助于社会的变迁、公正和责任、减少不平等。也就是说，知识要有助于促进社会转化。为了达到这个目的，就需要意识到知识之间是不平等的，而且要打破不平等的知识生产过程。换言之，在批判建构主义看来，首先要考虑的问题是：学校教育的目的是什么？教师应该获得怎样的专业发展？然后质疑存在于知识生产中的权力关系，并且致力于权力的再分配。

具有讽刺意味的是，教学反思的提出就是对技术理性的批判开始，只不过批判的对象是，在技术理性主导下生产的科学知识并不能有效解决实践情境中的问题，而是从探究实践情境开始，寻求解决实际问题的出路。从这个意义上说，教学反思的意图，未尝不是在寻找另外一种"技术理性"的知识。

现有的反思性教师学习中有三个特征阻碍了职前教师批判反思能力的培养。一是手段—目的式的思考方式使教师的反思集中于教学技巧、班级管理等技术性问题，而忽视课程目标等价值性命题；二是在促进教师反思自己教学的同时，忽视了教学所处的社会和政治背景；三是过分着重于帮助教师进行单独反思。

从使用理论来看，认知结构的改变就是使用理论中行动的价值观、行动策略和结果以及之间关系的改变。在社会建构主义中，有效的教学反思需要社群来支持，实践者之间的沟通对话与辩证讨论是引起实践者认知失调的重要刺激因素。社群中同伴之间的支持也能使实践者增强承担风险的信心和勇气。

第三节　教师反思与反思性教学

由于反思性教学的大力推进，教师反思才日益为教育理论工作者和实践工作者所接受。为更好地认识教师反思，有必要把握反思性教学的源流和基本主张。

一、教学反思的内涵分析与反思性教学的特征

对"反思性教学"概念进行分析，可以发现，"反思性教学"在人们的使用中大约具有以下几个层次的含义。

第一，将"反思"看成是在教师教学实践中考虑价值和意义的深思熟虑的过程，鼓励教师通过记录自己的观察和经验及辨明日常课堂决策的伦理、道德

和政治意义而使自己成为新型的教师，要求教师形成批判性分析的技能，掌握有关教学及相关背景知识，形成开放的心态和自我反省的意识。

第二，从实用的专业知识的角度理解"反思性教学"，认为批判的思想依赖于对复杂的课堂教学过程的理解，成为反思型教师的关键在于形成一种有关教学和学习的语言和思维方式，而这是可以通过对经验的研究领域进行批判的检验获得的。

第三，将反思型教师视为一种具有个人教学哲学的教师。就是要对自己和他人的教育信念进行批判的检验，并形成自己对教学和学习的具有逻辑内在联系、能够清晰表述的观点。

总体来看，反思性教学不仅仅是回忆或回顾已有的教学活动和教学行为，而且要通过教学主体的不断探究、质疑，找到其中的问题和答案，审慎地考虑教学实践并不断矫正不正确的教学行为，合理地进行自我评价，追求教学实践合理性，指导未来的教学行动，使自身的教学具有发展的价值、创造的价值和自我实现的价值，使自我经验型的教师发展成为学者型的教师的过程。它具有以下几方面特征。

（1）反思性教学以解决教学问题为基本点。这主要表现在两个方面：一是作为实践活动，反思性教学的反思不是经验型教师教学后简单回想一下自己的教学情况的反思，而是一种可重复实验的研究意义的反思。二是它用科学和人文统一的方式解决处于教学的决策和技术以及伦理等层面的教学主体和教学目的以及教学工具等方面的问题（不足之处），千方百计追求"更好地"完成教学任务。这使得参与反思性教学的教师获得了创造性思考直至创造性解决问题的机会。

（2）反思性教学以改进教学为目标。教学中教师之所以要反思，主要是为了改进教学，这实质上是向更合理的教学实践努力。许多反思性教学专家认为，反思性教学兴起的主要原因之一是"人们通常假定，反思在本质上是促进教学的，教师越能反思，在某种意义上越是好的教师"。"当人们努力追求合理性，并确证观念与行动，以形成对现象的新的理解和欣赏时，就要激励教师进行反思性教学"[1]。

（3）反思性教学强调两个"学会"，是全面发展教师的过程。学会学习早已为人们熟悉，其含义也随人们的理解日趋丰富，不仅有技术的意义，而且有人格意义等。学会教学虽是新概念，但其含义与学会学习有类似之处，即要求

---

[1] 苏建华. 教师专业化发展的研究与实践[M]. 北京：中国书籍出版社，2011：74.

教师把教学过程作为"学习教学"的过程，不仅学习教学的技术，还要学习教学伦理与道德知识，善于把自己的主体性与主体间性融合起来。反思性教学既要求教师教学生"学会学习"，全面发展学生，又要求教师"学会教学"，自身获得进一步发展，直至成为学者型教师。因此，反思型教师与操作型教师有较大区别。操作型教师往往只了解自己教学的结果，喜欢问"怎么样"。反思型教师不仅想知道自己教学的结果，而且要对结果及其原因等进行深思，总是问"为什么"。这种"追问（问为什么）"的习惯，往往促使反思型教师增强问题意识和"解题"能力。

相比之下，操作性教学仅教学生学会学习，似乎目的很专一，其实没有教师不断地学会教学，学生的学会学习很难保证。

综上所述，反思至少包括经验性的和科学性的。反思性教学以科学性反思为基础，是借助行动研究的群体反思的教学，是以发展教师为直接目的的教学，是不断追求教学实践合理性的教学。

二、反思性教学的基本模型

与教学工作的行为主义的机械模式相比，"反思性教学"更注重以整体的方式把握真实课堂情境中教师的思维和行动，更多地依赖直觉。它树立了一种主动参与学校改革的新的教师形象。从另一方面看，"反思性教学"的兴起和发展，是人们对"技术理性"观下的教学工作性质和教师教育信念的破灭的结果。在西方整个理性主义传统都处在变动和有可能被取代的社会背景下，人们对杜威的反思实践概念重新发生兴趣。

反思性教学主要有三个部分：一是动力（动机形成阶段），二是行动（进行反思阶段），三是结果（解决问题阶段）。在反思的动机的作用下，教师采取反思的行动。反思行动总是处于特定的情境之中，并指向特定的内容：实践的与理论的。而在思考实践问题时，理论观点被孕育起来，并被纳入分析之中。相应地，在评价一种判断标准或教育原理的过程中，实践的意义得到总结和探讨。反思性教学的直接结果是教师"新的理解力"的形成。新的理解力主要有四个方面的内涵：可能是改进了的采取反思行动的能力；可能是变化了的关于课程、教材或教学等领域的信念；也可能是改善了的教师的情绪状态或品质。总之，新的理解力是教师得到提高的标志。但新的理解力总是暂时的并被不断修正提升的。教师新的理解力可能是从解决现实的教学问题中获得，也可能是思辨的结晶。但无论怎样，都为解决现实的或未来的教学问题打下了基础。因此，解决实践问题成为反思性教学的最终目的。

埃拜模型主要以杜威和柯尔伯格的理论为基础。其理论视野覆盖了道德与伦理问题。与柯氏提出的道德发展的三种水平相应，该模型设想了处于前习俗水平、处于习俗水平和处于后习俗水平的教师在道德原则与判断中反思和选择发展学生创造性的教学行为。因此，从整体上看，埃拜的模型是一个突出了教学的道德与伦理基础的模型。

爱德华兹与布朗托模型主要以学习理论和行动研究理论为基础。在借鉴了诺曼的学习循环观点等之后，该模型把兴奋中心移到了维果茨基的学习理论上，为自己找到了心理学基础。行动研究理论是该模型的重要参照系。利用这个参照系，它设定了四个相互联系的象限。拉博斯凯模型也是尽力博采诸家之长，将杜威与布鲁姆等人的理论收纳其中。但与众不同的是，它主要以先期的教学实验为根据，将常识性思维者与敏感的新手对比，从其动机水平、思维方式等方面做文章，显示了较厚实的实践根基。

埃拜模型呈现环状，似乎无限循环，没有穷期。尤其"作出判断"处于"反思性评价"与"反思性计划"的结合部，在两阶段间架起了桥梁，使两者的联系更加紧密。爱德华兹与布朗托模型采用坐标说明问题，通过四个象眼描述反思性教学思想，虽然四个象限之间也是连续不断的，但起止点比较清楚。拉博斯凯模型使用几个矩形，各个矩形之间颇有演绎韵味。终止的矩形与起始矩形之间形成反馈，也是一个完整系统。二是重点内涵差异。埃拜模型重在"全面、完整"地描述反思性教学的宏观过程，强调教师的职业道德，用后现代主义的伦理主体观与权力主体观看待教师的教学行为，要求教师在发挥主体性的同时，注意主体间性，充分理解学生，并培养学生的主体性和创造性。爱德华兹—布朗托模型重在说明反思性教学中的心理过程。这种过程一般始于对社会要求的认识，对社会要求的认识本质上是后现代主义者倡导的"理解"过程，是一种心际的交流。因为社会即"联合起来的单个人"，也就是以特定关系组合的人群。对这种人群的要求的认识，就是与"人群"（社会）对话，形成心际的交流。拉博斯凯模型强调的是反思性教学中动机与结果的统一和反思的行动。它从四个维度即情境、过程、态度和内容分析反思的行动，避免仅从步骤上分析行动的习惯思维方式，凸显了教学中反思行动的纵横捭阖的"路线"。

尽管有这些差异，但从根本上看，这三个模型是一致的。这主要表现在通过反思"提出问题—探讨研究—解决问题"是其灵魂。埃拜模型的提出问题主要在"反思性教学"过程中。问题提出后，反思性评价与反思性计划既是"探讨研究"过程，也是初步解决问题的过程。同样反思性教学过程既是提出问题的过程，又是探讨研究并解决问题的过程。爱德华兹—布朗托模型地对"各种可能性的反思"就是提出问题和明确问题。拉博斯凯模型在"反思的行动"中明确提出了"问题界定",此后通过探讨研究,解决现实的或未来的问题。另外,三个模型都突出了教师本身的提高。这种提高在拉博斯凯模型中,是以"新的理解人"的形成表征的。与此相仿,爱德华兹—布朗托模型也强调了教师新的理解力。至于埃拜模型,则要求教师在伦理道德水准提高的同时,几种基本技能得到发展。

从上述内容可以看出,反思性教学为教师反思提供了基本的工具和操作模型,促进了教师反思的深入开展。

第三章 教师专业发展与教学反思

第一节 教师专业发展取向

一、不同视角中的教师专业发展取向

教育改革依赖于教师的所思所为。有研究发现,有效的教师在教学技能、课堂气氛和专业性三方面的特征能够解释学生进步中 30% 的变化程度。面对急剧变革的社会,教育变革的挑战和日益增加的教学复杂性,教师需要通过不断的学习来促进学生的学习。而实际上教师专业发展是一个较为宽泛和模糊的概念。对教师专业发展的分析,我们从以下三个紧密相关的问题进行:第一,是谁主导着教师的专业发展?是教师自己,还是大学专家,或是政府部门?第二,教师专业发展的内容是什么?是大学专家生产的知识,还是教师在实践中生产的知识?两种知识之间的关系如何?在教师专业发展中是如何发挥作用的?第三,教师是如何进行专业发展的?是以外来权力强制下的接受式学习为主,还是以教师主导下的自主探究为主?对以上问题的不同回答,便会产生不同的教师专业发展取向。下面在分析教师专业发展的不同取向中,理解教师专业发展的本质、内容和方式。

哈格芮乌斯(A.Hargearves)与富兰(M.Fullan)把教师专业发展分为三个取向。[①](1)教师专业发展作为知识和技能的获得。如发展对学科知识、班级管理、个别差异、合作学习方面的知识和能力。相信教师以外的知识和技能是教学中不可缺少的知识基础。在教师专业发展策略上采取实证—理性取向和权

---

① 徐斌艳.教师专业发展的多元途径[M].上海:上海教育出版社,2001:63.

力—强制取向,让教师获得被社会认可的知识和技能。(2)教师专业发展作为自我理解。构成教学知识基础的"知识"不仅仅是陈述性的外显知识,也包括教师的实践知识。关注教师个人的整个生命历程和职业经历。伊润特所提出的成长取向的实质就是教师自我理解。在促进教师专业发展策略上强调教师已有的知识和自己的智慧在发展中的作用。(3)教师专业发展作为生态改变。教师的发展植根于所生活和工作的环境,如时间、资源、教学文化、学校领导、组织结构和社会环境等。教师所处的生态环境一方面影响着教师进行专业发展的动机,例如,教师缺乏优质的学习资源,没有学习的闲暇时间,学校领导的规训等都是消减教师学习动机的实际因素。另一方面也是专业发展的方式,例如许多研究表明,合作的教师文化有利于教师专业发展。

不过,与实证—理性取向一样,这种取向下的教师发展在专业上的合理性和政治上的合法性受到质疑。伊润特(M.Emut)从教师专业发展动因和目标两个维度,把教师专业发展分为四个取向。[①](1)补短取向。认为教师的知识和技能是"过时的"或"无效的",教师需要学习来补充新的学科知识、教学技能。因此,在学习的内容上教师并没有选择的权力。在学习的方式上则具有多样性,可以通过专家式的讲座、合作学习、自主探究或者自行研读来进行。(2)成长取向。相信教学是一个比我们所能认识到的更为复杂的活动,教师专业发展的动机不是弥补个人的不足,而是寻求教学中更为复杂的艺术和内隐的规律。相对来说,补短取向注重外显的知识和技能,要求教师专业发展他人所生产的知识和技能。成长取向则不同,看重教师个人的实践知识和技能,主张教师通过不断反思来学习,承认教师个人知识的价值。教师比他人更清楚自己应该学习什么。(3)改变取向。认为教育需要及时地调整方向以适应社会变化所带来的挑战与需求。为了回应社会对教育的需求,教师必须持续学习。(4)问题解决取向。承认教学是复杂的活动,而环境、学生也在不断地变化,外在的改革策略总是很理想化的,解决现实中的问题才能有效地促进教师专业发展。大致而言,补短取向和成长取向说明教师专业发展的目标,改变取向和问题解决取向说明教师改变的动因。

恩驰勒(K.Zeichner)根据教师学习的方式是接受的,还是反思的;学习的内容是问题的,还是确定的两个维度把教师专业发展分为以下四种[②]。(1)行为主义取向。基于实证主义认识论和行为主义心理学,着重于发展和学生学习

---

① 徐斌艳.教师专业发展的多元途径[M].上海:上海教育出版社,2001:65.
② 徐斌艳.教师专业发展的多元途径[M].上海:上海教育出版社,2001:68.

有关的、特殊的和可观察的教学技能，在这种取向下，教育是生产，教学是应用科学，教师是有效教学法则的执行者。相应的，教师专业发展就是被动地接受关于有效教学的知识，在决定学习的内容和方式上，教师受到忽视。（2）传统技艺取向。把教学作为技艺，教师则是艺人，教师专业发展主要通过师徒式进行。教学的知识主要通过"试误"获得，由有经验的实践者发现。与行为主义取向一样，教师专业发展作为一个被动接受的过程。（3）个人取向。在现象学的认识论和发展心理学基础上，视教师专业发展不是教育教师如何教学的过程。教师作为一个人，可以根据自己的需要确定学习的内容和方式。教师专业发展是主动的，需要教师通过反思从经验中学习。（4）探究取向。教师需要从看似理所当然的日常教学实践中提出问题。教师能够更细致地检验他们行动的缘由与结果。教师专业发展就是要提高他们教学反思的能力，并且不断检视实践中道德的、伦理的和政治的议题。由教师来决定学习的内容和方向，满足教师的需要是探究取向下教师专业发展的核心关怀。总体来讲，探究取向和个人取向是通过教师反思进行的。教师自己主导着学习的内容和方式；行为主义取向、传统技艺取向和个人取向的学习内容是确定的，教师在既定的社会结构和文化环境中学习。

瑞查森（V.Richardson）与普莱瑟（Placier）把教师专业发展取向分为三类[①]。（1）实证—理性取向。教师专业发展强烈地受到学校内外行政人员及政策的影响，教师在学习什么以及如何学习的决策中没有发言权。追求乌托邦式教师专业发展目标，认为教师是按理性原则来思考与行动的，因此教师是"过程—成果"范式下教学研究成果的接受者和消费者。（2）规范—再教育取向。认为教师专业发展要靠教师自己的力量，必须给教师提供自主权，为他们的学习培育适宜的文化环境，教师的学习是一个积累的问题解决的过程。强调通过对教师信念及实践的反思进行学习，认为对话是学习过程中的核心要素，注重批判性在教师改变中的作用。要从现象学、阐释学角度解释教师专业发展的过程。（3）权力—强制取向。试图通过政府组织机构的政治力量对教师产生影响来引发、促进教师的学习。但并不否认在学习过程中教师应该有自己的声音，在教师专业发展内容和方式上教师具有选择的自主空间。

二、教师发展从外在控制到内在超越

根据教师在学习中的决策权，把教师专业发展分为外在控制和内在控制两

---

① 徐斌艳.教师专业发展的多元途径[M].上海：上海教育出版社，2001：69.

类。外在控制是指由教师以外的人和机构决定教师专业发展的方向、内容和方式，内在控制指由教师来决定学习的方向、内容和方式。内在控制又可以根据教师是否受限于现存结构而分为保守型和超越型两种。

（一）外在控制的教师专业发展取向

教师的学习由教师以外的人和机构所主导，学习的内容远离教师的日常工作实践，教师主要通过接受培训和自学等方式进行。有研究者与45位教师分析并讨论了533个教学片段。把教师知识分为技艺知识、规定性知识和系统知识三类。技艺知识主要是通过经验获得，具有非理论化、个人习惯性特征，对教师来说是增值的、累计的。规定性知识一般通过政府的考试、绩效责任系统、教材等政策文本来表达，并经常宣称"应该"怎样做，但对教师的影响是暂时的。系统知识主要通过大学、研究论文、学术期刊和专业组织获得，具有理论化、概念化和抽象化特征，是从琐碎的到持久的，而且充满激情的。教师在对各类知识利用方面的发现是：第一，没有一种类型的知识能够独立满足教师工作需要。第二，教师非常关注规定性知识。

舒尔曼认为教师必须同时具备七类知识：学科内容知识；一般教学法知识；学科教学法知识；学习者及其特性的知识；教育情景知识；课程知识；教育的结果、目的、价值及其他们的哲学和历史根源方面的知识。教师知识主要通过学科领域学术研究，教育材料和结构，正规的教育学术研究和实践智慧而获得。舒尔曼对教师知识的分类及其来源也说明，通过大学专家等生产的知识对于教师专业发展来说是必不可少的，为教学提供了最基本的知识基础。例如使教师产生更高的教学信心，透过纯熟的班级经营，教师有更充分的时间投入教学，了解如何进行个别差异的处理，有能力发展新的教学策略，并检视其有效性。需要明确的是，教学并不是像子弹一样直线穿行，从"过程"到"成果"点对点的联结，而是像蝴蝶一样多姿多彩地在花园中飞翔，是由多种因素交织的互动过程。

（二）内在控制的保守型教师专业发展取向

内在控制的教师专业发展认为教师在专业实践中虽然有消极抗拒的一面，亦有其充满自主与主动的一面，认为教师是创造知识、建构理论的主体。教师不但有能力建构成一套缄默的实践知识，且会透过此实践知识，指导本身的课程计划与教师的互动。如果内在控制的教师专业发展只是在既定的社会结构和传统规范中进行，这种学习是保守型的。教师通过学习所要达到的目标是"正确地做事情"，而不是"做正确的事情"，在决定要做什么事情的问题上，教师显得既没有这样的动机，也缺乏这样的信心，缺乏批判的精神。

当教师通过外在控制而获得的专家所生产的知识不能或者不能直接应用于实践时，不得不从对应然的乌托邦式的理想追求中走出来，直面复杂的实践情境，诉诸实践者来寻求改进实践之道。如汤才伟所言，从众多的课程与学校改革成功与失败的经验中，有一点可以肯定的是：成功的寄望必系于最前线的教师身上。理论有时不能有效帮助教师们的工作，除非教师对本身的教学情境具有操控的意识和能力。所以在教育里不会有高效能的方法，但却有高效能的教师。一切课程的改革必须在课堂中实践，而课堂却是一处独特和变动的环境。教师的效能正从这一环境的适应、改变和创造中显现出来。这就是内在控制教师专业发展取向的本意所在。教师专业发展的根基在于实践情境中，脱离实践情境的外在控制的教师专业发展是一种"无根"的教师发展。

从实践知识的观点来看，教师专业发展与教学实践是不能分开的。因为，对教师来说，实践知识对他们的发展更为直接和根本，教师专业发展起源于教师在其日常生活中对教学情景的知觉、对教育问题的关切以及对实际状况改变的需求。杜威认为教师的成长意味着教师对复杂的教学情形的深刻理解，而不是一味地寻求知识和技能上简单的程序和操作方法。提出教师专业发展应该与教师的课堂实践紧密联系起来。

教师的发展需要鼓励并倾听教师发出自己的声音，避免赶时髦和向教师推销所谓"普适"的教学策略。坚持教师专业发展自我理解取向的学者相信教师要从做中学，强调教师通过反思探究从经验中学习的重要性。教师透过各种形式的反思，使其个人信念和使用理论产生有意义的、实质的改变。换句话说，教师改变不仅应强调行为技能的改变，最重要的是教师据以行动的使用理论是否产生修正和改变。

也就是说，从内在条件而言，教师的专业视阈仍然很狭隘，他们可以调用自己的实践经验来吸纳外界的公共知识开展更有效的教学活动，也能够透过反思呈现、提升自己的实践经验。但是在教育价值的取舍上缺乏自我判断。从外在环境来说，教师在政府管控、校方管理和家长问责环境中，不存在单纯意义上的专业自主权。正如富兰所言，有成效的教育改革包括改变教师的信念、教学行为和材料，这种改变只能在一个适宜的社会环境中通过个人的发展而进行。

（三）内在控制的超越型教师专业发展取向

教师作为专业人员，负载着道德的、伦理的和政治上价值，需要认识到教学中、教师专业发展的过程中存在的不公平，甚至教学背后所存在的不公平社会结构。这种取向的教师专业发展将知识界定为与政治性及社会性之意识形态不可分离的建构。专业必须能对外在的"限制"与"界定"进行批判，并加以超越，以获致真正的专业自主能力，使教师的知识超越狭隘的个人和实用的范围，放眼到更宽广的脉络上。也就是说，承认教师是实践中的"权威"，不仅仅是为教师能够分析并进而把握实践来迎合课程与教学改革的期望。通过批判来揭示和修正不公平的现象，教师专业发展中要超越的不是知识与技能，而是教师所持有的价值观，如课程观、教学观和学习观等。

三、教师专业发展的再概念化

外在控制和内在控制的教师专业发展是相互补充与促进的。两者的结合才能形成教师进行复杂的教学工作所必需的知识基础。不过需要我们注意的是，这两种学习取向的结合是建立在内在控制的教师专业发展之上的。教师是通过经验对理论赋予意义的。一个有效能的教师，不但应具备坚实的教学理论基础，更需要拥有丰富的教学实践经验。因此，教师既需要通过外在控制取向的专业发展获得必要的知识与技能，也需要通过内在控制的学习从自己的经验中学习，使两种取向的学习有机结合起来。从而使得外在控制取向的学习有地方落地生根，与教师的生活与工作世界联系起来，并生长出新的形态；教师的经验也能够在外来知识的刺激下得以提升。教师的学习需要理论，但是教师所学习的理论只有在经验中才能产生意义。也就是说，教师专业发展不能脱离自己的经验基础和实践环境。这个观点正在被越来越多的研究所证实。

自20世纪80年代前期开始，由于社会期望和学生表现之间的差距，教育界通过提高标准、改革课程、强调绩效责任、学校结构重组来进行学校改革。不可忽视的是，上述改革都是在认知科学革命和新的学习理论背景下发生的。新的学习理论不仅是教育政策制定的必要依据，也是课程与教学的基础。富兰在《教育改革的新意涵》中开篇即言，是认知科学中的建构主义学习理论和复杂与混沌理论中的"连贯的"观点给教育改革赋予了新意涵。同样，认知建构主义理论和复杂理论也为教师专业发展赋予新的含义。

富兰与哈格芮乌斯把自二十世纪七十年代中期以来教师发展和教育改革的关系分为两个时期：第一个是革新为本时期。在这个时期，教师为了成功地实施变革，需要采用相应的课程与教学材料，教学行为和信念也要为之改变。根据教育改革需求所进行的这种改变，具有把教师工具化的倾向。第二个是全教师和全学校发展时期。教师的发展与所处学校的改善是不可分的，而且教师的发展不能外在地强加到教师身上。这个时期的主要特征是，重视教学的文化和教师的工作环境，尊重教师对教育的理解和所持有的信念。秉持人文主义精神，把教师作为人看待。对教师专业发展性质的理解上，不仅包括教师的知识和能力,还关注到了教师在工作中的自主权。自我理解的教师专业发展,通过反思从实践中学习受到重视。

根据以上的脉络和其他的文献,不难发现教师专业发展概念的转向中包括以下三方面的内涵,即教师专业发展作为人的发展,教师专业发展作为教师学习的过程和教师专业发展作为探究的过程。

(一)教师专业发展是人的发展

康纳利与克兰迪宁提醒我们,当在实践的视野中看教师的时候,教师就是整体的人,不能割断其历史与未来,也不能把教师肢解为知识的、情感的、技能的教师。教师专业发展作为"人"的发展,就要尊重教师在专业发展中的主体性,承认教师有其个人历史及其在专业发展中的作用,教师专业发展是教师这个"人"多方面发展的结果。

1. 教师的专业发展是多方面的发展

通过对新西兰的一个以提高学生建构主义学习为内容的教师专业发展项目三年的研究发现,教师的发展包括专业的、个人的和社会的发展,而且这三个方面发展是相互依赖和相互作用的。

个人的发展包括对变革过程、作为教师和教学的感情;专业的发展包括教学信念、教学活动的改变;社会的发展包括与学生、同事和他人关系的改变,三方面的互动关系。改变教师的专业性,也即改变教师这个人。教师的专业发展是教师这个人发展中的一部分,专业的发展不可能脱离教师个人发展和社会发展这个基础和生态环境。

2. 教师在专业发展中主体性的彰显

从语法结构上分析,教师专业发展中的"教师"二字可以有两个词性。其一为"专业发展"的定语,强调的是教师的专业发展而不是别人的。对"专业发展"的强调胜于"教师"。其二为"专业发展"的主语,强调教师是专业发展的主体,是推动者,对"教师"的强调胜于"专业发展"。

周淑卿对教师在专业发展中角色的转变也有相似的论述。20世纪80年代之前将教师视为社会结构的一个"角色",这个角色被权力体系赋予规约性的意义。所谓的专业发展,即是向符合某种客观界定的或机构认可的标准努力,教师专业发展的诉求是为了学校和社会的改善,社会赋予教育何种功能,教师自然要成为某种规制的角色。所谓的教师专业发展就如同朝圣一般,逐渐接近或符合一套既定的角色规范或专业规准,而将所有的自我嵌入既定的框架之中。在"教师作为一个人"的专业观点中,不再将教师视为集体,也不是不带情感的职业知能存储器,而是有独特的个人经历、专业经验、服务理想的人。

从以上对教师专业发展概念转向的论述来看，在教师专业发展这个舞台上，本该属于主角的教师，在20世纪60年代至70年代却坐在台下倾听研究者的布道，规训教师应该达到什么标准，在教室这个场景中应该如何表演。这种做法在专业上的有效性受到质疑：因为当时的研究者对教学本质的认识还非常有限。在过程—成果范式—统教学研究天下的年代，在技术理性的认识论指导下，研究者热衷于通过统计的方法寻求教师教学行为和学生成就之间的单向线性关系。因为在研究者看来，教学就是教师提供刺激，以引起学生相应行为的过程。然而，教学远非这么简单，七十年代末兴起的中介过程范式和课室生态范式的教学研究正说明了教学的复杂性格。仅仅通过制定预设的标准来培训教师使其满足复杂教学所需的要求似乎是不够的。

从心理学的观点而言，"自我"是"多元我"的统合体，缺乏自我之内在与外在多重声音的对话和争辩过程，除了使"自我"无机会进行再整合外，更使"多元我"无法直觉到主客体之间的差异，而得不到完整的发展。真正的专业发展应当确认：教师作为不同的人，作为一个有思想的学者，有其真实的需求，所以教师专业发展应当包含人文主义、建构主义的精神。所谓人文主义，乃强调个人尊严、价值及自我实现的能力，承认一个完整的人既有认知能力也有情感面向。所谓建构主义，即肯定在生活中人能凭借自己的经验，建构对世界的理解。总而言之，教师专业由"角色"的客观要求，到关注专业"自我"的建构，由规约式知能的强调，到个人经验与价值的重现，教师专业发展的概念已经发生了重大的转向。

3. 重视教师的经验与历史在专业发展中的作用

教师的经验形塑着教师解读研究而来的理论和知识的意义。教师是通过他们现有的知识和信念这把筛子来诠释学习活动的，教师所持有的知识和信念影响着他们学习什么和如何学习的。因此，教师的知识和信念不仅是改变的对象，也影响和决定着改革。

如果说由教师以外的人所主导的外在控制的教师专业发展忽视了教师的尊严、价值与主体性，而使专业发展活动缺乏人性的话，这种缺乏人性的专业发展活动所存在的与教师本人疏离感也客观地导致了教师学习效果的低效。因为瑞查森在分析大量文献后提出，有效教师专业发展的一个重要特征就是认可教师现有的信念和实践。

这里需要回答的问题是：教师专业发展的入手点在哪里？是把变革强加在教师身上，还是从教师的经验出发，嫁接新的理论与知识后让其自然生长出来呢？事实证明，强加式教师变革模式的作用是非常有限的。原因不难理解：即使外来的知识与理论再好，它并没有与教师的经验与生活世界联系起来。

教育改革中对教学有新的要求，这些要求见之于教师学习有新的愿景：教师建构自己的理解，是主动的学习者。教师是根据自己已有的知识结构通过"同化""顺应"等机制改组与重建新的知识结构的。教师要学习的新知识应该在教师的"最近发展区"内。另外，教师学习应该与教师的课堂实践紧密联系。

（二）教师专业发展是学习的过程

从个人与环境的关系层面看，教师专业发展是多面向的，是由教师人生经历、职业发展阶段、情境性的经验和环境多种因素形成的能动的互动过程，他在分析文献后发现，教师缺乏拥有感是导致专业发展活动无效性的重要原因。教师不可能被发展，是他们在发展。他们在决定自己学习的方向和过程中处于中心的地位。总而言之，在这个转变中体现出来的意志是，教师的发展是教师主动学习的过程，而不是被改变的过程。

把教师作为学习者的理论意义表现在：第一，更多地从教师的角度来思考如何进行专业发展的问题。教师是自己专业发展的当事人，他们最了解自己的实践情境，最了解其中存在的困难与问题。因此，他们有最现实的学习与专业发展需求，希望通过怎样的学习来解决实践中的困惑。教师也最了解自己拥有什么样的知识、经验和能力，他们知道如何学习才能发扬自己的优势，弥补自己的不足来满足工作的要求。把教师作为学习者，有助于关注教师的学习需求和已有的知识和经验基础。第二，教师专业发展从关注集体到关注个体。与学生之间存在个别差异一样，教师在专业学习与发展上也存在个别差异，而且教师之间的个别差异会随着年龄的增长越来越大。另外，因为教师的学习是问题导向的，每个教师的教育信念不同、知识和能力不同、所处的环境不同、所面对的学生不同，这样使得在实践中遭遇的困难与问题也是千差万别的。把教师作为学习者，意味着更多地从教师个体的角度看待教师的学习需求与学习过程。第三，有利于从知识和经验向教学实践转化。对许多经验教师的研究发现，要想使学生持续地投入真实的学习活动中，教师必须从他们的实践中进行持续的学习。教师是按照自己所经历的学习方式来学习如何教学的。

因此，教师的学习方式与自己的教学方式有内在的一致性。长期以来，在教师专业发展活动中教师学习的方式和期望教师教学的方式是相脱节的，"要按我说的做，不要按我做的做"就是这种情况的生动描述。把教师作为学习者，关注教师的学习过程，也就是重视学生的学习过程，在教师教育者心中建立教师学习方式和教学方式紧密关联的观念，有利于教师学习的知识与理论在实践中进行转化。

不少学者强调教师学习与学生学习相似的地方。但作为成人的教师、作为职业的教师、作为专业的教师，其学习与专门受教育的青少年学生相比，还有很大的不同。教师学习的特征主要有：第一，教师的学习是问题解决取向的，是为了解决教学实践中所出现的困难。因此，教师学习的目标具有很高的灵活性，需要根据实践中的问题而不断调整。第二，教师学习的途径是多种多样的。第三，因为教师的学习是为实践的学习，经验是教师非常重要的学习资源。当然，由专家所生产的外来知识对教师专业发展来说也是非常重要的，但外来的知识只有和教师的所持有的经验产生有意义的联结时才能真正对教师专业发展产生作用。第四，经过反思从实践中学习是教师学习的主要方式，经验是教师最重要的学习资源。第五，教师在学习中扮演非常积极的角色。教师在学习的内容、学习的方式上应该具有很大的决策权。教师学习具有深层的自我导向倾向。教师学习经常与工作同时进行，具有很强的自愿性。

（三）教师专业发展是探究的过程

为什么自己的实践是有效的教师，在信念、知识和实践方面的改变越大。也就是说，教师仅仅观察自己的实践虽然是有效的，但是并不足够。例如，当教师尝试地运用特殊的教学方式，并发现确实是有效的，这个时候教师便认为继续实践这种方式是值得的。这种学习虽然能够鼓励教师继续实践有效的教学方式，但是并不能使教师知道为什么这种方式是有效的，在什么条件下才能继续有效。发现成功的实践并且分析实践需要教师投入一定水平的探究之中。

教师学习是一个有目的的探索过程。瑞查森和普莱瑟通过分析文献后发现，长期的、合作的和探究取向的在职教育看起来对于改变教师的信念和实践是比较成功的。教师的改变不是让他们获得一套固定的教学技能，和学习如何运用特定的教学方案，而是为他们提供持续成长和问题解决的机会。他们把教师的这种成长叫作自我持续的和富有生产力的改变。这种改变是经常地对自己的认识论、学习观和教学观的更新，换言之，是教师深层的在价值、信念方面的改变，而不仅仅是技能的增长。说到底，在这种变革中，教师变为持续的学习者和探究者。

教师学习的结果按照由浅入深，由表及里的方式可以分为：基于臆测之上的习惯性反应，并不把周遭情境作为学习机会，拒绝新的学习，潜意识学习，行为改变，记忆新的信息，沉思，反思性实践，实验性或科学性探究。前三种结果中教师并没有进行学习。在潜意识学习中教师缺乏有意识地在认知、情感和行为方面的投入，学习是一种基于经验之上的自动化过程。作为行为改变的学习，教师对自己学习的过程、效果和原因缺乏元认知能力，这种知其所然，不知其所以然的学习不具有生产力。作为记忆新信息的学习，这种"或许有用"的学习态度，不仅在学习对教师知识的扩充、理论的提升和实践改善上的作用存在疑问，而且这种学习有很强的被规训意向。后三种才是有意义的学习，因为作为学习主体的教师在学习过程中的扮演主动性的角色。

第二节 反思性教学与教学主体性

一、反思性教学的环节、变量与功能

反思性教学（reflective teaching）是自20世纪80年代末期以来新兴的一种教学理论，它超越了常规教学理论研究中技术理性思维的局限，站在更宏观、更高的层面去关注和探寻一种抽象的、基础的教学策略和人文理性。它的出现必将对我国教学理论及其实践带来重大的影响，它"初步凸现出当代教育改革新的制高点的轮廓"。量可分为主体变量和客体变量，主体变量包括心态、知识和技能；反思性教学除了具有常规的教学功能之外，还有动力功能、监控功能、整体优化功能。

（一）环节

教学环节是指实施教学的客观程序。常规教学的教学环节一般认为是课前的备课，课堂的教学（包括讲课与布置作业）和课后的辅导、作业批改、考试。常规教学在大段落上也是三个，与上相仿，但在整体内涵上、具体环节的内容及特性上不同于反思性教学。

第一，反思性教学环节具有全面性。现代教学论认为，课堂教学是一个受多因素综合影响的一个动态活动过程，它要求教师在课堂教学的每一环节中必须充分地考虑、有效地协调和处理这些影响因素，在整体上把握好课堂教学的进程。如果说全程性是其纵向的特点，那么全面性则是其横向特点。反思性教学不单教学环节完善，而且各环节的内容丰富、要求全面。

反思性教学在其环节上的全面地反映了这一规律，对每一环节的工作职能作出了全面广泛的关注，既保留有常规教学中关于如何教的具体的技术性要求，又提倡体现人文理性的宏观教学策略的运用，并以后者涵盖和指导前者，构建了一个在教学工具上技术理性和人文理性浑然一体的"全息"教学活动，教师要在教学过程中灵活有效地调整好诸如"情境""过程""态度""内容"等众

多的复杂因素。不仅要运用常规教学中传授知识与发展能力等的具体技能，而且要察言观色、审时度势，及时发现情况，并采取有力措施改进教学。师生还必须思前顾后，课前要与社会要求相顺应并内化成为反思性教学的行为动力，构建合理的教学目的并以此修订教学计划；课后还必须使教学的结果实现教师"学会教授"学生"学会学习"。在反思性教学中教师的工作是全方位的。反思性教学环节的内容、要求涵盖了常规教学。它的全面性实际上反映了教学工作的复杂性，客观上对教师的教学工作艺术性提出了更高的要求。

第二，反思性教学环节具有全程性。常规教学缺乏的正是这种有意识的全方位的元认知过程，而反思性教学中的反思（其实质就是一种元认知）则贯穿于整个教学活动的始末，一方面渗透于教学的全过程上，调节着每一教学环节和局部的教学活动，一方面又通过教学工作完成之后的整体结果的归因和评价，对该周期教学工作实施总体的体验和调控。显然，常规教学缺乏的正是这样一些工作，在其环节上显出先天的不足。无论是哪一个模型都把教学工作作为一个十分完整的系统去通盘考虑当中的客观程序及各项工作，它的第二大段落实际上已经将常规教学中二、三段落的工作包含在内，即常规教学中课堂的讲授、作业布置、课外辅导及考核均可归属到反思性教学中的第二段落中。显然，常规教学与反思性教学相比，单就运作的时段来看就缺失了一个重要的客观程序。当代认知心理学的研究表明，人的全面认识活动还包括一个元认知过程，即个体对自身认知过程的了解和控制。

第三，反思性教学环节每一相对周期之间具有内在的连贯性，一个周期的结束意味着为下一个周期的开始作好了准备，后续周期总是在前一周期的基础上进行的。常规性教学的相对周期之间往往只停留在教材内容的连贯上，若是不同的教材内容，则周期之间最多的就是形式上的联系，而非内在的有意识的实质性连贯，多数情况是"各自为政"。而在反思性教学中的每一教学周期，不仅从内容上（如同一类知识或同一单元知识）可能发生联系，更可贵之处是它每一周期的思辨结晶（即对教学工作中的信息收集、分析与评价以及对教学实践结果的归因总结）使教师不断产生新的理解力，既解决当下的教学现实问题，完成当下的教学任务，又为将来的教学（不论是否同一类内容或同一单元）提供更抽象的理性的教学策略。体现了"实践的反思把经验与理论的或哲学的探究结合起来了"。常规教学仅是机械地从局部、单一的某一周期上研究教学工作，而反思性教学是从整体上考察教师的工作，从谋略上将教学工作贯串起来，要求教师对教学生涯中的每一教学活动进行不间断的阐释研究，从而不断地学会教授，整体改进、稳步提高教师的职业技能。

（二）变量

教学的变量是指影响教学实施的因素、条件等。只有在各种变量都充分具备之后，教学活动才能顺利进行。教学变量可以分为主体变量和客体变量两大方面。此间主体变量特指教师方面的变量，客体变量主要指教学的情境变量等。反思性教学的实施除了要具备常规教学必备变量之外，还有其他一些特殊的变量。这里主要讨论主体（教师）变量。

1. 知识

教师要有作为反思的参照系的知识，才能实施反思性教学。一般而言，这方面的知识有：①内容知识，即教学科目的内容知识。②一般的教学法知识，指课堂管理的一般原理和策略。③课程知识，即教师对提供给学生的教学材料的组织和理解等方面的情况。④与内容相关的教学法知识，如教材的重难点和引例等。⑤有关学生的特点的知识。⑥教育环境的知识，其范围小到个人、小组、班级的学习与工作方式，大到学校情况和社区文化特点。⑦关于教育目的、宗旨、价值及其哲学与历史背景的知识。⑧比较抽象的教育理论，它比具体教育理论更能在反思中揭示教育规律。

2. 心态

情感也是影响反思性教学的重要变量，有的教师受情感干扰，不愿反思。例如觉得自己已经是一个好教师，用不着反思。他们经常问自己的教学"怎样"或"结果怎样"，而不问"为什么"。缺乏良好情感也就缺乏反思的内在动力，这些教师的教学就易停留在任务式的常规的例行公事上。

教学是一种道德职业。教师的道德意识的水平如何，直接影响到其教学行为的投入程度。心理学家柯尔伯格将人的道德发展分为前习俗水平阶段、习俗水平阶段和后习俗水平阶段。处于不同道德发展水平的教师，其教学行为状况是大不一样的。如处于前习俗阶段的教师，其教学多从自身出发，以己为中心，对学生的需要、兴趣和情感忽略不计，传统的教学多属此类。处于习俗水平阶段的教师，其教学则以互惠为原则，认识到学生及自己的需要与兴趣，从学生的特点出发进行教学，较之传统教学是有了进步但其常规性依然一样。

从广泛意义上说主体的心态是指主体道德意识、情感和思想的开放性，即教师职业的主体意识。教学主体是在教学实践中确证了自己主体地位的人。从教的角度而言，教师是被确证的主体。教师在其主体意识的指导下，采取主动行动，表现自己的主体性，实现其教学目标。主体性是主体与客体相互作用过程中表现出来的主体属性，以能动性为核心，包括目的性、选择性、创造性、自觉性等。显然，主体意识强烈的教师就越会在其主体化进程中增强自己的主体性，进而就越容易进入反思状态。

只有处于后习俗水平阶段的教师，他们牢记诸如真诚、重视差异、公平以及人权等道德概念并以自身高度个人化的普遍道德原则予以判断，激发和支持学生的创造性，即使学生的创造性行为和观念暂时不合于某些社会规范，教师仍然执着地高度负责任。他们心中关于主体性的警钟时刻在警醒着自己去反思教学行为是否合理，是否有害于其他教学主体，一旦有疑即行调控。教师的道德水平越高，就越会反思自己的教学行为，表现出一种执着性和责任心。

3. 技能

反思不是我们常规教学中课后的简单回顾和一般分析，而是要从课堂教学现有的一般层面出发，向更深层探索，在新的层面上看到现实的不足。这就决定了教师至少要有下列反思性探究技能：①经验技能。其功能主要在于认识课堂中或学校里发生的事情的"实质"。它关心仔细地准确地收集资料，描述情境、过程和因果。它认为客观资料如人们实际上做什么与主观资料如人们怎样感受和思想同样重要。②分析技能。它主要用于解释描述性资料。③评价技能。它常用于对探究结果的教育意义做出判断，并得出探究结果可否用于未来的政策与实践的结合。④策略技能。它告诉教师怎样进入行动计划和参与计划实施，如何进行反思性分析。⑤实践技能，它帮助教师把分析实践、目的与手段等和良好结果统一起来，并告诫教师，对教学实践的无效因素的反思，不是将它们简单的颠倒过来就可获得满意结果的。⑥交往技能。通过交往广泛讨论自己反思所得的观念等，并力求其合理性。

（三）功能

反思性教学除了兼具常规教学的功能外，还有着其自身独特的功能。

1. 整体优化功能

教学过程优化的观点是苏联教育家巴班斯基提出来的，主张在具体的教学情境下，在花费最少时间和精力的情况下取得最好的整体效果，其核心就是要提高教学的实际效率。它的一个十分重要的思想就是，课堂教学的各组成部分，各种因素是相互联系的，认为只有个别环节或某一教学行为，或某一教学条件的最优化是不能带来整体的优化结果的。"我们想提请注意，最优化——这是一个措施系统，而不是孤立的、单个的手段。动用最优化的个别成分（自然没有组成完整的措施系统）可以取得部分的改善，但是不能获得最大可能达到的结果。"常规教学也许可能在局部教学活动及结果上实现优化，但无法达到巴班斯基的要求。而反思性教学由于其全程性和全面性的特点决定了它必定是一个整体（系统）的优化。

2. 动力功能

反思性教学是教师通过发展逻辑推理和审慎判断的技能以及支持反思的态度进行的批判分析过程，与被动的不动脑筋的或缺乏分析的常规教学相对，它对教师的行为有着极强的、内在动力性，比较合理地发挥教师的能动性、创造性。常规性教学是教师凭自己有限的经验，进行的简单重复的、直觉反应的和机械例行的教学实践。反思性教学则是一种自觉能动的、有理性策略的教学实践。这是由反思性教学的性质决定的：①反思性教学要求教师追求自身实践的合理性，即审时度势，反求诸己，理智地、审慎地行动。用哈贝马斯的话说："当人们努力追求合理性并确定观念与行动，以形成对现象的新的理解和鉴赏时，就要激励教师进行反思性教学"。②在考尔德希德的反思性理论中，有几条要求格外醒目："鼓励教师对自己的职业发展肩负更大责任，并获得某种程序的职业自主权，……赋予教师权力，以便他们更好地影响教育的未来方向，并在教育决策中扮演更主要的角色"。反思性教学是解放教师的教学职权，使其自主地改进自己的工作，并变得更好、更有效率、更富有创见。一旦教师完成了由常规型（即经验型）向反思型（即学者型）的转变，他就会成为教学领域中的决策者，十分理智地在"求知意愿"的推动下，努力追求更好，会常对自己的行为问"为什么"。按照教育家杜威的说法，当教师进入反思时，应该是自觉地、积极地、心甘情愿地思考自己的行动，即使不会令人满意或非常劳累也坚持不懈。

3. 监控功能

心理学元认知理论认为个体在认知活动中具有对自身认知过程进行了解和控制的能力。反思性教学正是鼓励教师通过反思去发挥和利用这个思维的监控系统，指导和调整自己的教学行为以适应动态变化的课堂教学过程。

顾名思义，反思性教学与常规教学的最大区别就在于其反思性上。常规教学往往习惯于按照一个较机械固定的程式展开，"不动脑筋或缺乏分析"，缺乏反思性教学那种从全程上对教学环节随时的逻辑推理和审慎判断以及批判性的分析。反思性教学通过反思思维，从整体上对教学过程进行监控，不断调节。

二、确证教师教学主体性的三种路径

教师与学生一样，也是教学主体，教师教学主体性是指教师在教学流程中可能表现出来的自觉性、自主性、能动性和主体间性（或交互主体性）。不过，这里所说的教师的教学主体性仅是"潜在的""委任的"，而非"现实的"。教师教学主体性的确证就是指教师在自身主体意识的导引下，变潜在的、委任的教学主体性为真正意义上的现实的教学主体性的主体化过程。根据大教学观，一个教学流程往往包含相互联系的三大领域，即教学前的课程开发、课堂中教学的具体实施以及贯穿整个流程的教学研究。我们认为，教师的教学主体性可在上述三大领域中，分别通过教师主动参与课程开发。自觉进行反思性教学和积极开展教学行动研究等三种路径得以确证。

（一）通过主动参与课程开发确证教师教学主体性

自我意识的不断觉醒加上教育学者的摇旗呐喊，很多教师已经觉察到他们主动参与课程开发的可能性与必要性，就可能性来说，实践中教师实施的课程基本上都是自己理解过的课程。因为他们不甘心依赖于自己的习惯和经验实施课程，不甘心做"局外人"的工具，他们希望把握自己事业的方向。就必要性而言，教师参与课程开发在客观上可以使国家或地方课程更切合不同学校不同学生的需要、兴趣和能力，使它们成为"可操作"的课程；在主观上可以改造自己的课程价值和课程观念，提升自己的课程素养。任何一个有道德心的教师都希望追寻这两个互为条件的目标，因此，教师主动参与课程开发的过程，也是确证其教学主体性的过程。基于上述认识，下面进而分析教师怎样主动参与课程开发。

第一，调适、重构与改造国家或地方课程。这包括：（1）课程选择。在众多可供选择的、风格不一的课程中选择适合本校特点的一套付诸实践，这个选择权交给本校教师，而不是由各级教育行政部门或学校领导"代劳"。（2）课程改编。根据不同的教学对象，对本校所选择的国家或地方课程进行一些学程上的修改，甚而对其目标和内容进行一定的调整，以适应具体的教学情境。（3）课程拓展。为照顾学生层次性发展的现实，教师为发展较快的那些学生增添一些有趣而且有价值的新课程材料，如从报纸、杂志、声像等材料中精选一些优秀作品扩充到国家或地方课程中。（4）课程整合。打破原有的分科知识体系，以"问题解决"的方式重新安排课程材料，其目的在于避免学生在不同学科中重复学习同一内容，增强学习材料的综合性。上述对课程的选择、改编、拓展和整合是教师主动地将国家或地方课程变为更符合教师"教"和学生"学"的课程的过程，也只有经过这种调适、重构与改造的课程才是在课堂中实施的课程，因为教师随时都可能在以自己的判断改变着国家或地方课程。这里强调的目的在于将这种曾经是无意识或自发的行为引向有意识或自觉。

第二，真正意义上的校本课程开发。这是指不依赖于由外部提供的国家或地方课程，在充分利用学校和社区课程资源、调查评估学生需要的基础上，自主确立课程目标、课程标准、教材及课程评价指标。校本课程开发可以是由个别教师或教师小组独立进行，也可以是由教师与课程专家合作进行。真正意义上的校本课程开发是教师主动参与课程开发的最高层次，充分体现了教师的教学主体性。但需提醒一点，教师开发出来的校本课程应该有一定的适用限度，要考虑到与学校引入的国家或地方课程的关系问题。换句话说，在最充分张扬教师教学主体性的同时，还得兼顾主体间性，因为国家或地方课程各自代表了特定的主体。

通过上述种种形式，在课程开发意识、责任和行为逐渐自觉化的同时，教师积累了大量课程开发的经验，提升了课程开发的能力。反过来，凭借这些积累又参与新一轮的课程开发。这样的循环意味着教师在主动参与课程开发的过程中，其潜在的教学主体性不断得以确证。

（二）通过自觉进行反思性教学确证教师教学主体性

课堂教学是教育实践的主要环节，教师教学主体性当然不能没有这样的确证领域，但传统课堂似乎又不能确证，因为它充斥着"教师中心"，而"教师中心"与教师教学主体性是完全不同的，前者暗含的是主客二分，后者体现的是连续性原则。看来，只有转变教师的课堂教学观，才能达成此事。按照实践教育学的课堂教学观，课堂教学应走有效性教学和反思性教学相结合的道路，于是，我们把视角转向反思性教学，看它能不能、为什么能以及如何才能确证教师教学主体性。

反思可以使教师从冲动的、例行的行为中解放出来，以审慎的、意志的方式行动；可以使教师从教学主体、目的和工具等方面，从教学前、中、后等环节获得体验，变得更加成熟。华东师范大学熊川武教授认为，反思性教学是教学主体借助行动研究，不断地探究与解决自身、教学目的以及教学工具等方面的问题，将"学会教学"和"学会学习"统一起来，努力增强教学实践的合理性，使自己成为学者型教师的过程。依我们拙见，反思性教学的"亮点"应当是极具主体间意味的反思。因此，人们普遍认为，反思是教师取得特定实践成就，走向解放和专业自主的工具。相反，如果一个教师仅仅满足于获得经验而不对经验进行深入的反思，那么，即便有多年的教学经验，也只能是一件工作的多次重复，其教学不可能有什么改进。由此，我们不难看出，通过反思性教学是能确证教师教学主体性的。

进而，反思性教学怎样才能确证教师的教学主体性呢？我们以为，教师应当强化反思意识，知晓反思内容，掌握反思策略。反思意识的养成，就是使反思成为教师的存在方式。在认识层面上，需要教师充分意识到反思对自己主体性的提升具有重要价值；在实践层面上，需要教师针对反思内容，运用反思策略持续地进行反思实践。

就反思内容而言，主要有如下五项：（1）技术层面的反思。即反思课堂教学内容、策略、途径等，具体如教学内容呈现的方式与技巧、教学策略的有效性、教学目标的达成度如何等。（2）观念层面的反思。即反思教学得以推进所依赖的各种显性的和隐性的假定，具体如人性假定、目标预设以及对知识性质和可靠性的假定等。（3）解释层面的反思。即反思师生情感沟通、人际理解、自我理解等，具体如课堂支持性氛围的营造，教师如何理解后进生，如何理解自己的个人品质如谦逊、勇气、公正、开明、移情、判断力、想象力以及耐性、自我知识、热情和幽默感等。（4）解放层面的反思。即反思教学中师生权利与自由、伦理道德规范等，具体如教学中教师控制与学生参与课堂的程度、师生关系的处理是否符合主体间性原则、教师实践智慧等。（5）宏观背景层面的反思。宏观背景包括教师反思教学赖以存在和进行的社会、组织、文化背景等。需要说明的是，教师教学主体性的发展水平与程度不同，其反思指向的内容也会有所差异。

一般而言，教师更倾向技术层面的反思，但要成为真正的只有主体性的反思型、学者型教师，教师应进一步对观念、解释、解放和宏观背景等层面逐一进行反思。因为仅仅对技术层面作反思，难以触及灵魂深处，观念没有遭遇挑战，旧的行动可能会有反复。在一番静态言说之后，我们还想强调三个环节相互促进的动态过程。只有养成了一定的反思意识，教师反思才有可能；只有知晓了一定的反思内容，反思才会有的放矢；只有掌握了一定的反思策略，反思才能更高效。当每一次循环结束后，反思意识更强了，反思内容更全面、更深刻了，反思策略更丰富、运用更娴熟了，这样，下一次循环则在新的起点上启动。如此反复，教师教学主体性在反思性教学实践中才能不断得以确证。

（三）通过积极开展教学行动，研究和确证教师教学主体性

教学行动研究为确证教师教学主体性开辟了又一"领地"。国内外学者比较一致地认为，教师解放的本质是专业自主，而实现专业自主最重要的途径是，通过教学行动研究让教师成为研究者。在教学行动研究中，教师以研究者的心态置身于教学情境，以研究者的眼光审视已有的教学理论与教学实践问题，以研究者的精神不断设计、创造、实施新的实践方案，不断反思、概括实践的成败得失，不断改进、优化教学行为，从而提升主体意识，发展主体能力。在这个意义上，确证教师教学主体性，必须改变教师的专业生活方式——在教学研究中开展教学，在教学中开展教学研究，即将"教学行动"与"教学研究"融为一体。

教师开展教学行动研究应该在不同的层次，在每一层次中，教师教学主体性确证的程度也有差异。

（1）实践性教学行动研究。其表现之一是合作式，即专业教学研究者与教师共同提出拟研究的教学问题、制订研究计划、商定研究结果的评价标准等。专业教学研究者与教师之间是合作关系，双方都发挥各自的主体性。表现之二是协作式，即研究动力来自教师，他们自己提出并选择需要研究的教学问题，自己拟订行动方案，专业教学研究者则作为咨询者帮助教师形成理论假设、计划行动策略、评价行动过程和结果。专业教学研究者与教师之间协作关系。目前，有的中小学以子课题的方式参与专业教学研究者申报立项的课题，或在独立承担课题的前提下，聘请高校或研究院所的专业教学研究者指导的研究，即属此类。在实践性教学行动研究中，教师真正成了研究主体，自主地提升教学实践的合理性，也发展了自己对实践的反思意识和主体能力。但由于其主体能力尚未完全开发出来，独立性不足，因而，仍需专业教学研究者指导或与之合作。尽管如此，较之技术性教学行动研究，实践性教学行动研究更有利于确证教师教学主体性。

（2）技术性教学行动研究。这种教学行动研究由专业教学研究者发起和维持，他们带着拟研究的教学问题和技术，以研究主体的身份进入中小学课堂，教师则作为边缘角色"参与"研究过程，执行其设计的研究方案。研究的旨趣是验证专业教学研究者的观点和假设，而不是教师在自我反思的基础上发展实践理性。目前，我国中小学的多数研究属于此种类型，中小学仅是教学实验基地，教师仅是被动地参与研究，没有获得主体地位，专业教学研究者的主体性发挥远远超过教师主体性的发挥。对教师而言，这是最低层次的教学行动研究。

（3）解放性（批判性）教学行动研究。即教师独立进行研究，不需要专业教学研究者的帮助和指导。他们摆脱了传统的研究理论与实践规范的限制，时刻对自己的教学行动进行批判性思考，并且采取相应的策略对教学实践进行改造。这是最有利于教师发展主体能力的教学行动研究，它代表着教师教学行动研究的最高水平，标志着教师真正走向独立、自由和解放。

总的说来，目前我国大多数教师的教学行动研究尚处于前两个层次，教师在教学行动研究中开始具有了主体意识，但主体能力尚未充分开发，独立性欠缺，这与解放性教学行动研究还存在较大的差距。因此，在技术性和实践性教学行动研究中，专业教学研究者应注意吸引教师作为实质性主体参与研究，在指导上防止"大包干"的做法，重在理论和方法论的指导，鼓励教师在主体间意义上发表自己的观点和见解，从而帮助教师尽快形成具有独立研究意识和能力的学术共同体。如此,教师才能更早地自觉走上解放性教学行动研究的发展之路,才能最大限度地确证其教学主体性。

三、引领教师进行教学反思的探索

"反思"即思考过去的事情,从中总结经验教训,反思过去是为了以后。关于教学反思以及它的重要意义,专家、学者多有论及。作为基层学校,如何引领教师进行教学反思实践,则是我们学校面临的一个很现实的问题。为此,我们进行了多年的探索,力求在引领教师进行教学反思方面创出一条新路,以期引起人们对这一问题的更多关注。

教学反思无疑给我们的教育教学工作带来了极大的促进作用,辅以教师新课程培训,教师的教学理念、教学手段更加新颖。但也应该看到,教学反思也不是"万能药",教师和学生的反思意识、能力各有不同。因此,还有一小部分师生只是应付了事,对教学反思的必要性认识不足;目前实行的只是单元教学反思,还没有扩大到每节课的教学反思。假如每节课进行反思,还将解决课外时间不足的矛盾,对于这一点我们领导和教科研课题组还没有一个两全其美的方法;从教师的反思卡中,我们也发现,造成教师困惑不解的许多原因不在教师本身,也不在学生身上,而是教育体制、政策以及家庭等方面的原因,我们教师也无能为力。

为提高全民族的综合素质而大力加强九年义务教育的时候,一些问题和困惑也随之出现,在一些地方,由于生源来自相对落后的农村,"学困生"人数占全校总人数的比例较高。因此会出现以下情况:(1)厌学情绪比较严重,有相当一部分学生是迫于家长的压力而来上学,因而,上网吧、打游戏,甚至受到社会上不良现象影响,个别学生还吸烟、打架。(2)单亲家庭、离异家庭子女的教育问题使许多老师,特别是班主任老师感到头疼和无奈。(3)处于青春发育期的初中生渴望更多的生理健康知识,崇拜英语课上讲到的电影《泰坦尼特号》中的男主人公为爱情而舍身的精神,有的男女学生还发生了早恋。(4)有许多学生对一些自然现象好奇,渴望通过实验验证并了解其中的原因,但由于这是非中考内容,老师们没有满足学生的愿望,使学生感到失望。(5)我们的教学手段主要还是以老师讲、学生听为主的传统的授课方式,使学生的主观能动性不能很好地发挥,老师们也不敢闯过"禁区"进行改革,因而教学过程死板,不利于培养学生的创新意识。(6)"这么简单的问题也不明白?""这么简单的题目也不会做?""这么简单的试卷也考的这样差?",这些话是老师们经常在学生面前讲的。那么,学生们听了这样的话后,又会怎样去想,怎样去做呢？结果又会怎样？等等。

教师要深入了解学生的内心世界，了解学生的思想实际，分析阻碍学生进步与成长的各种各样的原因，反思我们教师的教学行为和教学思想，找到我们教师自己的不足之处，有的放矢地调整教学策略和教学手段，从而改善教学行为，提高教学效果。

专家的引领、指导和点评，往往是我们教师从感性认识到理性认识教学规律的一种升华，也是我们教师从实践到理论的一种飞跃。不可否定，我们的教师在科研能力和理论水平方面还非常薄弱，因此，除了自己一边工作实践一边看书学习以外，经常需要专家的点拨和引领。正是由于这一点，我们通过各种渠道与省区市的一些专家学者建立联系，聘请他们为我校的教学顾问，通过他们的报告、讲座、小组指导以及深入教师和课堂对我们的教师进行指导，教师则及时对自己的教学行为进行小结、反思和调整。

四、教师的教学反思研究

我国著名的教育家叶圣陶先生指出："说到怎样教，对学生还得有所认识，不认识他们获得知识和掌握技能的过程，怎能培养他们的知识技能？"如何认识学生获得知识和掌握技能的过程，除了学习钻研心理学、教育学等理论知识外，更要重视教学反思。教学反思是教师根据自己的教育活动为出发点，对自己在教育活动中的行为以及由此产生的结果进行审视和分析的过程。教学反思是教师以课堂教学的实践作为认识对象，对自己的教学观念、教学目标、教学环节、教学方法、教学效果等进行全面而深入的冷静思考、分析和总结。通过反思，使教师不断更新教学观念、改变教学方法、提升教学水平、提高教学质量、达到更优化的教学状态。通过教学与反思的相结合，不仅可以使自己成为教学和教学研究的主人，提高教学工作的自主性、目的性和创造性，而且还可以在反思中获得理性的升华和情感上的愉悦，提升自己的精神境界和思维品质，从而使教师体会到自己工作的价值和生命的意义。

现在许多学校制订的课堂教学评价标准，着重强调从教师的角度把课堂教学活动分成具体的一些指标进行评价。当教师在校内外的公开课结束后，听课教师要与开课教师之间要进行交流，共同探讨课堂中成功的地方和不足的问题，在探讨中时常有经过思维的碰撞，擦出的火花给人以深刻的启迪和启发。作为开课或听课教师都要反思交流、探讨中所涉及的掌握教材、情景创设、问题设置、教法选择、课堂容量、师生互动等内容。

美国学者波斯纳认为，"没有反思的经验是狭隘的经验，至多能成为肤浅的知识，如果教师仅满足于获得的经验而不对经验进行深入的思考，那么他的教学水平的发展将受到大的限制，甚至有所滑坡。"[1]叶圣陶先生说过：我无论担任哪门课，自然要认清那门功课的目标，每一种功课犹如车轮上的一根"辐"，许多的"辐"必须集中在"教育"的"轴"上，才能成为把国家民族推向前进的整个"轮子"。课堂教学目标是单位教学时间内预期达到的教学效果。现代教学论认为，完整的教学活动包括教学目标、教学过程、教学评价这三大支柱。而教学目标占据首要位置，是教学活动的第一要素和基本前提，教学目标的制订是否切合学生的实际，是否贴近学生的最近发展区，直接关系到教学过程和教学效果。因此，在每一堂课的教学备课中，教师应该根据教学大纲和课程标准的总体要求和意图、班级学生的心理特点结合和认知规律，来确定教学目标。教学目标应体现知识与技能、过程与方法、情感与价值观的有机融合。现在许多的课堂教学中缺少对教学目标的反思和研究，许多教师通过传统的死记硬背，抄写，占用较多时间进行大量的重复性、机械性的练习及讲评，达到认知领域的教学目标，对学生的情感与技能的教学目标重视不够，学生的实验做得不够。

除此之外，笔者觉得课堂教学评价更应该重视学生反馈的信息的反思，一堂课的教学质量究竟如何，学生最有发言权。收集学生的信息的渠道是多方面的，教师在授完课后，可以利用学生自修的时间，到班级里与学生在平等的基础上进行真诚的交流，从中提取带有普遍性的或者是有价值的问题，及时进行分析和研究。也可以鼓励学生通过周记将一周以来在本门学科学习中存在的问题记录下来，例如在初中化学教学中，教师可以提示学生从以下来记：对某些化学概念的不理解，化学计算题不知道怎样计算，教师讲解中哪些地方听不懂或者是不明白，作业是如何来完成的等等。重视对学生的反馈信息的反思，能够使教师更好地调整教学策略，改变教学方法，优化教学过程，提高课堂教学质量。

教学方法是师生相互联系、相互作用的活动方式。它可以理解为教法与学法两个方面。教学有法，教无定法。不同的教师由于其自身的人生经历、学历知识、教育观念、业务水平、文化素养等方面的不同，教学方法都有各自的特点。但是，选择运用教学方法，应使教法建立在学法的基础上，强调学生主动的积极思考与实践，教师应该起着激励、组织、点拨、启发、引导的作用。例如：在初中化学分子、原子的教学中，由于这部分内容比较抽象，学生初次接

---

[1] 王攀峰.走向生活世界的课堂教学[M].北京：教育科学出版社，2011：83.

触难于理解,教师可以通过多媒体课件演示,也可以用大小不同围棋子制作氢原子、氧原子、氢分子、氧分子、水分子等模型,帮助学生建构有些物质由分子构成,分子是由原子构成的概念。

学生的学业通常包括课后作业、课堂练习、实验能力、单元测验几部分,教师对平常的课后作业的反思显得尤为重要,通过学生答题是否抓住要点,可反映出学生课堂掌握知识的情况;通过学生解题思路和解题方法可反映出学生思维品质的发展情况;通过错题统计和错误原因分析,可反映出教学中存在的问题;通过解答问题是否有条理、是否层次分明,可反映出学生文字表达能力等等。

总之,反思对提高教师业务能力、教育教学能力、教科研能力、提升教学水平有较大的促进作用,尤其是在新一轮课程改革和实施中,为了一切学生的发展,更值得广大的教育工作者去反思、去研究。

第三节 教师专业发展的内容与教学反思

关于教师专业发展内容,学者从不同的角度多有论述。高登(S.Gordon)从自我概念和自我效能、认知发展、教学法发展和道德发展综述教师个体的发展内容。理泽伍德提出教师的心理和职业发展与教师专业成长有紧密的关系,并提出三个方面发展的不同阶段。陈惠邦认为教师专业知识的内涵至少应该包含教育的方法与技术、教育的理论与原则以及教育的价值与文化理想三个层次。哈格芮乌斯认为知识和技能的发展对教师来说是必要的,但是不够的;还应该包括道德目的、政治的敏锐性和觉醒意识,以及情感的发展。汤姆普森把教师改变从表层改变到深层改变分为三个层次:教学材料和活动的改变,教师实践行为的改变,教师的价值、信念、情感和伦理的改变。

广义上讲,教师信念是对教育教学的根本看法,是教师所持有的、信以为真的并愿意在实践中持之以恒地践行的思想观点。我们通常所说的教育观、课程观、教学观、学习观等属于教师信念的范畴。教师信念影响着教师做什么以及怎样做。犹如我们了解与判断一个人的时候,我们最终是根据这个人所持有的价值观念来判断他(她)是怎样的人,即使我们从一些小的细节来看的时候,往往是"以小见大",会从小的事情推测到其价值观念与信念的层面来界定最终的看法,虽然这样的推测有一定的风险性。

一、教师行为与教学反思

教师行为是指教师在教学实践活动中实际表现出来的各种行为，不管教师的知识是什么，教师的信念又是什么，在特定的教学情境中，面对特定的教学任务和不同的学习者，教师的教学行为及其改变是教师专业发展的主要内容。实际上，教师在知识和信念层面上所进行的更新与发展，最终的目的是通过教学行为的改变来促进学生的发展。

行为的改变与教学反思的关系在行动理论中已经分析过。在行动理论中，教师的行为总是受教师思想支配的，不论教师的思想是有意识的，还是无意识的。所以说，教师的行为一定是被创造出来的，制造者正是教师自己。说得更为详细一些，就是教师使用理论支配着教师的行为。使用理论就是行为当中"实然"存在的理论，与教师的行为是一致的。

二、教师信念与教学反思

过程—成果范式的教学研究范式不能解释复杂的教学活动后，自20世纪70年代末兴起的，揭示教师思考过程的中介过程教学研究范式受到教学研究者和教师教育者的广泛重视。研究发现如人们通常所认为的那样，教师的课堂教学行为是深受教师教学前和教学中思考影响的。换言之，人的思考深刻地影响着人的行为。在心理学意义上，信念是个体对于有关自然和社会的某种理论观点、思想见解坚信不疑的看法，会给人们的心理和行为以深远的影响，是从事一切活动的激励力量。"吾心信其可行，则移山填海之难，终有成功之日；吾心信其不可行，则反掌折枝之易，亦无收效之期"就是对信念的生动表述。

（一）教师信念的概念与特征

讨论教师改变，特别是深层的教师改变时，信念则是一个绕不过的话题，不过大多数研究者是在没有清晰界定的基础上讨论的，而信念又是一个非常复杂和模糊的概念。下面将在分析不同学者对教师信念界定的基础上，提出本研究中所将采用的概念。

信念是对经验的心智建构，常常浓缩和统整为图式（schemata）和概念（conceptions），并被持有人确认为是真的，指导着其行为。信念有认知的成分，能够表达知识；具有情感的成分，能够激发情绪；具有行动成分，能够激励人的行为。信念不可能直接从人的行为中观察出来，而必须从他们所说的、想要做的事情中推测出来。

信念是人所持有的信以为真的公理，人们用信念来规划未来，作为决策和评价他人行为的依据。信念在教学和教师教育中居于核心的地位，信念是个人对世界及其实际如何运作和应该如何运作的理解，可能是有意识，也可能是无意识地存在着，并引导着人的行动。

在上述界定中，对信念共同的看法是：第一，信念是一个心智概念，它存在于人的思维当中。我们并不能从人的行动当中直接推测出其相应的信念为何，因为可能有许多不同的原因导致相同的行动。第二，对于持有人来说，信念是信以为真的理解。虽然这个理解可能没有建立在理性的推理基础上，没有可靠的知识基础，但是对于持有人来说是真实的。第三，信念是具体的，是针对特定对象而言的。第四，信念是用来指导知识的运用和开展行动的。也就是说，信念与知识和行动是有紧密关系的。

下面通过信念的确认程度、内容成分和存在的结构方式三个方面分析信念的特征。

（1）信念的确认程度：个人化与不同程度的确认。信念的确认程度常常在与知识的比较中分析。知识是肯定的、符合真理标准的，是社会建构的，没有不同程度的确认。而信念则是个人建构的，不同人之间没有共识的，富有争议性，有不同程度的确认。奈斯颇认为信念的"存在的假设"和"选择性"特征都是与确认程度有关的。"存在的假设"指信念经常包含某个实体存在或不存在的主张、假设，这种假设会以不明显的方式在思考中出现。例如，在对数学教师的研究中，一位教师相信学习数学主要靠操练，那么在这位教师看来学生没有学好是因为学生"太懒"。在教学上这位教师会强调学生独自在座位上学习，并不断地劝说学生要勤力用功，并且用操练后的结果来激励学生。"选择性"指信念常常提出现实中并不存在的另类世界。例如，在一项研究中发现，有几名教师在尝试建立新的教学形式和师生关系，这些新的教师形式和师生关系他们并没有经历过，而且也没有从理论上学习过。从本质上说，选择性指对当前现实的不满而产生的具有显著不同的理想形式，信念作为重新界定目标和工作的手段，而知识系统被用来达到这些目标而服务。

（2）信念的内容成分：认知、情感与评价。知识只包含认知的成分，不包含情感和评价的成分。信念不仅包含认知的成分，还包含情感、评价的成分和行动的成分。与态度相比，信念中包含的认知成分较多，而态度中则包含的情感和评价的成分较多。奈斯颇认为信念中的情感和评价成分是决定教师投入的重要调节器，它影响教师花多少精力于教学活动上，以及如何分配这些精力。例如，有三位历史教师认为历史事实和细节并不是他们主要的教学目标，在他们的评价中，学生并没有被期望花时间去记忆这些东西。相反他们会把精力花在自己认为重要的目标上，如教学生注意课堂中的举止行为、学习技能、如何编写提纲和组织笔记等。信念系统中包含着情感和评价的成分，而知识并不以人的情感好恶和评价而有所改变，这是信念和知识的主要区别。

（3）信念的结构方式：情节式储存与网络集合。知识系统主要是以语义网络形式存在的，而信念系统是以情节式储存的。这些情节可能来自个人的经历，也可能来自知识的学习。广义地说，语义式的储存是把知识分解和组合成逻辑的形式，而情节式的记忆则以个人经验、事件等方式储存。例如一位老师要把教室布置得充满友善和快乐的气氛，这样做是因为这位老师清晰地记得自己所经历的教室就是这样的。相关的信念随着时间的推移而凝聚成信念集，信念集又形成信念系统和信念网络，信念是以族群的形式存在的。另外，信念还以"中心—外围"的方式存在的。根据持有人对某一对象某种属性的不同确信程度具有不同的强度，心理上最重要的信念处在信念系统的中心。

综合以上对信念的概念和特征的描述与分析，我们把教师信念界定为：是教师信以为真的，并愿意持之以恒地用来指导其知识运用和具体行动的思想观念。信念不仅具有认知的成分，而且具有情感和评价的成分，使得教师信念一方面与个人经历有关，而且具有明显的价值取向。

（二）教师信念的功能与构成

教师信念在教师认识与理解自己，对知识的学习、行为的实践和思考过程方面都会产生作用。信念系统具有调节的功能，帮助个人界定和理解他们自己。教师对自我的认识受到信念的引导，使得教师从自己所持有的信念这面镜子来看自己。奈斯颇认为信念最主要的功能式是作为界定任务、选择认知工具的依据。信念在确定行为、组织知识和信息中发挥关键的作用。例如有两个历史老师，一位视教学为工作，是一种劳动、生存的方式。而另外一位则视教学为一种道德的使命，使孩子们社会化为更好的公民，视经济是第二位的。那么，教学对于这两位老师来说具有两种完全不同的意义。对于研究者而言，教师信念系统的首要功能就是让研究者从"教师"的观点了解教学的意义及内涵。如果研究者无法掌握教师本身对教学所下的定义为何，那么研究结果的解释及推论势必成为多余或有隔靴搔痒之嫌。

个人的信念显著地影响着他们的行为。知识和信念是相互作用的，但是信念之情感的、评价的和情节式储存的本质，使得新的现象和诠释需要信念的过滤。行动和思考的过程可能会催生和产生新的信念，但是信念所发挥过滤器的作用会遮蔽、重新界定、扭曲、重塑随后的思考和信息加工过程。根据教师信念所指的对象，发现教师有五个紧密关联的信念区域。它们是学习和学习者的信念、教学的信念、学科的信念、自我和教师角色的信念、学习如何教学的信念。

（1）关于学习者和学习的信念。就是教师关于学生，以及他们如何学习的假设，例如学习就是要靠记忆，或是学习要靠探究，或者是有的时候需要记忆，有些时候则需要探究等。这些假设影响着教师对教学内容的组织以及和学生的互动方式。

（2）关于教学的信念。教师对教学的本质和目的具有不同的信念。例如，有些教师可能认为教学是知识传递的过程，有些教师则认为是引导学生学习的过程，有些教师可能把课堂作为社会组织来着重发展学生的社交技能等。有研究发现实习生原先具有控制取向的信念系统，强调秩序和对孩子引导的重要性；当他们接受教师教育后，他们的信念发生了轻微的变化，倾向于以学生为中心；但当他们成为全职教师时，他们又回到了原先控制取向的信念，因为现存的学校文化强化了他们从自己作为学生时候获得的信念。

（3）关于学科的信念。学校课程中的每个学科都包括一系列的知识论议题，如学科是什么？学习这个学科意味着什么？教师能够有效地完成什么任务？研究发现，教师所具有的学科信念会随不同的环境而有所不同。

（4）关于自我和教师角色的信念。与其他专业相比，教学需要更高的个人投入，教学需要教师运用他们的人格特征来扮演特殊的角色，与学生建立人际关系和具备生产性的学习环境来使学生投入学习。

（5）关于学习如何教学的信念。教师都拥有他们如何进行专业发展，如何学习教学的信念。不过，有经验的教师对自己专业发展的信念往往显得很有限和简单。他们认为自己主要是从经验中学习或者观察同伴来学习。课堂经验被认为是最有效的学习资源，而反思是非常重要的学习方式。

（三）教学反思与教师信念的改变

教师教育的一个目标就是帮助教师把内隐的、没有检验的信念经过客观性推理变成有根有据的信念。一般来说，信念是稳定的、很难改变的，除非它们被慎思性地挑战。信念和实践之间的关系是互动的。信念驱动着实践，而对实践的反思又改变或增加着信念。

自20世纪70年代以来一个大型的以诠释学方法研究教师信念的研究发现，显著的教师改变，如教师信念的改变，只能在教师个人的探索、实验和反思中进行。教师在学生时代的课堂经验和学校教育环境对教师信念的形成具有非常强烈的影响。信念在教师接受师范教育前就已经很好地形成了。这个研究发现说明，教师信念的形成确实跟教师自己所亲身的经历有非常密切的关系．也即是说，与教师的实践是分不开的。在职的时候改变教师的信念比职前改变教师信念要容易一些。

第四节 教师专业发展的过程与教学反思

关于教师专业发展过程的研究，不论在教师专业发展的要素上，还是这些要素之间的关系上，研究者有不同的观点和研究发现，争论的焦点集中在这些要素之间的关系上。例如，早期的教师专业发展模式是："教师在职培训—教师知识和信念的改变—教师课堂实践的变化—学生表现的变化"，后来加斯克在研究发现的基础上，坚持认为是教师的教学实践变化先于真正的教师信念和态度的变化，而不是相反。克拉克等人认为这些要素之间是互动的，而不是单向的关系，基于要素之间缔造和反思的关系提出一个新的教师专业发展模型，并通过对三个澳大利亚教师专业发展项目的研究证明这个模式的有效性。豪本则以复杂理论为基础，提出教师专业学习系统，认为系统中的要素具有网状的互动关系。

在不同的教师专业发展取向和概念下，教师专业发展的内容和过程是不同的。例如，外在控制的教师专业发展取向下，在认为教师专业发展即教师学科知识改变理念下，更倾向于采用带有强烈技术理性的发展模式。内在控制的教师专业发展取向下，认为教师专业发展即教师人的发展，在学习与探究的概念之下，则更倾向于在实践理性、批判理性的视野中进行教师专业发展。

复杂理论认为当今解释教师学习的认知建构主义和社会建构主义都是有局限性的。因为认知建构主义只把分析教师学习的焦点集中在个体的心智运作过程上，这种观点解释个人获得知识的基本过程是：已有知识结构—新知识—重组后的知识结构。而社会建构主义着重讨论个体的学习与其所处环境的关系，认为个体的学习是与背景和他人行动的结果，基本思路是：真实的背景—新知识—社会互动—参与活动—文化实践。上述两种观点对于教师学习来说都是重要的，反映了学习过程的两个侧面。教师学习是教师在社会场景中的活动过程。

具体说来，这个教师学习系统由教学的概念、学习目标、概念的输入、行动、学生反馈、反思、社群和时间八个互动的要素组成。（1）教学的概念是对教学是什么的基本界定，相当于行动理论中的"宣称理论"。（2）反思对教师的重要性表现在，教师不仅知道自己在教什么，而且要明白自己为什么教，自己是如何教的。通过反思，教师发现实践中的问题，并通过分析来加深对问题和教学情境的理解，以此为基础寻找解决问题的思路。(3)学习目标是指教师专业发展的方向和具体的愿景，包括教师对课程发展的期许，对教学过程和结果的追求，对学生发展的预期等。教师的学习目标经常和学校发展的愿景是紧密联系在一起的。(4)时间是教师学习最缺的资源。如果承认教师学习是一个过程，那么教师学习就需要在一定的时间中来进行。(5)专业社群能够为教师的学习提供外来的智力资源和社会性的支持。(6)行动。在行动中学习是教师学习的重要原则，因为一方面教师的经验是非常重要的学习资源，另一方面教师学习是实践导向的，教师学习的目的是为了改善实践。(7)概念的输入指的是教师对外来知识的学习。教师的学习是一个公共知识、实践知识和实践之间不断转化与生成的过程。(8)学生反馈。教师根据学生的反馈来判断自己学习的效果，调整自己学习的方向，选择自己学习的内容和学习的方式。教师学习是对各种要素的不断认识，要素之间关系反复界定的过程，教师专业学习系统是上述要素形成互动的关系来共同发挥作用，最后形成的力量并不是八个要素相加而是相乘的结果。

舒尔曼提出关于教师学习的理论正在面临着视角的转换，他们以成熟型教师的概念来说明教师是如何学习的，认为成熟型教师能够熟练地把愿景、动机、理解、实践、反思和社群统整在一起。其中愿景指教师的教育教学信念，理解指所拥有的知识及知识的转化能力。反思处在愿景、动机、理解和实践的中心，分别与这四个要素发生互动的关系。另外，他们抱持个人—社群观，个人和社群之间的相互决定的，一方面个人塑造着社群，另一方面社群也塑造着个人。

豪本提出的教师专业学习系统对于教师专业发展来说，作用表现在，为我们提供了一个分析教师专业发展的思维方式，使我们从复杂理论的视角、从多要素的联系中认识教师专业发展的复杂本质。同时，这个专业学习系统的缺点也是显而易见的。因为过于强调"复杂"和"互动"，没有对不同要素之间的关系进行具体分析，使得对教师学习的论述过于模糊。就像我们在讨论后现代一样，把一些难以说清楚的现象冠以后现代之名。这些不清晰的言说一方面阻碍了理论上的深入建构，另一方面因为太过模糊而难以引领实践。

其实豪本教师学习系统的背后还有另外一个假设，就是认为理论是抽象的、一般的，而实践情境是具体的和特殊的。对于理论的运用一定要根据特定的背景进行具体的选择和改造。这样说来，豪本的观点倒是符合实践理性的观点。这种教师专业发展模式之所以一直以来成为教师专业发展的主导模式，其原因有以下几点：第一，这个模式是以教师教育者，而不是教师的角度来进行专业发展活动，教师教育者主要根据自己所享有的资源、专长的领域对教师进行培训，使教师教育者的工作变得容易一些，他们可以面对不同教师，用同样的知识、能力来以"不变应万变"。这个模式主要反映了教师教育者意志，而不是教师的利益。第二，此模式较为经济、实用。可以在相当有限的时间内大面积地对教师进行培训。第三，教师可以在很短的时间内获得大量的知识和信息，尤其是在进行大规模教育与课程改革的初期，对于补充教师所必需的学科知识、了解改革动态与主导理念很有效。

但是许多教师专业发展活动证明，这种教师专业发展模式的作用是非常有限的。主要原因有以下三个方面：第一，误解了教师专业发展的起点。教师不可能被发展，教师是自己发展的。教师专业发展需要尊重教师原有的信念和知识基础，这也是建构主义学习理论最基本的观点。但是这个教师专业发展模式中所隐含的逻辑，却反其道而行之。也就是说，在教师的学习性质上，奉行的是"传递立场"，把知识和信念灌输给教师。我们在教师培训中，经常听到这样的话语："要给老师洗脑"。洗脑的方式就是请专家做报告，天真的希望教师听完几场报告后就可以使他们"脱胎换骨"。产生这种做法的主要原因是，没有区分宣称理论与信念的关系，错误地把教师的宣称理论作为教师的信念。何况，专家所宣扬的思想能不能通过听听报告就能成为教师的宣称理论还是问题。第二，简化了课堂教学的本质。用肖恩的观点分析，课堂教学中的"沼泽地"远远地超过"高且硬的地"。在"高且硬的地"中所出现的问题可以直接运用公共的知识解决，而处于"沼泽地"中的问题则需要教师的实践知识。用哈贝马斯的认识兴趣论观点看课堂教学的本质，"高且硬的地"需要通过技术的认识兴趣来解决，"沼泽地"需要通过实践的和批判的认识兴趣产生的知识来解决。这样，在认识教学本质的教学研究中，我们不能仅仅只看过程—成果范式的研究成果，也要关注中介过程范式和课堂生态范式的教学研究。只有在三者共同的视野中，才能对课堂教学的本质形成较为全面的认识。第三，曲解了教师变化的过程。既然承认实践知识在教学中的重要性，而实践知识不能脱离实践情境在真空中产生，一定需要在实践的过程不断积累、修正而形成。那么，教师真正变化就不能缺乏实践这个环节。

加斯克研究发现，教师在信念和态度上的显著改变发生在教师成功地进行教学实践并看到学生学习变化之后。如果实践成功的话，学生的表现也发生了改变，当教师看到学生的变化以后，自己的信念和态度才会发生实质性的改变。这个模式说明，(1)教师专业发展是一个缓慢的、困难的和逐渐改变过程。因为实践的改变并不是一朝一夕就能完成，尤其当我们认为教学既是科学，又是艺术的情况下，教学的改变不是教学理论的简单应用。而且学生的学习与变化也是一个过程，影响学生变化的因素很多，让学生发生变化而且要找出学生变化的原因并不是易事。（2）教师的变化需要以经常地获得学生的反馈为条件。新的实践容易被人忽视，除非它的积极结果能够被注意到。根据学生的反馈教师能够帮助教师及时、有效地从经验中学习。（3）教师的学习需要持续的支持。特别是在改革期望教师以相互调适和缔造的取向实施课程改革时，教学实践中的困难是不可避免的。这个时候，在合作和探索的氛围中，他人的提点是不能缺少的。

加斯克的教师专业发展模式不仅得到研究发现的支持，而且我们也能够从理论上解释这个模式的合理性。（1）教师学习是在真实的环境中进行的。在这个模式中，教师学习并不是在"一站式"的专家讲座中就完成的，而是认为教师学习是在教师每日的工作环境中进行。按照建构主义的观点，这种情境化的学习对于教师来说是最有效的。另外，教师的经验是教师非常宝贵的学习资源，这就需要教师从经验中、在实践中学习。教师实践知识的形成与外显化也不能脱离具体的实践情境。（2）重视教师在学习过程中的作用。承认教师在实践中学习的重要性，也就意味着教师在学习过程中具有主体性的地位，把教师作为具有能动性的学习者。教师与教师教育者之间的关系是合作的、相互促进的研究共同体。（3）教师学习是一个探索的过程。在实践中学习，是一个理论与实践结合的过程。理论在被用来解决实践问题的过程中其作用才被发挥出来。换言之，理论的意义在于发现、分析与解决实践中的问题。要达到"理论是实践的，实践也是理论的"理想，需要教师在实践中进行持续的探究。

尽管如上所分析的那样，我们可以把加斯克的模式看作教师专业发展新范式的一员。但是对它仍然可以提出如下的批评：（1）与早期经典的教师专业发展模式一样，加斯克的模式中都是以"教师在职培训"作为教师专业发展的开始，虽然在对教师专业发展过程的认识中，我们从来不否认外来知识的重要性，但把这种外来知识先入为主地置于教师之前，仍然有浓重的强加于教师之上的色彩。（2）这个模式只是描述了教师专业发展的一个阶段，实际上的教师专业发展是一个循环往复的过程。（3）忽视了变革环境的重要性。教师专业发展总是在一个文化的、组织的脉络中进行，这个模式主要反映了认知建构主义的观点，而社会建构主义和批判建构主义的观点则未能显示出来。

克拉克等人对早期经典的教师专业发展模式和加斯克的模式进行了继承和批判。他们认为通过教师培训获得外来知识、教师的信念、知识和态度所组成的个人领域、实践、实践结果是研究教师专业发展过程的四个要素。他们所批判的是，第一，研究教师专业发展的过程，不能脱离教师所处的文化环境。第二，这些要素之间并不是单向的关系，而是通过缔造和反思发生作用的。但遗憾的是，尽管他们声称是在三个教师专业项目的基础上发现四个要素之间的缔造和反思关系，但在论文中只用一位老师的资料来加以说明，而且具体的分析也缺乏说服力。只能说，克拉克等人所提出的教师专业成长互动模型还缺乏更多的实证研究支持。

第四章 教师教学反思的基本构成

第一节 教学反思的内容

教学反思的本质就是对实践活动赋予意义，寻找行为背后的价值存在，是整合理论、知识和实践的过程，研究教学反思，内在地需要探究行为—价值维度的内容。因此，在本研究中，将从课程构成要素维度分析教学反思的内容。有研究从历史的视角总结美国教师教育以后，提出四种教学反思传统，不同传统分别着重于教师反思的不同内容。学术传统强调学科内容以及学科内容对于促进学生理解的作用。社会效率传统致力于有效教学策略和方法的运用。发展主义传统关心学生的背景、兴趣、思考、成长的方式。社会重建主义传统强调学校教育的社会和政治背景，评价教学中是否有利于平等、公正和更人性化。他们实际上是从教师教育课程取向的角度对教学反思内容进行分类，分别以学习内容、教学策略和方法、学生和社会环境为重点。

郭玉霞以实习教师为对象，把教师反思内容分为：教学方面：单元设计、引起动机、时间的控制、学科、气氛以及教学准备。学生方面：准确度、特殊学生的照顾、公平、鼓励、突发事件。教师方面：角色与义务、指导教师、其他试教教师以及对教师工作的准备。班级经营：秩序、常规的制定、常规的执行、行为改变技术、壁报布置以及整洁。环境方面：家长、学校与教育问题。自身方面：口语表达、自主、检讨与改进。并通过研究发现，实习教师的反思思考内容很丰富，其中在教学、学生这两方面的思考项目最多。郭玉霞的分类与前述教学反思传统相比，并没有实质性区别，只不过内容更为具体，增加了对教师自己教学能力的反思。这个分类系统在陈玉枝的研究中被采纳。

教师对自己的教学进行反思时，对教学潜在假设进行审核、质疑。知识系统，包括教师所具有的特定学科知识、教师成功地进行教学所必备的教学知识以及当代科学和人文方面的基本知识和大量的实践知识等。教学实践，包括教学内容的设计、教学时间安排、资源分配、学生个别差异处理、学生动机、课堂评价等。背景因素，要关注教学实践所处环境中政治、经济和文化的合理性。

一、教学价值反思

从哲学范畴来理解，马克思主义哲学认为，价值是表示客观事物与人自身的关系，是指事物对人的需要而言的某种有用性。它不是一种实体，而是主体和客体之间的一种特定的关系，即客体以自身属性满足主体需要和主体需要被客体满足的效益关系；这种价值关系是蕴涵在人类对象性实践活动发展过程中的；主体的需要和需要满足的实际程度要受到历史发展制约；价值不是客体自身固有的属性，而是以主体需要为尺度，随着主体变化发展而改变。根据这样的阐述，我们能够认识到，价值的核心体现于客体满足主体的某种需要，对于主体而言是有用的；价值离不开社会实践；价值受到一定历史条件的制约。

我国当代教学理论与实践中的许多不尽如人意的地方都与教学价值有着密切的关联。反思教学价值的突破口是理清价值主体和价值客体各是什么，价值客体能否满足和如何满足主体的需要。我们也可以用马克思主义哲学对价值的理解来探讨教学领域中的价值问题，即教学价值，弄清教学价值的主体、客体及其关系的情况。教学价值是指在一定历史条件下的教学实践活动中，教学主体与能满足教学主体某种需要的教学客体属性之间的关系。

（一）教学价值主体

传统的教学观忽视了多极价值主体的存在，片面地承认单一的主体，认为教师是教学活动的主体，学生是客体，从而造成在现实教学活动中，教师的主体地位得到过多的重视，成为教学活动中至高无上的权威，一直处于中心位置，作为优势一方出现，而学生通常被视为被动接受知识的客体，是教师训练、控制的对象，抹杀了学生的主体性，导致"教师本位"现象。教学活动的教学内容、教学方法等一切事项都是由教师主宰，教师却没有引导学生了解社会发展对自己的要求和对自己发展的意义，造成学生缺乏应有的主体意识，不清楚应该怎样在教学活动中树立自己的主体地位，发挥自己的主体性，相反只能唯命是从，对自己的未来、发展缺乏自信和计划，过分依赖教师和家长。

理解当代社会的教学价值，关键要弄清教学价值主体、价值客体、价值主体的需要以及价值客体如何满足价值主体的需要。世界是多元、多维度的，不能用一元、单向的逻辑来认识世界。在教学活动过程中，价值主体也不是单一的，而是多元的，作为社会的代言人和对自身价值观念的传播，教师是主体。作为教学活动主要参与人员之一的学生也同样是教学价值的主体，在教学过程中追求主体自身价值化，发挥其积极性和主动性。

教师作为教学价值主体的作用形式通常有以下几种：第一，转化作用，即将社会主体对教学价值的追求转化为学生主体对教学价值的追求。第二，引导作用，就是不断地启发学生主体，使学生主体不断地提高参与教学活动的自觉性和积极性。第三，组织作用，就是把学生主体的学习操作组织起来，让他们的操作行为变得有序、有力、有效。第四，传授作用，即对学生经过自身努力难以学懂的知识、技能予以必要的讲解和答疑，把那些经过实践证明是良好的学习方法介绍给学生。学生这个价值主体的作用形式主要是在教师的引导和推动下，自主地、主动地进行个人素质的全方面发展。

（二）教学价值客体

教学价值客体可以分为人和物两类。人是指教师和学生。根据不同的教学形式，教师既可能是价值主体，也可能是价值客体，例如教师根据学生的特点、学习效果进行备课和学生在学习过程中向教师提问这两种不同的教学形式中，教师分别充当了价值主体和价值客体两种角色。同样，学生在教学活动中既可能是价值主体，也可能是价值客体。

明确教学价值主体的需要是反思教学价值的关键。教师，作为教学过程中的显性价值主体，一方面其价值需要受到社会需要的决定，以满足社会需要为价值的实现形式，另一方面，也会受到教师个人教育观念和文化素养的影响。例如，将教学活动视为教师向学生传授知识的过程，持有这种教学观念的教师自然会把让学生掌握大量知识作为自己的价值需要，而对学生的其他素质一概忽略。目前，随着课程改革的实施，一些传统的教育观念得到了更新，提出了许多新的教学方法，而部分没有及时跟上改革步伐的教师会发现自己已有的教育观念在教学实践中陷入了困境，对自己的个人价值感到迷惑。正处于成长过程中的学生，他们的需要就是能使自己作为一个独立的人的各种素质全面、均衡地发展，在这个过程中充满快乐、自由和成功。有了这种学生真正的需要，学生才能产生巨大的学习动力，继而自主、能动地投入学习，最终实现全面的发展。

在教学活动中，教师主体的需要起着关键作用，它既指导教师如何设计教学实践活动，又决定教师如何引导学生的发展，教师的需要通常转化为学生的发展，依靠学生需要的满足而实现；学生主体的需要则是教学价值实现过程中的决定性因素，只有当学生产生了强烈的需求欲望，才能激发出相应的行为，以实现目标，但由于学生思想的不成熟性，有必要以教师需要为指导，参照教师的意见而实现；社会主体的需要在大体上应该是和教师主体需要、学生主体需要保持一致的，教师和学生的需要得到了满足，也必然会促使社会需要最大限度的满足，反过来，社会需要的实现能保证教师和学生需要的进一步满足。

教学内容主要体现于使学生获得知识，发展能力，掌握基本方法，提升品德和人格，这四个方面是学生应当具备的基本素质，也即教学的四种基本价值。进一步认识这四种基本价值有利于有效实现教学价值，满足价值主体的需要。

第一，知识价值。教学的知识技能价值体现于不断加深学生对客观和主观世界的认识，了解其变化、发展的规律和趋势。在教学活动中，知识价值是最基础、最重要的价值，传授知识也就成为智育的首要职能，它能够使学生从客观知识系统中认识知识客体，并建构为自己的主观知识，为各种技能的形成和智力等能力的发展奠定基础，也为学生品德的形成提供认知能力，即让学生能够深刻认识、理解有关的价值观念和行为规范，从而很好地适应现在和未来的生活，有能力为社会发展贡献自己的才能。如果学生没有掌握一定的知识，其能力、方法、品格等素质的养成也就无从谈起了。

第二，方法价值。教学活动中，教师如何向学生传授知识、发展学生的能力和学生如何掌握知识、发展自己的能力是非常重要的，这就涉及方法价值问题。方法价值在于使学生掌握科学的思维方法，掌握分析研究的科学方法，掌握实际操作和创新的方法。其中，科学的思维方法是众多方法中的基础，是方法价值的重要部分。要求学生训练动作思维、形象思维和抽象思维，特别应注重创造思维，包括聚合思维和发散思维的培养，能够在教学过程中掌握概念，科学地进行分析和综合、比较和分类，以及抽象、概括和具体化，学会归纳推理和演绎推理，从而能够独立解决问题。

第三，能力价值。能力价值主要体现于在知识传授的过程中，使学生形成并进一步提升运用知识、迁移知识、创造新知识的能力水平，以能够解决实际中的问题。能力不是靠知识技能的外在量化来衡量的，而是表现在知识技能的形成动态上，即学生在掌握知识技能的时候所表现出的学习速度、学习难度和学习巩固程度。如，学生在掌握知识的同时也进行了思维操作，从而提高了智力的发展水平。离开了知识技能的学习，任何能力都得不到发展和提高。同时，知识技能的掌握又是以一定能力为前提的，能力也会制约学生对知识的吸收、消化、运用和创新。因此，能力价值是教学价值中必不可少的因素之一。

第四，品格价值。"教育绝非单纯的文化传递，教育之为教育，正是在于它是一个人格心灵的'唤醒',这是教育的核心之所在。"学生优良品格的形成是素质教育的首要任务之一,教学作为学校教育的核心部分,责无旁贷地应发挥其教育性功能,凸显教学的品格价值。美国著名教育心理学家、道德教育理论家、"品格教育伙伴"负责人托马斯·利可纳(Thomas Lickona)提出,促进学生品格发展应致力于引导学生加强自己的自尊心,从自己的成就中感受自身价值;培养善于关注他人的思想和感受,并善于采纳和接受他人的观点;形成科学的道德价值观;形成正确的道德推理;善于合作和乐于合作。学生品格的形成依赖于知识、能力、方法等素质,在教学活动中,教师应该有意识地引导学生调动认知、情感系统,主动地参与学习,促进品格的健康发展。

方法价值、能力价值、品格价值比知识价值更加重要,因为它们能使学生人文的、科学的素养和创新实践能力提升到更高层面。然而,这在我们的教学实践中却没有得到切实地落实。究其原因,一是由于这三方面的价值比较内隐,不易操作、评价;二是教学观念的落后,使教师没有从本质上深刻地认识这些价值的真谛。总之,三种主体的需要应在方向上保持一致,并且相互制约,相互促进,共同发展。

(三)反思教学价值,促使价值的真正实现

实现教学价值,实际上就是如何使教学价值客体满足价值主体的需要。随着时代的发展,知识经济的潮流使教育领域发生了很大变化。根据前面的分析,我们不难看出当今教学世界中教学价值的偏离和失落。表现为以下几点。

1. 教学客体对主体需要的满足不够

学生的素质都局限于知识的获得,而情感、品格、方法等素质得不到全面的发展;教师以学生考得高分作为自己价值的实现标准,却不明白自己应该培养怎样的学生,进行怎样的教学,致使培养出的学生难以适应社会发展的需求,无法担当社会进步的重任。

2. 对教学价值主体认识尚有较大偏差,价值主体论仍存在许多争议

近年来,对教学价值主体问题一直争论不休,有"教师价值主体论",主张教师作为教学活动中的唯一价值主体;也有"社会、教师、学生互为主客体论",认为价值主体不能是单一的,社会、教师、学生都是教学价值主体,当满足某个主体的需要时,其他主体就成为客体,即三者互为主客体。所以会出现这些争议,主要原因是人们把社会、教师、学生三者孤立起来认识,没有看到它们之间的内在联系,即三者有着方向一致的需要,其需要使得它们能够有机地联系起来,相互促进,共同发展。

3. 对价值客体的认识还有一些偏见，知识价值的比重仍然较大，使得各个价值因素难以均衡发展

长期以来，对价值客体中教学内容的认识一直存在偏见，过分注重知识价值，轻视甚至忽略能力价值、方法价值和品格价值。然而，学生作为一个完整的人，具备全面的素质才能很好地立足于社会，适应社会生活。另外，从知识价值自身的性质来看，知识的含量是无限的，更新速度也极快，学生不可能在有限的时间内掌握全部知识，而能力价值、方法价值和品格价值的养成能使学生具有不断吸取知识的能力，从容应对信息知识爆炸的时代。各基本价值有着和谐的内在结构，肆意破坏这种均衡，只会造成学生发展的片面和畸形，阻碍社会、教师和学生主体需要的实现。

为了更好地实现教学价值，我们可以从以下几方面改进。

（1）充分认识教学价值主体的多元性和复杂性，反思其教学价值观念。学生是实现教学价值的关键因素，其需要是教学价值实现的终极决定因素，因此，要转变传统的教学价值观念，改变教师在教学中的权威地位，构建学生主体，从而突出学生作为价值主体的地位，学生不再是教师控制的客体。必须认识到，在教学过程中，学生是具有独立人格的个体，和教师的人格价值平等，二者能够形成民主、平等的交往关系，相互作用、相互交流、相互理解。

当然，教师作为教学价值的主体之一，其地位、需要也不能被削弱。面对新课程改革席卷而来的全新教育理念，许多教师对应该培养什么样的学生、需要设计什么样的教学活动、需要如何操作等问题感到困惑。因此，必须加强对教师专业素质的培训，使教师适应课程改革的潮流，从容地应对各种新问题和矛盾。

（2）根据教学的目标要求，反思教学价值课堂各要素关系和地位以及实现方式。受传统教学观指导的教师将知识价值看作教学的唯一价值，忽视了学生作为一个完人的发展需求，使教学价值的实现变得畸形、残缺。现在，我们应该深刻认识到教学价值不再和知识价值画等号，教学活动不仅要重视学生的认知过程，还应强调学生的情感、意志、态度、价值观等非智力因素对学生成长的推动作用。也就是说，教学应该全面地关注学生各方面素质的发展，认识到知识、能力、方法、品格等素质对学生的成长有着缺一不可的重要作用，使智力因素与非智力因素相互协调发展，全面、均衡地实现知识价值、能力价值、方法价值和品格价值，促进学生全面的发展。

（3）明确教学价值主体的需要，反思其具体的实现程度和方式。在教学过程中，教学价值主体的需要对教学价值的实现有着决定性作用。有了强烈的需

要,才能激发行为的动机,主体才会努力付诸行动,实现目标。教师的价值需要不是把学生培养成为只有知识的"单面人",教师也不是靠学生的考试成绩来实现自己的价值。教师真正的需要是培养基础知识扎实、动手能力强、富有探索精神和创新精神、德智体美全面发展的人才,能够立足于社会的生活和生产,为社会的发展贡献自己的才能。教师把学生的发展、提高、进步视为自己的目的,自己价值需要的实现,把自己的内在需要转化于学生的发展上,这样的需要才能使教师对自己的教学事业充满激情和灵性,努力通过课堂教学使学生获得有效的知识,提高发展能力,训练敏捷的思维,形成高尚的品格。这表明了教学活动的价值,教师利用教学活动成功地向学生转移了价值,并且创造出新价值,这也就是教师主体需要的满足和价值的实现。作为价值主体的学生,其真正的需要不是获得僵化的知识和循规蹈矩的能力,成为促使社会发展的机器,而应该是快乐地成长,培养自己全面的素质,成为能很好适应社会生活的完整、独立的人。这样的需要才能使学生充满好奇和兴趣地参与教学活动,努力实现目标。

因此,在教学活动中,学生进行学习的同时会以教师为模仿、参照的样本,对教师提供的信息进行操作、创造和超越,甚至还会对教师个人的神态、行为、穿着等特点和表现进行借鉴、超越,提取对自己发展有利的内容,促进个人的成长,以满足自己的价值需要。可见,价值主体的需要是在教学活动中根据价值主体预设价值客体并自主参与活动而得到满足的。因此,在价值客体满足价值主体需要的过程中,主体进行的活动起着关键作用,即价值主体如何设计、安排其活动是价值客体满足主体需要的关键所在。我们必须致力于确保主体活动的有效性。其中,学生的主体活动又是最具决定性作用的,因此要将学生以往被剥夺的教学活动还给学生,把学生的主体地位落实到教学主体活动中,让学生在这些活动中快乐成长,满足自己的价值需要,同时也满足了社会发展的需要。

二、教学实践反思

教学实践对教学理论的发展具有决定性的意义,教学实践是教师在教学理论的指导下以课堂教学为中心的实践。围绕课堂教学活动,一般可将教学实践分为教学目标、教学内容、教学方式、教学评价等环节,教学实践的反思也就是教学主体对上述各个环节好的地方和不尽如人意的地方所进行的思量与改进。

(一)教学目标的反思

教学目标是教学过程中师生预期达到的学习结果和标准,但教师和学生的状态、教学内容的难度、教学氛围的活跃度并不是一成不变的，因此，教学目标很难适应变化多端的课堂教学现场。教学目标通常被认为是进一步具体化了的教育目的，是学生通过教学活动要达到的预期学习结果，也可以再细化为学科目标、学期目标、单元目标和课堂目标。

国内外的教育学者对教学目标有各种不同的见解，提出了多种分类理论，影响较大的有布卢姆、加涅和奥苏贝尔的目标分类方式等。在教学实践中，教师首先需要对教学目标有深刻的认识，了解教学目标的特性与功能，了解所教学科的总目标和课堂上所生成的目标，随时反思总目标和教学细化目标的相互关系和作用，以及生成目标对总目标的达成度。只有这样，才能更好地完成教学目标，对课堂实际生成的、对教学的顺利完成有重要影响的目标有更明晰的了解和把握。

1. 对教学目标确立和生成的反思

教学目标是每节课的教学方向，是影响课堂教学的关键因素之一，它不是由教师在教案上随心所欲编造而成的。教师应该根据课堂教学的过程和效果，对自己制定的目标进行如下反思：①是否符合新课程目标的要求。应着眼于社会进步和学生发展，全面设置教学目标。②是否按照学生的特点和能力制定、调整教学目标。不同的学生有着各自的知识经验，教学目标应该考虑到这些差异性，从而有针对性地调整目标，做到因材施教。③是否表述明确具体。④学生是否达到了教学目标的要求。⑤学生在学习中关注的问题能否作为教学目标。⑥能否让学生制定教学目标，如何制定。尤其是在课堂中根据学生的实际情况和具体的教学情景所生成的教学目标更应该在反思中进行，对学生根据自己的基础、兴趣、发展方向自主提出适合个人特点的目标要进行必要的筛选。

2. 反思教学目标的实现

教学目标的实现是教学主体深入反思教学实践的过程，在其过程中，教师的引导作用至关重要。教师可以通过创设情境、强化体验、巧妙运用教学方法、分层次教学等方式来引导学生实现教学的预期结果。

在新课教学中，教师若能巧妙地进行悬疑导入，使学生产生强烈的好奇心和求知欲，就有利于学生快速进入学习的最佳状态，将认知与情感结合起来，促成教学目标的顺利实现。

在具体的教学情景中，通过激发学生的潜能，还会生成一些课前没有预先设定的目标。这就要求教师能够将预设目标和生成目标结合起来，使生成目标科学化。生成目标的产生，意味着学生真正进入了学习状态，使教学目标面向全体学生。但是，生成的并非都是科学的，它可能会使教学处于无序、混乱的状态，影响教学目的的实现，因此，教师必须对课堂中生成的目标进行科学的选择和规范，将科学的、有价值的学习目标纳入教学目标体系中，使生成目标变成有序的教学目标。

（二）教学内容的反思

1.教学内容的含义

教学内容是教师在教学过程中根据具体的教学目标、教学对象和教学情境对教科书内容进行创造性的、个性化的演绎、创造和开发。在课堂教学中，教学内容主要是指教科书内容，但又不是静态地呈现教科书，而是教师对教科书的"二次开发"，将教科书内容灵活地重新组合、扩展、深化、转化，以利于学生的实际发展。

2.教学内容的反思策略

教学主体对教学内容的反思过程更多的是对教科书进行认识、开发与实践的过程。教师在教学过程中，应分析教材在编排体系、价值观念、材料的呈现方式等方面的特点和内涵，结合学生的实际特点，对教科书进行"二次开发"，在教学中创造使用，以符合教学实际。

第一，联系教学实际，调整教学内容的顺序和侧重点。不同地区、不同学校、不同班级的学生之间，其知识背景和智力水平、学习能力参差不齐，而同样的教材如何才能使之统一起来呢？这就需要教师根据自己学生的实际情况，调整教科书原有的知识框架和先后顺序，对内容进行重新组合，从而可以从学生最熟悉或最感兴趣的内容入手，也可以将有联系的知识调整在一起教学，使知识形成一个系统有序的体系，以利于学生对新旧知识进行联系，产生迁移，举一反三，以旧知识带动新知识的掌握。教师还可以根据学生的实际情况改变教科书内容的重点，以促进学生的真正理解。

第二，分析教材的特点、重点、难点和知识点。教师只有明确了教科书的特点后，才能在课堂教学中紧密围绕重点、难点和知识点对教科书进行处理。这样，既能贯彻教科书编写者的宗旨，又能有的放矢地进行个性化教学，满足学生的发展需要。

第三，对教学内容进行加工，以学生易于接受的形式呈现出来。教师应该总结教学内容的特点，判断该内容是属于描述性知识还是程序性知识，是规律性知识还是抽象枯燥的知识，然后再进行加工、变化，以合适的形式展现给学生。描述性知识可以转化为图表、图式的形式，抽象的知识可以变为直观、生动的形象，程序性知识可以通过动态的环节展现出来，这样，既有利于学生对知识的接受，也能够给学生全新的感觉，训练思维，培养能力。

第四，对教学内容进行深化、扩展。教学内容在教材中的反映往往比较基础化、浅显化，只呈现了一些基本知识和基本原理，不能进一步帮助学生培养能力。教师可以根据学生的学习能力和兴趣需求，对教学内容进行深化、扩展，挖掘教科书知识深处蕴藏的知识宝库，丰富学生的知识，帮助学生提高解决问题的能力，开阔眼界，学习学科新理论，将本学科与其他学科、生活实践相联系，使课堂充满吸引力，让学生乐于学习。

三、教学方式的反思

反思教学方式是教学实践反思的重要部分。对教学方式的反思，教学主体必须在明确教学方式的内涵和功能的基础上，根据教学的具体内容和情景来选择与使用教学方式。

（一）教学方式的含义与功能

教学方式是指师生在教学活动中所采取的方法和形式。也就是说，教学方式包括教学方法和教学形式。教学理论中，教学方法通常被定义为"在教学过程中，教师和学生为实现教学目的、完成教学任务而采取的教与学相互作用的活动方式的总称"。由此可知，在教学理论中，教学方式比教学方法更加具体，多种教学方式组成了教学方法。例如，提问、启发、讲解、布置作业等具体教学方式可以组成以教师讲解为主的讲授法，也可以组成以引导探究为主的发现法等。

教学方式是教学活动不可缺少的一部分，它直接关系到教学活动的效率。选择有效的教学方法运用于相应的教学组织形式中，形成先进的教学方式，有助于提高教学活动的效率，确保教学目的的实现，还能使教学活动满足每一个学生的个性化发展需求，促进学生的最大发展。以往的教学实践证明，不合理的教学方式只会给教学活动带来损失，耗费巨大的人力、物力和财力，增加教师和学生的负担。

（二）对选择教学方式的反思

鉴于教学方式在教学活动中的重要地位，我们必须谨慎选择恰当的教学方式，明确教学方式选择的依据。选择合适的教学方式意味着在深刻理解其含义的基础上，根据具体的教学情景对其作出合理分析与再认知，要依据教学目的、特定的教学内容、学生的具体状况、教师的风格和教学方式本身的合理依存条件来组合与具体化。

不同的教学目的需要教师采用不同的教学方式去实现，教师应在明确教学目的的基础上选用合适的教学方式及不同教学方式的组合运用。同样，不同学科内容对教学方式的选择要求是不同的；同一学科的各种具体知识内容也要求采取相应的教学方式。例如，语言学科多选择讲读、对话、问答等教学方式，强调学生的情感体验；科学类学科则多采用探究式、实验法、小组合作等教学方式，强调学生参与研究，运用比较、分析、归纳、概括等对问题进行猜想，制订计划，然后做实验对其进行验证、解释，提高解决问题的能力。[①]

每个教师在长期的教学活动中形成了自己的教学风格，同时所教授的对象也有具体化的特征，由此，教师对于所选择的教学方式，还应该随时反思自己的教学特点和学生的总体情况与可接受的方式。只有教师在根据自身的实际情况和在充分了解学生的个性、兴趣、能力、思维方式、学习习惯、身心发展状况的前提下，所选择的教学方式才能达到最佳的教学效果，而不是一味地跟风，将别人认为最好的教学方式不加分析和改造，机械地套用。

每种教学方式都有其具体适用的条件，对教学方式的选用应考虑包括时间、环境、经济等在内的诸多条件因素。例如，多媒体教学方式虽然可使课堂教学变得多姿多彩，但对学校的经济条件有一定的要求，达不到此要求的学校则无法采用这种教学方式。时间条件的限制也是不能忽略的条件之一，如果所选择的教学方式耗时太多，则会降低教学活动的效率，难以取得预期的教学效果。在教学中，教师对教学方式的使用是一个不断变化与创造的过程，教师应随时监控教学方式所运用的现实条件，并根据教学中所生成的情景对原有教学方式进行改进，以便更好地施教。

四、教学评价的反思

现在，评价成为教师了解教学状况、调整教学进展的重要手段，不再仅仅注重学习结果，而更关注学生的学习过程和学习机会，同时也伴随着学生了解自己的学习，激励自己不断进步。对教学评价的反思可以使教师更好地了解自己的教学状况和学生的学习状况，改进教学并最终促进教师的专业发展和学生的学业进步。教学评价是按照一定的价值标准，对教师的教学工作和学生的学习质量做出客观衡量和价值判断的过程。科学的评价体系是实现教学目标的首要保障，通过评价的反馈作用，能对教学进行指导，以提高教学的效果。过去的教学评价被狭隘地定义为考试，使考试内容成为教学的指挥棒。新课程实施以后，对这种不合理的界定进行了改革。对教学评价的反思既是对整个教学过程的反思，也是对评价本身的反思，也就是说，教学评价反思是在教学过程中

---

① 李秉德.教学论[M].北京：人民教育出版社，2000：183.

教师对评价的全方位考量。

（一）教学评价理念的反思

教学评价有多种策略，策略的运用反映了评价者的评价理念，反映了评价者的价值观，它们都是基于对课堂教学本身的根本看法，是提高教学成就和促进学生学业成长的有效方式。传统的教学评价通常等同于考试、测验，考试分数成为评价学生的唯一准绳。然而，除此之外，教学评价还应包括学生的口头陈述、家庭作业、社会实践活动、作品、实验、表演、课堂评价、档案袋等多种途径，同时还可以通过提问、交谈、表演等形式进行，让学生有较大的自由空间展示自己；教师也能在跟学生面对面的交谈中掌握学生的学习状况，这样的评价更加人文化，在师生互动中凸显人的主体性。教师还可以通过对学生课堂学习的过程进行观察，以发现学生学习风格、能力和学生的个性，为教师的教学提高真实、全面的参考信息，提高他们教学的决策能力和判断能力。在使用这些评价策略的时候，教师要充分考量其对教学对象的适应性，考虑哪种教学策略能反映自身所遵循的价值理念，这样才能更好地为提高教学效率和促进学生的学业成长服务。

（二）教学评价方式的反思

教学评价的目的在于提高教学效率，促进教师的专业成长和提高学生的学业成就。任何评价方式的使用都需服从于这一目的。一般来说，按照不同的维度划分，主要有以下几种类型的评价方式：①形成性评价和终结性评价，②量化评价和质性评价，③自评与他评。每种评价方式都有其应用的条件，任何一种单一的方式都不能全面地反映教学的实际情况，只有将这些方式结合使用，弥补单一方式所带来的局限，才能做到评价的科学性和效用性的结合。教师要在评价理念的指导下，在了解各种评价方式的长处和局限的基础上，结合具体的教学情景和学生的实际状况，分析和创造性地运用评价方式。

第二节　教学反思的层次

反思的对象不是外在于课程实践者的知识如何有效地运用于实践，而是对自己实践进行深入的理解和诠释，挖掘在特定背景中的意义。批判反思是慎思理性的最高水平，认为课程实践中不仅负载着价值，而且这些价值由于社会、政治、文化和历史的原因而被扭曲，具有强迫性，主张课程教学反思在检视和解释所依据的价值系统和公平概念基础上，必须批判意识形态，寻求揭示具压迫性和支配性的事物，并且要把批判性的意识付诸行动，课程目的不能依赖于外在的权威，实践者具有自我决定性。

范梅南（M.Van Manen）以哈贝马斯的认识兴趣理论为基础，以课程实践为分析对象，把慎思理性分为技术性反思、沟通理解反思和批判反思三种水平。在技术水平的反思中，对手段的精雕细琢远远超过对结果的价值追问，假设运用以技术理性为认识论所产生的一系列理论、原则、方法和技术就能够促进课程发展，达到预定的课程目标。按照哈贝马斯的说法，技术水平反思的旨趣在于劳动，反思的重点是寻找更经济、有效的途径达到预期目的。沟通理解的反思认为，技术性反思中的每次选择都是在课程发展过程中具有价值承诺的诠释性框架中进行的，反思是在历史、政治和社会脉络中互为主体地进行，课程实施者是积极的知识创造者。反思需要分析和澄清课程行动中的经验、意义、假设、虚假的判断，焦点是教育经验的本质和质量。

有研究者在认同哈贝马斯的认识兴趣论基础上，接受了范梅南的教学反思水平理论并加以具体化。其观点是：（1）反思作为行动的调节工具，把反思作为引导教育理论和研究发现付诸实践的过程。反思目的很明确，就是把研究发现运用到课程中。知识来源于外部的权威，如教育研究者、学术论文、教育理论等，而不是实际的课程实践。这种知识必须以命题的形式呈现出来，因此是技术化的。反思者希望自己的实践能够与研究发现一致，对学生的学习产生积极的作用。（2）反思作为对不同教学观点在特定背景下的慎思，外部权威仍然是知识的来源之一，但是却需要经过实际教学环境的调节。在这种反思中，经研究而来知识的作用并不是直接指导实践，而是作为改善实践的参照。（3）实践者通过对行动情境，对自己作为教师的意象和对习以为常教学假设的重建来进行经验的重建。知识的作用在于促进教学生活的转化。教师的效能正从这一环境的适应、改变和创造中显现出来。教学上决定的种种策略并非单纯是本科知识或是教育理论所决定，而是综合教师对多种知识与环境配合下的一种决定。这种配合本身就是一种知识转化的过程。由此而产生的知识也相应地具有持续和流动的特征。所以教师从理论的认知到技巧的实践，当中必须经过与本身所处教学环境相结合的一个过程，过程中需要有对实践中种种得失的反思、同伴的提点、分享和学习。整个过程可以理解为教师知识成长的一种过程模式。教师在面对种种崭新的教学改革工作时，不单是需要理论的知识和操作式的教学技巧，而更需要从理论知识上所实践得来的那一份体验和经历。①

---

① 王建军. 学校转型中的教师发展[M]. 北京：教育科学出版社，2008：65.

从人们对教学复杂性认识的转变归纳教师反思的研究发现，20世纪80年代以前，人们认为把研究而来的知识运用到实践中就能够改变教学。但后来对专家教师的研究发现，教学是一个复杂的、情境依赖的、充满了困境的活动。因此，教师知识的来源不仅包括教师以外研究者生产的知识，也包括教师通过诠释自己的日常教学实践而得出的知识，而且需要教师通过价值判断来处理面临的困境。因此，他们从认知的、叙述的和批判的三个成分来总结教师反思的研究。

认知的成分主要关心两个方面，一是教师计划和决定中如何运用知识的。按照舒尔曼对教师知识分类方法，反思的认知成分主要针对学科内容知识、一般教学法知识、学科教学法知识和学习者及其特性的知识。二是教师如何学到这些知识，教师是如何通过自己的经验，经过同化和顺应来丰富和修正认知结构的。叙述的成分强调教师用自己的声音诠释特定背景中的专业决定，促进教师专业推理中的自我觉醒。康纳利和克兰迪宁认为，人在本质上是讲故事的生物体，通过叙述探究教师自己写关于他们自己的故事，写故事的过程就是教师不断重构和深入理解自己经验的过程。教学不再是心理学的简单应用，而向人类学、社会学和语言学敞开了大门，在概念之间寻求意义的建构。人们甚至宣称只有通过故事才能认识教学。认知的成分着重于教师如何做决定，批判的成分通过分析教师的经验、信念、社会政治价值观和教育观来说明由什么力量推动教师做出决定。反思者需要澄清他们的教育目标和信念，然后批判分析教学内容和方法，检讨其中的平等和权力的议题。

通过以上的分析我们很容易地发现，哈贝马斯的知识兴趣理论是各种分类依据的原型。在此，我们借用范梅南的论述，把教学反思分为技术性反思、理解性反思与批判性反思三个层次。不同层次的教学反思，反映出教师不同程度的主体意识。在技术性反思中，反思是为了选择能够在可控制状态中更有效地达到预设目的手段，反思者是在"目的"所划定的范围内对"手段"的选择、组合、优化与创新，强调作为工具的"我"在达到目标过程中的作用。在这种反思中的学习是单环模式的学习。在理解性反思中，实践者关注课程实践过程中生成的故事，诠释其中的意义，强调课程过程之于"我"的意义，我是如何感知和理解课程的，以及我在建构课程中作用。不论课程"目的"还是"手段"的决定中都有"我"的参与，课程之"目的"与"手段"不能分离。在批判的反思中，实践者意识到影响决定"目的"与"手段"的社会脉络是不公平的，教师需要在促进解放的过程中产生积极的作用，"我"要主动地促进社会的转化。在范梅南看来，从技术性到理解性，再到批判性反思的层次越来越高，因为后者都是在前者的基础上，教师的主体性又得到进一步提升。

第三节　教学反思的过程

当教师面对困惑的、麻烦的或是有趣的现象时可能会产生三种反应，一是采取逃避的策略，不理会这些现象而去做其他的事情；二是可能会沉迷于想入非非之中，采用幻象的办法应付这些现象；三是下定决心真诚地面对这些现象。在第三种情况下便开始了反思思维。综合多位研究者的观点和研究发现，教学反思的基本过程是：识别问题—描述情境—诠释教师与分析—行动。也就是说，首先要识别让教师感到教学中困惑或惊奇的现象；其次教师详细地描述教学情境及其问题；在此基础上诠释现象中的意义，其中所蕴含的使用理论；最后把概念化的理论付诸行动。

一、对教学的观察，进而发现问题

当教师行为产生预期的结果时，教师不会刻意去思考它。但是产生教师所没有或者超出预期到的结果时，就会引起困惑和惊奇，由此也会引起反思。对一个行动研究中教学反思通过诠释学的分析后发现，当教师在自我理解时出现危机和负向经验时会刺激反思思维的发生。杜威认为思维有两个极限，即思维开始于困惑的、困难的或混乱的情境，思维的结尾是清晰的、一致的和确定的情境。第一种是反思前的情境，它提出需要解决的问题，反思思维需要回答的问题。后一种情境中，怀疑消除了（也可能引起更加困惑或混乱的情况，但反思前的情境却更加清晰），这是反思后的情境。反思思维就是在两种情境之间进行的。问题是引起教师反思的触媒，当教师的表现与其个人目标不一致时会引起反思，如有非常丰富经验的教师在不能使部分学生投入时，在教师试图使学业成绩差的学生进步时。在教师的实践与其宣称的理论不一致时也会引起反思，如教师希望按照学生的兴趣教学，但是面对公开考试的压力，实际的教学中不得不顾及如何更好地教会教材上的内容。

在一项对课程改革中教师改变历程的研究发现，发现教师改变是通过不断解决由于新旧教学传统所形成的矛盾过程而进行的。这种矛盾的出现来自两方面的原因：一是教师对采用传统教学方式所产生教学效果的不满。二是由于新的改革实施，新的学习理念与经验与传统的教学方式之间的紧张关系。

徐碧美通过观察、访谈和文件分析等方法将中国香港地区一所中学的四位英语教师作为对象进行研究后发现，专家型教师善于在行动中获得知识，基于自己的学习经验形成一种实践知识；专家型教师常把自己的角色理解为一个"引领变革"的人；专家型教师又能不断反思自己的经历并对自己的教与学的理念提出质疑。专家型教师和非专家型教师的关键差异在于他们与工作环境之间的关系，专家教师回应外部环境的方式改变了工作环境、促进了他们的专业发展。

总而言之，专家型教师的特征有：(1) 反思和思考是专家知识和技能的重要特征；(2) 实践知识的理论化和理论知识的实践化是专家知识发展中同一问题的两个方面；(3) 专家特征是不断探索和试验、质疑看似"没有问题"的问题和积极回应挑战，专家具有的将貌似正常的情境"问题化"，主动去发现问题、定义问题的能力，而不是他们解决已呈现出来问题的能力，是他们和非专家的关键区别。以上三个关于专家型教师特征都是与反思有关的，第一个特征说明反思对于专家型教师成长的重要性。第二个特征说明的是反思的结果，第三个特征则说明反思的起因。这样说来，对实践的细心观察，在没有问题处发现问题便是专家型之所以成为专家型教师最关键的特征。

另外，因为反思是从经验中学习的过程，所以问题的发现与教师个人的关怀是紧密联系在一起的。如果没有个人的投入，就不会有实践中问题的产生。教师对自己实践的关注与思考是发现问题、引起反思的一个条件。因为问题不会自己呈现在教师面前，问题是从实践情境中建构出来的。而实践情境总是与教师个人有关，能够发现怎样的问题，完全与教师关注什么东西有关。

二、对问题情境进行细致的描述

发现惊奇，有了困惑只是说有了探究的方向，并不等于需要解决的问题已经清晰。问题不可能脱离特定的情境而存在，问题与问题情境是不可分离的，问题和其所处的情境是互动地形成的。只有对问题情境进行细致描述的基础上，才能更加明确问题处在什么位置以及如何更好地界定它。所以，对问题情境的描述也是一个逐步把问题聚焦的过程。其次，通过详细地描述来识别实践情境中的重要特征。对实践情境过于简单化的描述会导致对情境的误解。实践者总是只看到想看的东西，人的心智讨厌哪些令人不愉快的事实，所以便不去留心哪些特殊的令人烦恼的事实。因此，我们看世界的眼睛不免是扭曲的和被云雾所遮挡，经过描述使自己的经验尽可能全面地呈现在我们的眼前。

总而言之，实践者通过用自己的语言来描述具体的事件，能够使实践者以不寻常的方式再次经历日常的经验，从而对所发生的故事，以及故事所处的特殊环境有深入理解。同时，从肖恩的观点看，这个对实践环境深入理解的过程也是用自己对实践环境的认识来组构（frame）问题的过程。

三、揭示教师的使用理论和宣称理论，并从多个角度进行诠释

对实践的诠释与分析是教学反思过程的主要环节，诠释能够揭示教学中的意义，分析能够说明意义之间的关系。实践中诠释与分析的对象是行动理论，说明宣称理论是什么，使用理论是什么，宣称理论和使用理论是什么关系，在其他理论和研究的视角中如何修正与重建行动理论。

诠释与分析教师的宣称理论。就是揭示教师的信念，所持有的价值观，应该采取什么样的行动，然后期望达到什么样的结果。诠释与分析行动中的使用理论。发觉教师实际做了什么，产生了什么结果，行动中所包含的价值观是什么，是在什么样的环境中进行的，以及说明它们之间的关系是什么。使用理论在庞丽娟和易凌云的表述中称为缄默性个人教育观念。是教师难以明确意识与清楚表达，隐含于教师的个人实践经验之中的对教育的认识，这种深藏于教师头脑中的认识切实而深刻地影响教师的教育实践行为。这种观念外显化的基本过程有四个阶段。（1）信息提取。指教师通过对教学行为的剖析，有意识地对隐含于行为中的缄默性个人教育观念加以关注，随时捕捉缄默性个人教育观念的各种信息并进行必要的信息提取，反思是教师信息提取的重要途径。（2）概念化。用显性概念来对本来只是体现在行为中的信息命名，将不可言传的动作序列抽象为语言上的概念描述或归纳。概念的形成不是一次性完成的，是在对实践的不断总结中，逐渐沉淀与提炼出来的。概念化的关键策略是能够"见微知著"和"以类行杂"。（3）组织与系统编码。是将概念分为若干子集，把概念综合与编码成概念系统的过程。（4）外化表达。可以从两个不同角度来促进教师对其缄默性个人教育观念的外化表达：一是把握概念或概念系统的核心意义，二是进行情境化的表述。以上从认知加工的角度说明使用理论外显化的阶段及各个阶段中的主要策略，有助于我们从个体心理角度诠释与分析行动中的使用理论。

批判的反思则强调不仅从不同视角看问题，而且要考虑其中的伦理与道德问题。面对不同的视角，及其他们衍生的意义，我自己的道德伦理关怀，哪个对事情本身是最好的？以学校教育的公共民主特性来说，所发生的故事有什么更深层的意义？所发生的故事揭示了道德上与政治上的什么意义？这个反思的

过程对我而言有什么意义？

四、付诸行动

教学反思的基本过程，首先识别一个实践者所关心的问题，然后对问题及其所处的情境进行细致的描述，之后对所描述的实践进行诠释和分析，最后把再概念化的理论付诸行动。积极的行动是学习的重要过程，经过对行动理论的诠释与分析，教师对自己行动有了更加深入的理解，产生了新的宣称理论、行动策略和不同的期望，就需要把这些再概念化后的行动理论付诸实践。

当新的宣称理论付诸实践后可能会产生两种情况：一是出现了所期望的结果，证明了宣称理论的有效性，宣称理论便得到了验证和加强。在这个过程中使用理论和宣称理论是一致的。二是产生的结果并不能与期望的结果一致，说明宣称理论和使用理论并不一致，需要反思其中的使用理论、行动策略、结果和宣称理论是什么，其中存在怎样的关系，然后重新建构理论后再付诸行动。

需要说明的是，这个过程是为分析教学反思过程的方便，而找出反思过程中的主要元素，并表明元素之间的基本关系。但并不是说实际中的反思就是已经按照这样的线性关系进行的。例如，在诠释和分析过程中，其实也在重新描述问题及其情境，也同时在重新认识问题，甚至发现更重要的问题。

第四节　教学反思的类型

教学反思可能在不同的时间进行，反思可以在教学过程中发生，如在教学中根据学生的学习情况调整教学难度、改变教学方法等，称之为教学中的反思，教学中的反思需要对实践情境不断诠释，在此基础上进行决策。反思也可能在教学后进行，如教学之后反思教学效果；也可能在下一次教学前进行，如根据过去的经验计划未来的教学活动。这两类反思都不是在教学之中进行的，属于教学后的反思。葛瑞菲斯（M.Griffiths）与谭（S.Tann）对反思水平的分类可以用来解释教学中反思和教学后反思的特征。

一、教学中的反思

教学中的反思直接指向课堂，是教师在教学过程中及时对突发问题进行反思，批判地考察自己的教学行为，对出现的问题不断地做出决策，给予即时改正、调整，从而确保教学活动顺利有效地进行。在这个反思过程中，教师是自主地发现自己存在的教学问题，并自行改正，而不再需要被动地服从别人对自己的指导。在教学过程中，教师可以将已有教学理论与实践结合起来即时反思、检验，用自己的体验使教学理论变得生动，从更深层次加以理解，形成自己独特的见解，而不是简单地将一个理论用于实践。同时，教师能够有意识地反思平时意识不到的教学行为，使教师更理性地审视自己的教学活动。并且，教师的专业发展也由此得到加强，突出表现为教师的教学机制和课堂调控、应变能力能得到有效提高。反思的问题是从学生身上反映出来的，因此，在课堂教学过程中，教师应该随时关注学生的学习状况，掌握学生的学习状态，发现课堂上的各种可能性，理解这些困难对学生意味着什么，然后弹性地采取措施调整教学活动计划。这一阶段的反思主要关注课堂上可能出现的问题：学生在课堂学习时出现了哪些意想不到的困难，要如何运用教育机制来解决；如果课堂上出现跟原先的教学计划不符的教学状况该如何进行临场调整；如果学生与学生之间或是学生与教师之间发生了争论，该如何处理；在学生的讨论环节里，如何收放自如地控制局面；等等。

教学中反思是"迅速的行动"（rapid action），表现为教师对某一现象自动化的反应，是"行动—反应"的过程。例如当学生有好的表现时，有的教师会自然地表扬，这种反应是即时的、自动化的。不过，我们认为迅速的行动只是教师按照自己行动中知识行事罢了，教师的教学已经完全自动化了，当遇到一定的情境，就会自然而然的以常规化的方式进行相应的行动，教师在教学中并没有思考应该如何进行下一步行动。所以，迅速的行动中并不存在教师对教学的反思。

对教学的"修正"（repair）属于第二类教学中的反思，教师在教学中有短暂的停留时间来进行迅速地"点式思考"，是一个"反应—监控—反应—计划—行动"的过程。例如当教师看到学生有意外的表现时应马上调整教学以适应学生的学习需求。

二、教学后的反思

教学后的反思主要是教师在课后对整个课堂教学行动的轨迹进行回溯、思考，对自己和学生的教学经历作更加透彻的理解，对教学效果进行价值判断，发现问题和困难，力图探究出解决方案，这有助于提高教师的归纳、总结能力和评价能力。这样的反思有时是因为已经发生的教学事件困扰着教师，促使教师在课后进行必要的反思以解决自己的困惑和难题；有时也会是出于教学教育的要求而反思自己的教学活动。教师在课后通常会思考：这节课是怎样进行的；在课堂上学生的表现和反应如何；我的教学能引起学生的注意和兴趣吗；我帮助学生掌握学习方法了吗；学生是否达到了预期的教学目标；我是如何处理不考试的知识内容的；我是如何调控课堂气氛的；在授课过程中，是否发生了意外的状况，为什么会出现这些改变，我是如何处理的；哪些环节没有按备课计划进行，为什么；我的教学观念、方法、行为符合了哪些教学规律和理论，如何用这些理论来进行解释；如果再次教学这一课的内容，我会做怎样的修改；……通过这些思考，教师或许会对自己之前的教学表现感到失望和遗憾，会有"我本来应该怎样"的想法。这样的反思具有批判性，让教师能够认识到这些经历的意义，甚至能将教学经验上升到理论层面，有助于教师的专业发展和成长，使以后的教学更加完美。

教学后反思有三类。一是对教学的回顾是一个"行动—观察—分析和评价—计划—行动"的过程。反思会在教学结束后进行，如在工作的休息时间，一天的或者是一周的工作结束后。教师会讨论某一个小组或是一个学生的学习进展，反思的结果是教学计划得以修改，管理学生的方法得以改进等。二是对教学的"研究"，是一个"行动—系统的观察—严谨的分析—评价—计划—行动"过程。在这个水平上观察变得系统和有明确的目标，信息的收集、分析和评价可能需要数周或数月，录像和日记等工具可能被用来收集信息。然后对采集的信息针对某一话题进行分析。三是"再理论化"，是一个"行动—系统的观察—严格的分析—评价—再理论化—计划—行动"的过程。教师进行抽象的和严格的反思，数年以后，教师的使用理论得以改变。

从以上分析来看，教学中反思与教学后反思并不只是一个时间上的区别，也是因时间的不同使得反思的过程与水平不同。虽然教学中反思和教学后反思的水平不同，但二者对于改善实践来说都是重要的。通过教学中的反思，使教学过程不致变成教学计划的简单复制，忽视了教学过程中学生、教师、环境和内容等方面的发展性及其之间的互动关系。通过教学后反思，教师可以对教学进行系统化和理论化的探究，促进自己使用理论的外显化及其改变。

总而言之，我们可以从时间维度上，把反思分为教学中反思和教学后反思两类。教学中反思的作用是对教学进行及时的修正，教学后反思包括对教学的回顾、研究和理论化。

三、为教学的反思

为教学的反思是通过实践中的反思与实践后的反思最终形成的超前反思，使教师养成反思的良好习惯，根据自己在教学中和教学后进行的反思所做的总结来认识自己的教学情况，总结出自己教学的长处和不足，进而对接下来的教学进行前瞻性思考、预测，拟定计划，未雨绸缪，以促进以后的教学更加有效地实施。对教学的提前反思主要针对课前拟订课程计划和预测课堂教学的情境。课前拟订课程计划通常是结合反思过去得出的经验，重点预测学生的学习状况，根据自己所了解的学生的知识背景和学习能力来确定教学的重点和难点，了解学生的思维能力、创造能力等个性特点和学生的兴趣、学习动机等非智力因素，从而全面地预测学生在课堂学习的过程中可能会出现的困难和问题，并拟订解决策略，这样才能在课堂教学时做到游刃有余。

教师不是教教材，而是将教材作为一种课程资源进行教学，应该把握教材的编写意图，思考课程资源的开发和利用，包括社会资源和自然资源，了解所用的教材的特点是什么，学生对教材的理解度和接受度是多少。另外，通常还会思考：自己以前在教学相关内容时曾经遇到过什么问题，如何解决的，效果怎样；采用何种教学方法适合自己的教学风格和教学能力，同时也对学生适用……通过这样的超前反思，教师在反思过去教学经验的基础上进行新的教学设计，形成系统的教学策略，能更加有效地促进整个教学过程的顺利进行，而且还有助于培养教师的反思习惯和反思能力。然而，有些教师在备课的时候不考虑自己以前教学的经验教训和自己学生的实际情况，照搬别人的现成教案，或者是实行经验主义，过分依赖自己原有的教学经验而没有进行反思，使教学得不到进步。

预测课堂教学的情景是指教师对一些能预测到的课堂情境进行反思，试图思考出解决策略并采取行动。例如，汤姆老是爱在课堂上捣乱，影响教师的正常教学，这使得任课教师露茜非常头痛，不知所措。后来，露茜与同事进行交流，也和汤姆的母亲通了电话，对汤姆进行了更深入的了解，接着，露茜从汤姆的角度预测汤姆会在接下来的课堂上如何表现，然后思考出解决策略，以便在汤姆发生预测情况时采取行动。这就是教师在教学前对所预测的课堂情境进行的反思，这种反思可防患于未然。

第五章 教师教学反思能力培养的行动与路径

第一节 运用研究探索活动促进反思能力发展

一、开展校本研修活动，促进教师人格性反思能力提升

缜密性反思模式，指的是教学决策要建立在对研究、经验、他人建议、个人信念和价值观等多种知识的综合权衡之上。而人格性反思模式，是指个人成长事项，即将教师个人生活与职业生活联系起来，同时关注学生的生活经验。大量研究表明，校本研修是促进教师缜密性反思和专业化成长的有效途径，单纯从理论角度讲，应该是源于教师成长和学校发展的需要，教师在教学过程中自主发现问题并通过各种研讨解决问题的过程。但在实际操作中，我们发现，教师对校本研修缺乏热情，不少学校热心的、关注的仅仅是校本研修的各种模式及方法，对如何激发教师主动研究的欲望，如何引导教师主动地发现、寻找教育教学中的问题并想办法解决这些层面的探索较少，这就造成不少学校的校本研修并未成为教师自觉行为。大多数情况下还是行政推动大于教师主动。

因此，在研究过程中，我们设计、开展了多项以课题或者项目方式推进的校本研修活动。教师的个人和职业成长的相关事项以及过程中的各种元认知体验，都会被教师直接或间接地带入其职业生涯，这就需要针对性地反思和选择，同时还要关注如何将学生的有价值的个人生活经验运用于教育教学。这些都需要教师有意识地提升自己的人格性反思能力。

（一）一课三磨型视频课例

磨课活动历来是深受重视的教研活动形式之一，特别是有些老师要参加赛课或者公开课之前，他们往往会邀请同科组教师进行集体会诊、研讨。

为引导教师追求专业发展，促使教师提高业务能力，使"磨课"活动得到深化，我们经课题组讨论，推行了"微型演课—首次上课—再次上课"，其余同科组教师全程参与的"一课三磨"课堂教学实践活动。具体来讲就是：我们在由"个人备课—集体备课—个人复备"三级备课进而完成教案的基础上，由执教教师向组内教师进行课前的微型演示，一个组员帮助录像，其他组员观看后对照录像提出修改意见，此谓"一磨"。教师进班上课，组员听课后再根据录像进行议课，再修改，此谓"二磨"。"三磨"就是执教老师在"二磨"的基础上还要再次上课，组员参与听课，结束后再议课，再提修改意见。其余备课组成员在此基础上再到自己班上课，同时每个磨课教师完成教学心得。

（二）自我反思型视频课例

为了让教师加强自我总结、自我反思，自我发展，课题组创造条件为教师录制课堂教学视频录像，这样做一方面可以丰富学校的"视频课例库"，另一方面使录课教师通过观看自己课堂教学的场景，从中发现问题，在反思中改进教学，从而促进教学方式的转变，提高课堂教学效益。录课结束后，教师认真观看自己的课堂教学视频，从教材处理、环节安排、板书设计、师生合作、课堂气氛、教师课堂语言等方面，全方位反思自己的教学行为，总结经验，寻找不足，寻求改进教学的突破口。一些平时自我感觉良好的老师在观看了自己的视频课例后，才发现自己的课堂还有许多需要改进的地方；部分自信心不足的教师却从录像中发现自己在讲台上的风采。总之，与传统的"备—说—上—评"的研课流程相比，视频课例反思更直接，对教师的触动也更大，让教师受益匪浅。同时，学校还相应举行"视频课例反思"征文活动，让教师记录自己的心得与收获，并提出改进教学的新想法与其他教师分享。

二、加强赛课中教师听评课活动组织

在往届赛课中，很多教师反映除了评委之外来听课的教师寥寥无几，而赛课之后评委们也只是给本堂课打个分数，最后分组得出奖项，这样的赛课活动对他们的课堂改进没有太大的促进作用。因此在研究过程中，我们把组织好听评课作为本届赛课的重点工作之一，主要采取了以下一些方式促进听评课的深入开展，切实使得听评课成为全体教师进行教学反思的有效途径。

（一）组织赛前的教研组说课活动

改变了以往教师赛课只是教师个人的事情的现状，先由教师自己备课，再由备课组讨论改进。在赛课之前，组织教研组大组活动，本学科组的所有参赛教师，在大组活动时进行说课，评委和全体学科组成员都参加，要求教研组教师对参赛教师的说课进行讨论和点评，说课教师再对自己的课堂设计进行反思和改进，并要阐明理由。教师在讨论甚至辩论中不断完善自己的教学设计。而评委则在这一环节针对参赛教师的表现开始打分。

（二）组织教师听课、观课活动

在教务处的协调、组织下，本届赛课至少能保证同学科组的教师赛课时能有时间去听课，并由教科室负责对听课的参与率进行考勤，计入教研组考核。同时，结合以前做的课堂观察活动，每个学科组都研讨了本届赛课的主要改进主题，制作了相应的观察量表，使得听课的过程更具针对性和实效性。

组织校园网同步评课互动。我们在校园网上开通了本届丹桂杯赛课的论坛。参赛教师赛课后及时将教案、课件和课后反思上传到论坛，其他教师以跟帖的方式对其进行评价，可以具名也可以匿名，同时要求部分教师必须参与评课，大大提高了听课后的评课率，不仅给参赛教师提供了进一步反思的平台和视角，也给听课教师反思自身的教学行为提供了机会，校园内上课、研讨、反思的氛围更加浓。

三、通过教师成长档案建设指导教师反思自己的专业成长

无论是学生的发展，还是教师个人价值的实现，还是学校的发展，都有赖于教师群体的专业发展水平。而教师的专业发展是一项系统工程，需要学校管理者与教师共同谋划。教师的个人专业发展意愿是前提，这首先需要教师个人对自己的专业发展水平有一个清醒的认知和评判，其次需要教师对自己的专业发展有着强烈的追求，以实现在自己所从事的职业中的存在感和价值感。学校的教师成长管理是保障，建立和完善教师成长的相关制度，从人力、财力和物力上整体进行规划，开展系列化的教师培养活动。而要实现教师自主化专业发展，则必须基于教师对自己专业发展状态的不断反思、监控和调整。只有将教师自我发展的意识、水平的提高和学校师资队伍建设能力相互协调发展，才能最终实现学校师资队伍整体水平的不断提升。

第二节 构建学习共同体促进反思能力发展

教师学习共同体的共生就是教师学习共同体内部各成员之间、成员与周围环境之间的一种组合方式和关系。基于共生理论，教师学习共同体实质上就是

由不同共生单元和共生环境所组成的一个巨大的有机共生生态系统，通过共生，将可以从一个新的视角，新的思维分析教师学习共同体共生系统中的共生单元、共生模式、共生环境以及它们之间的组合方式和关系。

一、教师学习共同体的共生单元

共生单元是在共生关系中进行物质能量交换的基本物质条件。在教师学习共同体共生系统中，专家、大学老师、中小学老师、行政领导、学生、家长等，都是一个个共生单元。对于不同层次、类型的共生关系，共生单元也会不同。各共生单元主体在教研活动中进行信息、情感、行为的多项流通和对接，是各单元共同发展的一种生长状态和过程。正是共生单元之间的动态、多维度的交互作用，才能促进教师间的自由和谐交往，提升教师的职业状态，推动教师职业群体的发展，最终谋求教师职业生命的完善。

随着教育改革的纵深发展，新的教育理念的不断冲击，社会对教师带来的新挑战与新机遇，共生系统中各共生单元将会更开放、更多元、更复杂，更趋于一体化。教师学习共同体各共生单元的共生在发展的驱动下，会随着共生模式的建立，各共生单元会经历点共生、间歇共生、连续共生、一体化共生的演进方式，最后各单元主体达到一种相对稳定的对称性互惠共生模式。

（一）点共生关系

教师学习共同体尚未建立之时，教师为了寻求合适的合作伙伴与不同的教师进行一次又一次的偶然合作，可以称为点共生关系。教师在点共生关系中遵循互利互惠、交流合作的原则，以少数人的偶然性探讨、备课、议课、磨课、听课等活动为纽带，以提高自身教育素养和学生学习成绩为目标。但教师间最初形成的点共生关系具有较强的随机性、制约性和不稳定性，因为在学校的教育教学中，教师所处的环境随时间和空间的变化而变化，教师在相互合作中难以形成独立于学校环境之外的共生介质，在形成共生关系之前，教师在寻找共生教师时并没有较强的指向性，往往会与最贴近、最熟悉的教师形成共生界面，共生时间较短，过程简单，共生关系往往会随着教师间信息能量的交换完成而消失，这就限制了所构成共生关系的寿命，因此在教师学习共同体中，点共生关系的教师合作对象之间具有随机性、制约性和不稳定性。

进化是共生关系演化发展的总趋势和总方向。但由于在点共生关系中教师之间的合作对象和共生界面具有较强的随机性、制约性和不稳定性，合作介质单一，教师对周围环境的依赖性较大，因此，教师学习共同体的共生条件不充分，进化过程也不是很明显。

（二）间歇共生关系

教师学习共同体的间歇共生关系是在点共生关系的基础上进化而来的更高一级的组织形式，但它并不是点共生关系的简单累加，它与点共生关系的区别在于教师之间的合作时间点由一个变为多个，教师之间的合作界面增多，合作关系的随机性下降，但其合作依旧是不联系的。教师之间进行经常性的、间断性的教研活动，教师的共生界面逐渐增多，内外合作程度得到加强，信息交流和获取也更为充分，共生关系的演进与进化已具有某种必然性和可控性。处于间歇共生关系的教师学习共同体处于一种不稳定的状态，一方面随着教师之间开放程度的增加，它可能向更高形式的共生关系演化，另一方面，随着共生界面的变化和共生环境的变迁，它也有可能演化为最初级的点共生关系。尽管教师之间的交流合作不连续，不稳定，但可通过对正向共生环境的激励来推动共生关系的演化，以对教师学习共同体本身和教师专业发展的进化产生积极影响。

（三）连续共生关系

处于连续共生关系中的教师学习共同体成员，其合作关系是连续性的，稳固的，从而使教师间的合作发生了质的变化。在连续性共生关系下，学校通过一系列行政手段和制度规范了教师学习共同体发展的目标、方向、内容和措施等，为教师学习共同体的连续共生提供了保障。如此，教师自身所具有的信息能量等共生介质得到改善，也能够充分了解各方面的信息，使教师之间的物质交流和能量传导变得更有效，这便保证了教师合作界面的稳定性，教师之间的合作也开始主导整个教师学习共同体共生的进程。总体而言，连续共生关系具有更明显的进化特征，共生单元也进入了有序状态。在利益相对平衡的基础之上建立共生关系——共生秩序，两个主体之间的关系从混沌演化为有序。

连续性共生关系下的教师学习共同体，教师之间的关系一般比较稳定和成熟，教师通过资源分享、交流合作、协同工作、公开讨论、对话与反思来实现能量的传导，促使教师之间形成具有内在凝聚力的整体，其共生关系也具有内在的必然性和选择性，各教师的共进化特征变得较为明显。共进化特征就是指共生单元之间相互作用引起的自身性质和功能的进化，是一个双向作用的过程。

（四）一体化共生关系

共生组织演化的最高级阶段是一体化共生，这是共生单元由有序进入更高级有序的最后阶段。在一体化共生关系下，共生单元与共生环境之间的物质能量传导是通过完整的、系统的合作界面进行，此时每一项教研活动都具有明确的指向性和必然性。对于整个教师学习共同体而言，每个共生单元都是共生系统中不可或缺的一部分。共生在主体维度上的本质就是：每一个个体都是世界的中心，也是世界整体的一个必要的部分。在该关系下，源于共生单元的共生动力和环境的共生引力，共生单元之间的物质能量传导最有效，共进化程度也最高，共生单元之间的关系也更为密切，能实现严格意义上的高进化。这种共生关系的产生和发展，使教师的交流合作具有了良好的载体，教师学习共同体的发展呈现出高度的自组织特征，总体上促进了共生单元共同激活、共同适应和共同发展，推动教师学习共同体向更高生命力迈进。

二、教师学习共同体的共生行为模式

共生单元之间相互作用和相互组合的方式以及共生单元与共生环境之间的双向交往和生长模式叫共生行为模式，也称共生关系，它反映出了共生单元之间的物质信息交流和能量互换关系。依据共生单元相互作用后各自能量的变化情况，可以将共生系统划分为寄生、偏利共生、非对称互惠共生和对称互惠共生四种行为模式。

（一）寄生

寄生是最初级的共生模式，在该模式下共生单元存在寄主和寄生者之分，如教研活动中专家型教师对新教师帮辅的初级阶段或者大学与中小学合作的初级阶段。对专家型教师向新教师的帮辅来说，新手教师大部分是通过专家型教师的能量吸引来获得自身发展条件，专家型教师是能量的生产者，新手教师是能量的净消费者，能量传导属于单方向流动，系统整体不会产生新能量，因此，对于整个教师学习共同体而言没有新的能量增值，实质上也只是已有能量的重新分配。但是，决定此寄生模式的稳定性因素在于新手教师对能量的消费速度与专家型教师对能量生产速度之间的比值以及新手教师功能的演化程度，当专家型教师的能量无法填补新手教师的需求时，该教师学习共同体的寄生关系便会瓦解。一般而言，由于系统整体不会产生新能量，加之有共生单元一直在消耗着整体能量，因此，寄生模式实际上是一种反向的共生行为模式。

（二）非对称互惠共生

非对称互惠共生是教师学习共同体共生单元之间最普遍的共生模式。该模式的特点是：形成共生关系的教师、专家、学者等共生单元以合作交流为基础而产生新的能量增值，通过非对称互惠共生模式产生的新能量往往是由具体的教研活动而产生非对称性能量分配，共生关系是由多个共生单元进行多维的物质能量交流机制。

非对称互惠共生是目前教师学习共同体的主流共生模式。在非对称互惠共生模式下，共生单元之间多维的、层次性的互动机制使得教师学习共同体的功能发生了质的变化，表现为教师教研活动的类型、范围的扩大，教师学习共同体新效能的增长，并能根据教师在教师学习共同体中所发挥的作用而进行合理的角色分配。但由于一个成熟的教师学习共同体往往是由能量不均的共生单元构成，因此会导致教师学习共同体中共生单元产生非同步进化，发展慢的教师或单位无法与发展较快的教师保持稳定合作关系，结果会造成共生关系的瓦解，弱势教师会处于不利地位。

（三）对称互惠共生

对称互惠共生模式是所有共生模式中最理想的目标状态，在理论上是最有凝聚力，最能实现共生关系永恒稳定的模式。因此，促进对称性互惠共生关系的形成是教师学习共同体发展的必然要求，也是教师学习共同体共生模式的发展目标。

对称性互惠共生模式具有以下特点：教师学习共同体共生单元之间的分工与合作会产生新的信息和能量；教师学习共同体能实现所有共生单元之间的能量对称分配；教研活动存在于广泛的多边交流之中，效率高，稳定性更好，单个共生单元的变迁或移动不会对整体效能产生较大影响；由于能量的对称分配，因此各共生单元能实现真正意义上的同步进化。多主体共生关系之形成，是多主体间斗争与妥协的结果。但共生并不是共生单元自身状态的丢弃，单元之间的相互排斥、相互替代或相互厮杀，而是单元自身状态的继承，单元之间的相互吸引、相互补充、相互合作和相互促进。教师学习共同体要积极朝着对称性互惠共生模式演进，根据教师的合作需要，构建一个自由和谐的交往环境，建立相互开放、共同创造的同事关系，推动教师不断学习、不断反思、不断实践，实现共生要素的共进化。

对称性互惠共生模式是教师学习共同体的最佳协同效果，各教师都处于理想的共生状态中，彼此形成了互惠共生的关系，教师之间的交流也达到了最佳效果，对整个教师学习共同体的发展具有积极的推动作用。但由于共生单元的复杂性和共生环境的多边性，绝对的能量对称其实很难做到，因此，各共生单元只有通过不断的强大才能在共生模式中得到长久发展。

（四）偏利共生

偏利共生是在寄生共生模式基础上而演化的新模式。偏利共生模式的特点在于：教师学习共同体这个共生系统能产生新能量，并能不断地发展；教师学习共同体所产生的能量只会流向其中的某一共生单元，而另一共生单元无法从中获取新能量；在该模式中的共生单元具有利他倾向。总的来说，偏利共生模式下的教师学习共同体就是对共生单元一方有利而一方无害，这样的共生模式并不能持续稳定。

三、教师学习共同体的共生环境

共生环境是指在一定时空范围内影响共生单元和共生模式的各种因素的总和，包括各种内部环境和外部环境，这些因素通过相互联系和相互作用，并通过物质信息交流和能量互换对共生单元产生影响。教师学习共同体的共生环境需要共生单元之间的互惠协作可持续发展，注重群体资源的合理利用和良好平台的维护，强调共生单元与共生环境之间的共同演进。

（一）外部环境

教师学习共同体发展的外部因素主要包括教育改革的纵深发展、信息技术的广泛运用等。随着信息技术的发展，网络技术为教师的专业发展提供了更广阔的平台，同时，也对教师的专业发展提出了全新的挑战。在信息化的时代背景下，基于网络的教师学习共同体就孕育而生了。

20世纪80年代以来，随着教育改革的纵深发展，教师的专业发展成为国际社会关注的焦点，我国也相继出台了《教师法》《教师资格条例》等，为我国教师的专业发展提供了政策保障和支持。教师的专业发展是一个开放性与合作性的过程，当今的教师专业发展更侧重于从一个整体的、全局的角度来看待。2000年，加拿大学者迈克尔·富兰提出，教育改革的成功取决于教师的专业学习。2004年，美国学者芬韦克也指出，教师的专业发展呈现出从关注教师个体学习到关注通过学习共同体来促进学习的趋向。教师学习共同体关注教师的学习过程与学习方法，引导教师进行合作学习与持续分享学习，充分利用了群体资源，教师通过对话与合作，能够促进经验的反思与总结，为教师的专业发展提供良好的生态环境和发展运行机制。在教育改革的纵深发展下，教师学习共同体的价值和活力得到了彰显。

基于网络的教师学习共同体就是由优秀教师、普通教师以及相关行政人员在以网络为基础的环境中进行交流协作，共同探讨问题并解决问题的学习型组织。在网络学习共同体中，每一个教师都是能够进行知识加工和建构的主体，教师通过交互性、共享性的教育资源以及多样化的交互形式，交流、探索相关的理论知识和实践经验，从而促进教师的专业发展。网络学习共同体打破了教师交流的时间和空间限制，为教师的交流合作提供了稳定的平台，能促进教育资源的可持续和可增长，实现资源的分享和存储，能实现校际的联盟和城乡的互补，有力推动教师的专业发展。

（二）内部环境

教师学习共同体发展的内部因素主要包括学校文化、学校各项制度、校长角色等。学校文化是全校师生共同认可的价值观念和行为方式，具有独特性、渗透性和分享性的特征。学校文化对教师队伍发挥着潜移默化的影响，具体包括教师文化、教学文化、学校的学术氛围等。一个民主与合作的文化将为教师学习共同体的有效运行提供保障。民主与合作的学校文化强调教师之间的专业合作、权利分享和效能感。学校从教师和学生的实际情况出发召开全体会议共同商讨教育教学问题，教师之间彼此交流与合作，共同提高教育教学能力。

教师学习共同体的有效运行仅仅依靠教师的观念和意识难以对师生产生约束力，因此，一个注重合法性、参与和尊重的学校制度是教师学习共同体运行的重要保障。合法性即教师所认同的权威和规则，教师对制度的合法性认同越大，那么越容易遵守和执行。因此，学校制度应尽可能地照顾到教师的实际需求，以使制度建设得到教师的普遍认可与支持；参与性即学校在制定教师学习共同体的相关制度时，应促使教师的广泛参与，以保证制度的合理性；尊重性即学校领导制定执行时所持有的态度，学校制度不是单纯的主客体关系，而是不同主体间的互动过程。学校制定教师学习共同体的相关制度，应是师生充分沟通商讨后的结果，要充分发挥教师的主体地位。

教师学习共同体的三个共生要素相互影响、相互作用，共同反映着教师学习共同体的发展演化趋势和规律。在教师学习共同体共生系统中，共生单元是基础，共生模式是关键，共生环境是外部条件，表现为教师学习共同体共生系统是由不同的共生单元在一定的共生环境中按照某种共生模式所构成的共生关系的集合。

四、教师学习共同体共生发展的特点

（一）资源共享性

在信息技术飞速发展和教学内容不断丰富的背景下，教师越来越难以依靠自身拥有的信息和资源提高教育教学质量。为了更好地贯彻新课程改革的要求，全面提高教育教学质量，教师之间就要互相取长补短，进行资源与能量的共享。资源共享就是资源拥有者与资源需求者之间通过各种形式与途径进行资源流动和分享的动态组织学习过程。资源共享包括教师进行共享的意愿、能力以及方式。其中，资源共享的意愿表现为资源拥有者愿意把自己的资源拿出来与他人分享的心理状态，只有资源拥有者拥有这种心理倾向，资源的共享才可能发生；资源共享的能力表现为教师在进行分享的技能和能力上，比如语言表达能力、逻辑思维能力、知识内化吸收能力等；资源共享的方式即进行资源分享的桥梁，比如文案、语言、电子邮件等等。

为了促进教师能更好地进行资源的共享，可以通过激发教师的共享动机，开展合作交流的技能培训，充分利用信息技术等多样化方式来保证其有效性。另外，教师应具备的知识包括本体性知识、实践性知识和条件性知识。其中，本体性知识和条件性知识属于教师的显性知识，教师可以通过职前师范教育或者相关文字视频材料获得，但教师的实践性知识属于隐性知识，是教师在情境化的教育教学实践中不断积累的个性化知识，往往需要教师之间的交流与共享才能获得。教师学习共同体的建设为教师进行合作交流提供了平台，反过来，教师之间的合作交流保证了教师学习共同体的良性健康发展。

（二）竞争协同性

竞争即教师学习共同体各成员之间力图取得支配地位的活动，协同即各成员的发展走向一致的过程。竞争能使教师时刻保持对教育教学的敏感度，调动教师的积极性，使各教师处于更大的差异性和不平衡性中。竞争通过同伴协同在共同体内形成一个有序的、相互支持的有机系统，推动教师之间的协同进化过程，促进教师队伍素质的不断发展。单纯强调竞争，虽然会激发教师个体的创造性、差异性和教学个性，但会引发教师之间的恶性竞争，不利于教师归属感的建立。单纯强调合作，虽然能加强教师队伍的凝聚力，培养良好的人际关系，但也会弱化了教师教育教学的创造性。教师与教师之间并不是彼此对立的竞争关系，而是建立在互惠互利基础上的和谐共生关系。竞争与协同之间的张力是推动教师学习共同体发展的动力机制。

（三）互惠共生性

互惠共生从本质上来说是一种人与人之间开放性、创造性的关系，强调人与人之间的相互作用、共同存在和共同发展。处于互惠共生关系中的事物，各自的生存和发展均以对方的生存和发展为前提。互惠共生是教师学习共同体良性发展的必要条件，它能保障教师学习共同体内的信息和能量不断产生和输入，能有效调动教师的合作积极性，提高团队凝聚力，让团队中的教师都能受益。复旦大学教授胡守钧指出，不同主体之间建立共生关系，需具备以下条件：要建立资源交换型共生关系，双方必须拥有对方需要的资源；要建立对同一资源分享型的共生关系，双方必须同时需要这种资源，并且存在这种资源；要建立对同一资源竞争型的共生关系，双方必须同时需要这种资源，并且存在这种资源。互惠共生即意味着教师之间的互渗共融，教师不仅能提高自身的教师教育素质，还能惠及他人。互惠共生是教师学习共同体的各成员协调一致，共同进步的精神力量。互惠共生的价值理念强调教师之间的合作、分享和交流，需要学校领导的引领和塑造，需要教师的参与和创造，最终致力于教师的专业水平的提高和学校的核心竞争力的形成。

(四) 外部环境的开放性

外部环境的开放性是教师学习共同体有效运行的重要保障。教师的合作文化能为教师学习共同体的发展提供良好的思考与反思的平台，教师的合作文化是教师在开放、包容、民主的氛围中相互依赖、相互支持的关系。教师的合作文化倡导不同学校、不同学科、不同经验水平的教师协作互助、对话交流，实现资源互补。[①] 在开放的教师合作文化中，每个教师都是具有价值选择的独立主体，教师之间鼓励沟通交流，有利于教师个性化知识的分享，良好同事关系的建立，形成教师群体的合力。

学校的制度建设能为教师学习共同体的发展指明方向，健全的激励机制和评价机制能提高教师合作的积极性，为教师学习共同体的有效运行提供保障。学校将教师学习共同体的运作情况纳入考核中，建立发展性评价制度，鼓励教师自组织的参与教师学习共同体活动，提升教师的职业幸福感。

五、教师学习共同体的发展路径

共生理论从生物现象引出的研究方法为研究教师学习共同体的发展提供了新的视角和方向。教师学习共同体的发展是一个系统工程，基于上述教师学习共同体存在的问题，需要从共生单元、共生模式、共生环境三方面来对教师学习共同体实现优化，促进其健康持续发展。

(一) 加强教师自身建设

1. 形成共同的愿景

共同的愿景是教师学习共同体发展的强大内驱力，是教师对未来的期许和设想。教师学习共同体共同的愿景必须满足以下条件：愿景必须清晰明确；愿景必须符合实际；愿景必须有长远性；愿景必须能被多数人认同。共同的愿景能激发教师学习共同体的凝聚力和创造力，能释放教师内在的动力与期待，能

---

① 胡守钧.社会共生论[M].复旦大学出版社，2012 (9):61.

彰显学校的特色与活力。共同的愿景能让教师具有归属感和依赖感，是教师学习共同体存在和发展的精神支柱。我们常见的学校的共同愿景大部分是依靠自上而下的行政体系来实现，教师之间的协作代表的仅仅是行政上的指令。这样的愿景因未顾忌到教师的个人愿景，带有一定的强制性，教师无法体会到愿景的价值和内涵，从而导致教师的积极性不高。实际上，教师学习共同体的共同愿景应该是自下而上的，是所有成员思想智慧交流融合的结晶，因此，教师学习共同体共同愿景的确立应该是一个循序渐进的过程。首先，共同体成员的讨论。教师对教师学习共同体的期许和期待是不同的，这构成了共同愿景形成的基础。学校应该召开讨论会或者专门收集教师的意见和建议，并对其进行反思与考量，从而制订具有普适性、广泛性和现实性的共同愿景。其次，初步形成愿景。学校应把整理出的教师意见分发给教师，并深入了解教师对愿景的反馈。这一步骤学校可采取访谈或者问卷的方式进行调查，以获得教师对愿景的各项意见。最后，确立共同愿景。教师学习共同体的共同愿景确立后，各成员就要理解并能为共同愿景而努力。科学而实际的共同愿景，能体现教师的发展需要，每个教师都能在团队中找到自己的位置，认识自己，并能自主发展，共同为共同愿景而努力。只有形成共同的愿景，教师之间才能建立一种"荣辱与共"的利益共同体，提高教师参与的动机，扩大合作的范围和内容。

2. 唤醒教师的合作意识

多年来，学校对教师学习共同体的关注虚化了对教师合作意识的关切。在技术和工具理性取向下，教师仅仅是上级命令的执行者，教师的职业意识和职业认同长期受到外在环境的影响而不能对自身的发展提出合理诉求，教师的自组织、自发展、自为的主体精神明显缺失。教师学习共同体不是由外力调节而形成的组织，在它的形成与发展与过程中，在"相互默契"的某种规则中相互协作，逐渐走向自组织。要实现教师学习共同体的健康持续发展，必须激活和唤醒教师的合作意识。师范教育让教师职业岗位和专业角色等有了初步的认识和理解，这属于教师合作意识的自为阶段。当教师步入职业生涯，教师通过教育的体验和感受对工作建立了职业认同，能对教育环境和自身发展进行掌控，这是教师的合作意识已发展为自觉阶段，教师的合作意识发展是从自为走向自觉的过程。首先，要唤醒教师的合作意识，需要教师认识自我，并形成主动的意识和专业认同。教师专业成长的意义在于教师内在精神的修为。在教师学习共同体中，教师可以通过交流、合作、探讨等方式，不断地学习其他教师的教育行为和教学方法，追寻教师职业的意义，理解职业内涵，思考教师价值之所在，进而形成自己的专业信念和态度。其次，学校和行政领导也要为教师的意识唤醒提供帮助和服务。再次，要求教师具有良好的参与意识来参加每一项教研活动，积极参与学校的发展规划，支持各部门的工作。最后，要平衡教师专业发展与实际生活之间的矛盾。因为教师的专业发展需要投入时间成本，因此教师的职业发展与实际生活会产生矛盾是显而易见的。学校应把教师的专业发展置于社会大环境中，探寻教师专业发展的有效途径，同时对教师所做出的牺牲进行物质和精神补偿。

3. 建立伙伴信任关系

信任是教师在教学实践中长期形成的高质量的人际关系。如果教师之间彼此形成信任关系，那么教师之间就能积极互动，互相支持。首先，教师应该加强对合作重要性的认识。当前，我国新课程的改革是一次全方位的改革，涉及教育教学的方方面面。对教师而言，教师的角色由传授者向促进者转变，教师要立足于学生的终身发展，这就要求教师改变传统的思维方式和行为方式，改变各自为政的封闭局面，学会与人合作、相互探讨、共同进步。教师在思维方式、知识结构、认知风格上都存在着巨大差异，即使同一学科的教师，在教学方式、教学方法、教学风格、教学设计上也有所差别。教师通过与专家的交流探讨，与同伴的合作互助，能发挥强大的教育合力。教师之间通过交流与学习可以碰撞出思维的火花，能得到各自为政所得不到的教育资源。其次，要提高教师的人际关系智能。人际关系智能是指能够有效地理解别人和与人交往的能力，是一个人在与他人交往的过程中察觉并区分他人的情绪、意向、动机及感觉的能力。在教师的在职培训中，应兼顾教师人际关系智能的培养。

具体而言，学校可采用参与式的培训模式，在培训内容中增设人际关系版块，鼓励教师参与合作。在培训中还可适当组织一些联谊活动，提高教师的积极性。同时，要强化教师的团队意识，培养教师的责任感。学校领导和教师之间要开展经常性的交流活动，彼此缩短心理距离，建立和谐的人际关系。从教师自身来说，教师要培养宽容的品格和良好的心态，遵循互谅、互爱的原则，真诚相待，以心换心。对于教师学习共同体的成员，无论是学校领导还是教师，都应该相互理解，相互支持，形成强大的凝聚力。

4. 促进教师优化知识结构

根据知识所涉及的领域，可以将教师的知识结构相对划分为一般科学文化知识、学科专业知识和教育专业知识。教师的知识结构是教师多种知识要素整合而成的动态知识体系，是通过教师学习、内化、反思、建构、外化而形成的对各种知识的重组和改造。教师的知识结构具有整体性、动态性、层次性等特点。首先，教师要坚持学习，学习是教师成长的重要途径。教师不仅要加强对各种理论知识、学科知识、文化科学知识的学习，还要向专家、同学学习。只有学习，教师的专业知识结构才能夯实，教师才能在教学上如鱼得水，让学生产生共鸣。只有当教师的视野宽于大纲时，教师才能日益成为专家型教师。因此，学习应当成为教师的一种生活方式。其次，要坚持在实践中反思。教师注重学习的同时，还应对自己的教育教学行为、方式以及由此产生的结果进行调整、审视和分析，在实践中反思，促进显性知识的内化、实践性知识的外化、创生实践智慧、优化知识结构。教师可通过反思日记、教育叙事、成长自传等方式进行反思。最后，交流和分享。在教师学习共同体中，教师与专家，同事展开合作交流与资源分享，是教师知识结构优化的重要途径。通过交流和分享，不仅能使教师的知识获得生成和发展，而且能促进知识在教师群体之间流动和重组，从而促进教师群体的专业发展。

教师在说课时，教师向同事分享自己的教学理念、教学设计等，促进了教师隐性知识的明晰化。教师与同事之间的评课，通过教师间的交流和探讨，不同的思想得以相互碰撞，从而促进整个教师团队实践性知识的梳理与重构。

5. 转变教师思维方式

革新教师的思维方式目的在于改进教师的生存方式，改善教师的职业生活，提升思维品质，提高教师解决问题的能力，进而提高教育质量。思维方式的革新是教师专业发展的内在变革。首先，鼓励挑战性思维，提升思维品质。在教研活动中，教师往往以权威之言当作行为准则或思维结论，缺乏否定与挑战精神，教师的主观能动性被扼杀。教师要学会质疑"常识"，挑战固有观念，从习以为常的教学活动中发现不合理之处，并能提出自己的主张。教研活动是教师专业发展的强大动力，教师在教研活动中要"真做研究""做真研究"，善于基于真实的教育情境把教学中的难题作为研究对象，以解决问题为目标，通过调查、访谈、分析、归纳等方式，力求成果系统化，努力创设个性化的思维方式，提高思维品质。其次，打破思维定式，弘扬革新精神。片面的求同思维会使教师满足现状，安分守己，对新事物缺乏好奇，最终泯灭教师的创造精神。打破思维定式，强调创造性思维，体现出鲜明的开拓性和主动性。教师应多参加各种教研活动，尽可能多地获得信息，启迪思维方向，而不仅仅局限于一种思维模式。弘扬革新精神不仅仅要变革教研活动的方法、技术，更要觉醒教师的主体意识，发挥主观能动性，在专业发展道路上逐步转化。

6. 明确校长的角色定位和职责要求

校长的角色定位和职责要求将直接影响到教师学习共同体的发展水平。首先，校长是教师学习共同体的引领者。校长要积极贯彻新课程改革的各项要求，同时从学校实际出发，积极协调新课程改革与传统教学、自主探究教学方式与传统教学方式、学校管理制度和教师人性关怀、教师繁重的工作量与交流合作之间的矛盾，切实发挥实践引领的作用。其次，校长是教师学习共同体的策划者和组织者。校长要能根据目前学校教研活动出现的问题准确定位学校教研模式和方法，并在整体上构建教师学习共同体的主要活动形式，创建各种平台，为教师学习共同体的发展指明方向。同时，校长要能整合学校的各种优质资源，组织形式多样的教研活动，为教师的全面发展奠定基础。最后，校长是教师学习共同体的支持者和服务者。校长要能对教师学习共同体的发展进行有效监控，充分发挥外校联盟、教研组、年级组的作用，着重培养一批骨干教师队伍，形成校内外资源共享的良好合作氛围。要改革教师评价方法，建立教师发展性评价机制，让评价过程成为教师反思与总结的过程。

（二）改善共生模式

共生单元本身的功能和效用决定了双方能否建立对称性互惠共生关系，这一模式的形成需要各共生单元以对称性互惠合作为理念，完善共生模式。

1. 赋予教师权利

当教师学习共同体的共同愿景建立后，就要赋予教师各项权利，这是教师学习共同体良性发展的动力源。首先，要明确教师的角色定位。教师学习共同体的有效运行需要各成员的共同努力，每个教师都是具有教育智慧的独立个体，教师只有相互学习与分享，才能习得别人的教育经验，丰富自己的教育感知。其次，强调教师的个人责任。教师学习共同体各成员的权利和责任是对等的，每个人对教师学习共同体做贡献的同时自己也得到了发展。各成员责任明确、民主交流，在分享与分作中共同解决教育难题。教师学习共同体的发展需要各成员的共同努力。最后，各成员之间要互相尊重。各教师都有异于别人的专长，教师只有尊重他人的差异性，才能创设一个和谐的学习环境。

2. 保持教师主体构成的张力

共生关系下的教师主体应该是多元异质的，各教师因不同的学历背景、认知特点、思维方式、教学风格而形成互补关系。因此，在保证教研活动教师主体稳定的前提下，应该不断地吸纳新教师，保持教师之间的张力。如同一所学校的同一学科教师组成的教研组，若是教师主体趋于同质，则教师之间难以形成互补的关系，长久以来会造成活动单一、缺乏活力的局面。如大学老师与中小学老师之间的合作，因为他们之间有太多的不同，因此正是这些差异的存在，使得教师之间有了相互学习、共生共荣的可能。但若教师学习共同体的教师主体过分趋于异质，会造成教师之间缺乏共生界面，缺乏共同合作、相互交流的基础，最终也会影响教师学习共同体的发展。因此，要保持教师主体构成的一种张力，使教师学习共同体处于异质与同质的平衡中。

3. 寻求教研活动的多元化发展

学校应寻求教研活动的多元化发展，从学校和教师个人发展目标出发构建多样化的教研组，鼓励跨学科合作，行政人员与教师的合作等，为教师的合作创设有利条件，注重合作的深入性与专业性。教师从自身发展需要和兴趣出发，积极主动地制定合作目标与任务，充分挖掘自身的隐性知识，由此产生多维的、层次性的组织结构，激发不断创造的动力。同时，积极利用网络信息技术开展教研活动，满足教师发展的多样化和个性化需求。

4. 完善对称性互惠的运行机制

一是信任培育与激励机制。信任培育与激励机制是教师学习共同体引导教师行为、激发教师动力的有效手段。大学与中小学合作是为了追求共同的利益，大学和中小学作为独立的共生单元，彼此具有不同的价值取向，这就促使大学和中小学的共生关系必须建立在彼此信任的基础上来推动双方的共生演进。要调动大学与中小学共生共建的积极性，强化双方的共生责任，引导各自发挥优势，共同进化。同时，教师学习共同体要在了解教师需求的基础上对教师进行有效激励，配置相应教育资源，以引导和规范教师行为。只有制定激励机制，才能保持教师学习共同体的不竭动力。首先，要明确教师激励的分享和强度；其次，要确定激励的方式方法。其中，学校的奖励激励要注重物质激励和精神激励的结合；支持激励要尊重教师，信任教师，引导教师发挥聪明才智；关怀激励要关心教师的身体状况、家庭成员、兴趣爱好等；榜样激励要及时发现典型的事件或人物，营造典型效应；数据激励要用可比性和真实性的数据表现成绩，让教师提高学习动力。二是成果共享与共生发展机制。经过十多年新一轮基础教育课程改革，中小学课堂教学已经有了很大改观，教师之间的交流合作也越来越频繁，但受传统功利取向、技术理性取向的影响，教师之间的合作本应具有的活力和生机却未能释放出来。在教育教学实践中，教师并没有树立"共建共生共享资源"的理念，教师之间依然存在封闭性，教师之间的比较优势未能充分发挥。从共生角度看，教师学习共同体实质上是由学校领导、教师、学生、学校制度、文化环境等共生单元和共生环境所组成的一个共生系统。在这个共生系统中，共生单元是整个教师学习共同体协调发展的关键。在健全的共生协调机制下，教师之间的能量分配会呈对称性提高趋势，合作化程度不断加强，共进化作用明显，最终走向对称性互惠共生模式。教师的教研活动要能对全体共生单元起到促进发展的作用。教研活动有效运行，需要共生单元在平等、互惠的基础上共享教研成果，使所有共生单元都能共进化，形成利益共同体。三是利益约束机制。共生单元在谋求发展的过程中，总是寻找更大的有利于自我发展的条件。因此必须建立相应的制度，明确责任和义务，使共生单元能实现共生共赢。

5. 加强合作基础上的竞争

在合作中加强竞争，是现代社会的基本特征。为了获得更多资源，双方发生斗争；因为需要对方，双方达成妥协。所谓妥协，也就是主体之间形成的关于资源交换、分享、竞争的相对平衡。合作与竞争是教师专业发展的动力。所谓竞争是各共生单元之间为取得支配地位而相互较量的过程。所谓合作是各共生单元为实现共同的目标而采取协作的心理与行为。竞争有利于调动共生单元之间的积极性，促使教师学习共同体产生更大的异质性和不平衡性。合作有利于教师共享教育资源，发挥集体智慧。教师学习共同体是一个具有差异性的系统，各教师在认知风格、知识结构、思维方式、能力兴趣等方面各不相同，在相互合作中各成员将自己的意见输出，随后各成员对意义库进行反馈后再输入，从而完成新的意义建构。教师的劳动具有个体性，但也离不开周围的群体支持，教师之间的合作会产生强大的共生效应。完全无竞争的合作同样会给学习活动带来诸多消极的因素，教师共同体的合作学习在强调合作的同时，也不完全放弃竞争，只不过这种竞争必须是在合作的大前提下的竞争。在新的时代背景下，一方面，教师之间要保持合作性竞争，即在合作观念下开展竞争，促进教师交流协作，共同发展。合作性竞争的实质上是把个人竞争引申为群体竞争，是对以往教师合作的超越。另一方面，教师之间要保持竞争性合作，即在群体内外的竞争环境下，教师之间通过不断地合作来提升自己，最终提高教师群体质量，这要求教师要有高度的责任感，相互帮助，共同努力。总之，竞争是暂时的，合作是永恒的，教师在合作中竞争，在竞争中合作，共生、共荣、共发展。

6. 保持协商与认同之间的平衡

教师学习共同体内各成员的学习一般都会经历从协商到认同的发展过程，各成员之间的协商能帮助学习者进行知识的建构，同时也能帮助学习者对共同愿景以及自身的价值形成认同。教师学习共同体学习主体的构成是多元异质的，在具体交往过程中既包含追求同质性认同的群体性活动，也包含意义协商的异质性交往。认同表现为共同体对个人的接纳，是团结的、和谐的；协商表现为个体对知识和经验的反思与整合，是竞争的、争执的。正是如此，学习过程是矛盾与妥协、竞争与合作之间平衡的结果，学习主体也是通过协商与认同之间的平衡来完成身份和知识的建构。协商意味着个体原有知识的延续，认同意味着个体向共同体的吸取，教师学习共同体要为教师提供协商和认同的资源和空间，这是个体知识获得和身份建构的需要，也是共同体知识创新与发展的需求。① 协商与认同之间的平衡是个体与共同体共生共荣的关系，是个体与共同体相互依赖、相互发展的关系。

（三）优化共生环境

在动态关系中，教师与周围环境建立起与对方的关系，一方面，教师根据自己的特点和需求，从环境中获取资源，另一方面，环境也在教师的影响下发生着演化变迁。这是一个动态的相互作用过程。教师在各种共生模式中演化，受到各种共生环境直接或间接地影响，教师之间的相互作用呈非线性和双向性。

1. 创新学校制度

制度化一方面加快了教育的规范化和社会化，但另一方面，强调服从和划一的制度也使教育本身出现了异化。因此，教师学习共同体的发展需要创新学校制度，配备相应的考评机制和激励机制。首先，确立科学的制度观。学校制度应坚持人本取向，将人文与科学相融合以提升人的生命价值，促进人的和谐发展。制度本身是为人而制定，应尊重教师和学生的权利和需求，体现对生命的终极关怀。同时，应注重研究与创新，注重学习型组织的创建和学术氛围的形成。其次，合理改造学校的组织结构。学校的组织机构是一个复杂的过程。传统的"金字塔"组织体系已经不适应教师学习共同体的发展和教师的专业成长，应构建"扁平化"的组织体系。具体而言，鼓励科研组长、年级组长加入对教师的考评机制中，增加同伴互评等内容，通过共同合作来弱化科层权利；打破行政主导的决策模式，学校领导应从教师实际出发，在制度上明确教研活动的时间、次数、内容、形式等，给予教师一定的时间保证，鼓励教师彼此学习、共同努力；制定一定的考核方式和激励手段，对表现突出的个人或团队给予物质或精神奖励，调动教师参与教研活动的积极性。

2. 建立柔性组织

建立柔性组织，确定角色分工和职能定位，为教师提供灵活自主而富有弹性的选择空间。首先，教师学习共同体既是集权的，也是分权的。组长在课程计划制定、教学研究方向确定、绩效考核等方面具有一定的决策权，同时，教师根据情境、学情等灵活制定教学策略，形成多样的教学风格；其次，教师学习共同体既是正式的，也是非正式的。教师借助集体备课、论坛、研讨、评课等进行正式的合作交流，也可借助电子邮件、走廊交谈等方式保持随机的交流

---

① 胡守钧. 社会共生论 [M]. 上海：复旦大学出版社，2012（9）:61.

探讨。同时，要确立教师的角色分工和职能定位，教师能意识到自身存在的价值和责任，能激活教师的能动性，提升自我意识，积极地投入教学实践中。

3.构建学校优质文化

优质学校的文化形态包括共享、自主、合作。具体而言，优质学校的文化性格：内省与开放的统一，优质学校的愿景定位，谋求学生、教师和学校的可持续发展，优质学校的亚文化结构，校本、自主、开放、多元。构建学校的优质文化需要将由行政控制的文化演变为教师的自然生成文化，需要将"他组织"文化演变为"自组织"文化，它是教师学习共同体构建的必有选择。首先，从后现代主义视角出发，应构建"流动的马赛克"文化。在这种教师文化模式下，学校根据教学和教师专业发展的实际需要允许若干个教师小组的存在，每个教师小组的活动范围和成员并不是固定的，而是交叉重叠的。"流动的马赛克"文化是对教师自组织合作的超越，教师之间是开放的、协作的、相互支持的，教研活动具有灵活性与适应性。"流动的马赛克"文化要求教师与教师之间，教师与管理者之间加强对话。不同学科背景的教师合作交流、相互启发，分享学术资源，深化知识结构。教师与管理者之间应保持"你我"的平等关系，而不是管理与被管理的关系，双方主动沟通交流，和谐互动。其次，创建学习文化，生成凝聚力。在学校文化中，学习文化是促进教师专业发展的核心力量，良好的学习文化能促进教师学习共同体的健康发展。在构建教师学习共同体中，健康和谐的人际文化是学习共同体的基础，团结合作的学习文化是学习共同体的核心，以人为本的管理文化是学习共同体的关键，持续发展的评价文化是学习共同体的动力。具体而言，教师应该与领导、教师、学生、家长等建立和谐的人际关系。在教研活动中，教师与领导之间应是平等对话、相互理解的，教师与教师之间应是互帮互助、合作有爱的。其次，教师学习共同体强调教师之间的合作学习和良性互动，因此，在教研活动中应遵循资源共享和对话协商的原则。再次，教师学习共同体的制度建设应体现人文关怀，强调民主管理与共同领导，这对于调动教师工作积极性和增添学校发展动力具有重要作用。最后，教师在教研活动中形成了对自我的认同感，教师评价要重视团队评价的作用和个性的发展。总之，要创设一种互依、互生、互荣的学习文化，引导教师在文化中实现自主发展。

第三节　营造良好的文化氛围促进反思能力发展

在专业发展学校中，探究应该成为教师、行政人员和教授在平等的基础上走到一起的一种方式。它有助于在中小学校和大学中熔铸一种共同的职业认同。探究还会成为一种职业规范，围绕着它，合作得以发生，关心学校进步的许多团体也会走到一起。

总而言之，探究的文化不仅需要教师参与其中，还要求教师和学校的其他人同心协力，更好地理解和推进学校的方方面面。为了使探究的文化能够在学校中生根发芽并长久不衰，必须时刻地重视好奇心，重视教师之间、教师与行政人员之间的互相尊重与支持，乐于尝试新观念、新举措，并对不可预见、意想不到的事情保持开放的心态。此外，这样学校的一个关键的问题是领导的态度和倾向，如果，一个学校的领导是一个典型的故步自封和独断专行风格的话，这个学校就不太可能使探究的文化得以存在。使探究的文化得以容身的学校将是一个非常特别的机构，在很多方面都与今天大多数学校的运转大为不同。简单地说，它将是这样一类学校——在其中，探究在反思性、分析性的实践中起着关键性的作用。

一、反思文化的障碍

在一所探究文化的学校中，教师把自己看成——也被别人看成了是一个永无休止地从事反思性活动的人。但并不是所教师都是这样的幸运，我们经常看到的是教师被一种无形的枷锁所束缚着。这种文化障碍主要有：缄默文化、个人主义文化和隐私文化。

（一）缄默文化

我们的教师常常被缄默所包围着，许多人的生活时间被束缚在缄默的锁链之中。对于教师的教学过程和教学意义来说具有极其巧妙的作用，可以阻止我们把谈论教学作为生活的核心要素。很难想象这样的学校机构除了提供常规性的教学原则外，还能为教师们提供可以让他们不断地、认真地讨论自己的教学场合吗？

这种教学讨论不是要对管理者吹毛求疵地提出不合理的期望，也不是对个别的同事或学生过于挑剔，而是认为他们存在的唯一目的就是努力破坏正常的教学。而是通过讨论教学，探讨教学过程的动力机制和节奏，探讨应对教学困境和矛盾的种种努力——尽管认为这些困境和矛盾是不可能解决的。通过对教学的探讨，分析教学对我们生活所具有的意义，谈论从中获取力量的方法，以及认识到这种探究的道德目的、社会目的和政治目的，这种讨论对于认同我们自己是人类经验的贡献者的思想是极其重要的，对提升自我的教学效能感非常有必要。

很多人认为教学是一种隔离的活动，它是在教师占统治地位的课堂中完成的，我们只有在需要时才会来到同事的教学课堂上，比如为了教师的重新任用、升迁或教学评估等。其中的一个原因是学校的工作环境倾向于禁止这种批判的对话。这种禁止有时是有意的，有时是无意的，但这是普遍现象。人们在教学时请求别人的帮助常常被认为是公开承认自己无能或缺乏能力。在学校中，教学能力是决定我们是否能够提职、晋级的主要因素。那么在这种情况下，教师在同事面前谈论自己的教学困难之前总是考虑再三，这是很自然的事情。因为这些同事可能要参加投票，决定在一两年之内我们是否被雇用，或者能拿多少薪金和奖金。于是教师们有了这么一种意识：我们最不希望同事们让其谈论教学。

利伯曼（Liberman）和米勒（Miller）对教师工作的调查后得出了如下结论："教学实际上是一种孤立的事业。在教学中，如此多的人在如此狭窄的空间和紧凑时间内完成如此一致的使命，但它却是在自我迫使和职业认同的孤立之中进行的，这可能是个最大的讽刺——同时也是教学的最大的悲剧。"[1] 缄默的面纱笼罩着教师为之苦苦挣扎的教学，一般没有人去戳穿它。美国有一位中学教师对缄默文化有过这样一段描述，在只有一位教师的屋子里，你在屋里走来走去，所有的墙壁已经有了裂缝。这里没有专业著作，没有期刊，墙上也没有美妙的画片。这里只有单调和可怕，其中一面墙上有一幅巨大的条幅，上面写着："坚持——离暑假还有119天"。这间屋子里唯一的原则是你谈论什么都行，唯独不能谈论教学。

生活在缄默文化之中强化了教师们备受挫折的孤立之感，这种感觉泯灭了教师们试图提出批判性问题的任何冲动。他们知道，提出令人不安的问题可能会导致被逐出各种支持网络和对话之外，这种认识反过来保证了教师们的自我审查，更加确认了孤立的必要性。如果对传统智慧提出质疑，还可能会导致职业上被排斥而得到惩罚，那么认识到这一点，教师们可能在积聚了批判精神的力

---

[1] 王春光.反思型教师教育研究[M].长春：东北师范大学出版社，2010：42.

量之前就被它压垮了。如果教师对权威人士的决策和判断提出质疑,就会失去晋升的机会,或者总是被指派完成最令人讨厌和最劳累的工作,那么人们总会在公众场合下表现为卑躬顺从,只不过是通过各种研讨会暗暗地发泄着自己的怒气和挫折而已。

(二)个人主义文化

考察教育机构的文化,我们可以发现它们常常采用有悖于集体主义精神的管理系统。从时间、空间和资金条件上不允许教师的合作。在寻求聘任时,单一作者论文的价值是两人合著论文的5倍,是多人合著论文的10倍。毫无疑问,教师们会形成这么一种认识,即合作被看作是能力低下(你之所以写出这篇论文,是在其他两位或三位同事的帮助下完成的)或懒惰(团队教学是一种仰仗同事的努力来完成工作的方式)的证据。

教师的个人主义,表现在对自己的要求上是独立成功观,对其他教师的态度是不干涉主义。首先,大部分教师通常是通过孤立地从经验中学习的方式学会教学,如果求助于其他教师,便是表明自己的无能。当教师按照个人主义和自我效能的方式行事时,他们便很少会有助于教育变革的问题与同事对话。其次,对待其他教师,教师不愿意做出实质性的指导和评论,因为他们把帮助他人视为自以为是或者侵犯他人的隐私。教师往往只坚守着自己业务和学术上的独立王国,而不愿与他人合作互动。

究其原因,一是每一个教师都独立地在一个封闭的课堂中上课,在教师上课过程中,没有同事之间的协同合作,也缺少同事之间的真诚评价。其他专业人士如医生,每当有危难病人时,每当病人需要动手术时,不同等级,不同病科的医生就会聚集在一起会诊。这是一个相互学习、彼此合作的时刻,而教师团体中则缺少这样的合作。

教师工作的繁忙性,也被认为是阻碍教师之间合作的一个客观因素。在国外,中小学教师每周往往需要承担30节课左右的工作量。繁忙的工作使教师疲于奔命,谈不上抽出时间相互讨论教学问题。此外,教学工作本身的复杂性和不确定性,也成了教师合作的阻力。不同教师对教学目标有着不同的理解和偏爱,评价教学的标准也不同。这样,教师对自己的教学往往缺少信心,不愿意轻易示人。

教师的最大快乐不是薪酬、地位和升职,而是与青少年在一起所带来的满足。教师经常把休息和午餐的时间用于与儿童在一起,而不是与其他教师和成人共处。教师从学生身上获得心理报偿,维持一种自我感、价值感。关心、培育学生以及与学生的联系,成为教师行为的动力源泉。这特别体现在女性教师身上。在关心学生的同时，教师还获得了一种拥有与控制学生的满足感。

强调教师们完全独立，在心理上、教学上和政治上都是有破坏性的。教师们需要了解到教师实践的场所和教学行为都是由文化雕琢而成的，而不是靠教师的单独打拼出来的，教学中的许多问题是需要合作才能完成，或者说才能完成得更好。

（三）隐私文化

进行批判反思，必须有一种相互信任的氛围，使身在其中的人们知道公开提示自己的错误并不会导致遭受任何消极的后果。批判对话的一个先决条件是参与者愿意公开自己的困境、不确定性和所遭受的挫折。教育机构和教育者虽然在语言上经常强调"从失误中学习"的重要性，然而，实际与之相矛盾的是承认失败总会伴随着惩罚。如果完完全全坦白地承认自己容易犯错误，将只会为自己赢得一个无能的"美名"。那么，在这种文化中，你就会让自己时刻表现得好像无所不能。只有圣人和白痴才会把别人的注意引向自己的错误。

创设一种鼓励公开揭示个人错误的氛围，关键是那些掌握象征性权力或掌握权力的人们做出自我揭示不足的典范。如果在中小学校中，校长和资深教师不带头进行自我揭示，不主动让教师们质疑他们的显赫的职业地位，那么在一般教师当中进行自我揭示就是不可能的。奥斯特曼（Osterman）和考特凯姆（Kottkamp）的研究说明，在初级教师当中培育批判反思的精神，校长们公开宣布自己的错误比其他任何因素都更为重要："这些校长愿意承认他们不是全能的，并请求教师们帮助他们认识一些问题，寻找解决办法。通过承认自己容易犯错误，他们能在下属的心目中产生一种开放的思想，这样，他们就创设了反思性实践的文化。"

如果一种文化中存在隐私，反思注定是要失败的。那些相信"知识就是力量"的人，常常利用交流上的裙带关系来维护自己的优势地位，当这种将知识作为维护自己小团体和个人利益的时候，实际上知识就成了个人的一种力量，这种知识就成了私人化的知识。如果这种行为再受到评价和奖励系统的强化，那么教师就会把这种知识看成是获得利益和资本的砝码。如果一位教师总结出了一种能使困难的内容变得让学生易于接受的方法，它可以激发学生们的好奇心，因此，他就可以在最终的课程评价中得到较高的分数，那么他为什么要与同事们分享这种方法，使自己有可能在当年不再成为少数的几个受奖赏的人？为了让批判反思成为一个学校教育集体中的习惯，必须挑战这种隐私的本能，人们必须充分地相互信任，知道分享信息不会对自己在集体中的显赫地位造成负面的影响。

二、建立符合反思文化的奖励机制

建立一种鼓励反思的制度和与之相符的程序将会使反思成为一种规范的、有希望的职业习惯。而这种变化最重要的出发点就是改变目前占优势的奖励机制,这种机制驱动着大量的组织行为。霍顿认为,你不要告诉他们为什么要改变,而应该把自己的精力用在改变人们生活于其中的社会结构上,从而使得这些结构创造一系列不同的行为期望。他这样说,"如果你想改变人们的观念你不应该试图从理智上说服他们。你需要做的就是把他们引入一定的情境,使其必须依赖观念而行动,而不要争辩这些观念。"[①] 一旦结构发生了变化,旧的行为模式就变得不符合实际了,人们于是被迫改变自己的行为。

鼓励批判反思的奖励机制将要明确承诺,教师的批判反思精神是首先要提倡和奖励的职业行为。想成为反思型教师的渴望将成为决定申请者是否被录用的重要的标准。在招聘的布告和工作描述中应该确认批判反思是寻求候选人的一个职业特征。工作申请表应该要求填写申请者以前进行批判反思的经历和证据,填写其将在所申请的工作中如何进行批判反思的声明。那些或多或少不断地对假定提出质疑,探讨另类假定的教师,将给予晋升、奖金和年度优秀教师奖。

在设计学生对教师的评价表时,也要考虑和批判反思有关的认识和情感因素的复杂性。对教师的评价不是仅仅以是否取悦于学生为标准,而应该在课程最终评价表的一些项目中考察教师在何种程度上扩展了学生的眼界,在何种程度上向学生提出了挑战和质疑,以及在何种程度上向学生们介绍了一些另类观点。

为了营造反思的氛围,学校应在日常工作中提供一些空余时间来鼓励教师们参与批判对话小组的活动。为了使之成为现实,学校和主要行政管理者们应采取一切有效措施保护参与这些小组活动的教师们。每两至三周,将安排一定的教学时间(college day)用于问题诊断,教师们聚在一起,谈论实践中的困难和反思对话活动,这种对话应该讨论那些让教师们感到惊奇或耗费大量心思的问题。

学校还应制定政策,鼓励教师参与富有挑战性的职业培训活动,教师们通过经常学习一些新的、困难的事情,获得关于教学的新洞察力。有意识地通过学习者这个视角来审视教学实践,将成为教师职业培训的一种规范。试图帮助

[①] 江晓春.论教师个体反思能力的提升[D].华东师范大学,2008.

同事踏上批判反思的旅程将被视为最常见的同事相处的行为。观察同事的工作将成为一种职业期望，也是一种学者的标志。

在每学年结束时（或在教师总结和评价过程的其他时候），要求教师们提交一份教学反思文件夹。这个文件夹可以作为决定其晋升和聘任的参考证据，它将不仅记录下教师本人参与反思的情况，还要记录下其通过各种指导关系帮助同事进行反思的情况。文件夹中的项目包括一篇文章，还包括一些摘录的内容——摘自教学日志、同事的感谢信、课堂教学录像简介、批判对话录音、教学计划中的目的和基本原则的陈述，以及给予学生反思性学习的评价等。

此外，表明学校重视和认真对待反思的一种方法是保证教师们有充分的时间来准备上述的反思文件夹。学校应奖励那些坦诚地看待自己的失败和错误并表明自己如何从失败和错误中吸取教训的教师。受欢迎的职业典范将是愿意承认自己在困难中苦苦挣扎的教师，而不是那些看起来能解决一切困难的教师。

三、学校领导要为教师打开一片自由的反思空间

学校中反思氛围形成的关键因素之一是学校领导如何为教师打开一片自由的反思空间。

教育行政领导者——确切地说是所有的领导者的行为方式各不相同。没有任何一种单一的领导风格、策略或方法是能够放之四海而皆准的，在不同的情境下，不同的领导风格都或多或少是有效能的。

巴纳德（Chester Barnard，1938）在他的著作《经理人员的职能》（The Function of Executives）一书中指出，在一个组织中，经理人员必须在个体需要及抱负与组织的需要及目标之间取得平衡。当组织目标得到实现的时候，教师的行为是有效能的（effective）；当他们的个体需要和动机——它们是组织目标的基础——得到实现的时候，教师的行为就是有效率的（efficient）。

创造有效率与有效能的学校的一个重要的因素是它的领导。伯因斯把领导定义为：促使追随者追求某一特定目标，而这一目标代表了领导者和追随者的价值与动机——欲望与需求、抱负与期待。他还讨论了三种领导类型：

（1）互易领导（transactional leadership）：在这种类型的领导中，领导者接近追随者是为了以一样东西换取另一样东西。

（2）转型领导（transformational leadership）：在这种类型的领导中，领导者和追随者互相把对方提高到一种更高层次的道德层面与动机层面。

（3）道德领导（moral leadership）：在这种类型的领导中，领导者和追随者有着共同的动机、需要、抱负与价值。

学校的效率与效能大体上是由"预期结果的实现程度"来决定的。在考察领导者与追随者的关系的时候，伯恩斯（1979）说："转型领导是一种互相刺激与提升的关系，这种关系能使追随者变成领导者，也可能使领导者变成道德的代理人"。在一个以有效能的转型领导为特征的学校中，校长能够引导教师、家长和学生正视那些反映了教育价值与动机的重大问题，从而一起努力去重构学校。一旦问题被确认并达成一致，领导者和追随者就很可能发现，他们有着共同的愿望、需求、抱负和期待。转型领导对校长和教师来说都是至关重要的，因为在教育所面临的问题中，很多基本上都是价值、伦理、愿景的问题。

在美国有两种典型的中小学校模式，一种是学校的文化鼓励其专业教师强调个体的需要、动机和渴望。教师的行为都有其特有的风格，而不专注于合作的努力。校长相信，只要教师在课堂中有充分的自主权，在课堂和课外活动中培养起亲密的关系，良好的学校氛围就能建立起来，另一种学校文化则强调校长、学区官员与专制的标准，他们相信，如果教师的决定权得到限制，学区的课程与教学目标得到贯彻的话，学校就能很好地完成它的使命。当教师符合这些需求的时候，就奖励他们；当教师偏离了这些需求的时候，就惩罚他们。

当组织目标得到实现的时候，教师的行为是有效能的（effective）；当他们的个体需要和动机得到实现的时候，教师的行为就是有效率的（efficient）。上面的两种典型学校模式表现了，一个学校有效能没效率，另一个学校则有效率没效能，虽然效能与效率都是一个良好组织的必备特征，但是它们自身并不是充分的。一个组织可能既有效率又有效能，但是在规范或道德的基础上却不值得追求。创造有效率与有效能的学校的一个重要因素是它的领导及领导与教师之间的权力关系。由于每个学校不同的权力关系，从而给师生创造了不同的学习环境与学习文化。

梅齐罗还提出了另外两个与反思性思维有关的两个概念，即工具性学习与沟通性学习，在工具性学习中，第一个步骤就是对一个人关于课程与教学的独特假设进行评估。在多数情况下，通过这样的过程就可以找到解决方案。判断其有效性的方法主要有两个：一是对问题解决的思路逻辑有充分知情的共识，二是关于问题是否得到解决并达到了预期的效果。沟通性学习与意义的理解有关。在这种学习方式中，教师和校长努力理解别人的语言和作品的含义。他们尽力地使新奇陌生的想法和概念与他们所能理解的观点与经验结合起来。

四、教师管理者的率先垂范

最能鼓励教师们反思的因素是管理人员做出的模范行为。如果那些赞同和提倡反思的管理者诚恳的欢迎教师公开批判审查自己的行为，那么教师们对他们的尊敬就会油然而生。

管理者应该时刻准备参与反思过程，并把它作为衡量管理效益的尺度，这是表明他们非常重视反思的一种方法。在学校里，管理者经常性地邀请教师们评价他们的工作，向教师们征求自己作为反思的典范是否到位的意见，这将保证对于教学和管理的有效性（effectiveness）。没有双重的操作标准，教师和管理者将拥有相同的反思实践的评价标准。

认真塑造批判反思的典范，是指管理者要公开自己的学习和自己行政决策背后的推理过程，都有哪些事件引起他们重新思考自己的假定或让他们完全从不同的视角来看待问题。当没有人对自己的行为提出批评时，他们要主动邀请教师们批评自己的行为，并且扮演着一种故意持相反意见的角色，倡导人们对其行为提供另类看法。

管理者们还要竭尽全力保证让别人认为自己言行一致。他们应该经常性的恳求人们对其业绩提出匿名评论（匿名的办法可以创造一种安全的氛围，以使教师们做出诚实的回答，这一点是十分关键的），并把这些评论公开化。管理者还应该一年多次地把教师们所写的匿名评论进行总结并分发给他们，邀请教师们在教师大会上讨论这些问题。管理者还应现身说法说明反思给自己带来的好处，以此来建立反思的实例。管理者还可以在教师培训的过程中，创造各种方便条件，邀请外校的教师和管理者，让他们到自己的学校来讨论反思的重要性。

五、教师要勇于做一名反思的参与者

反思对于教师而言，需要发展一种能力——它以一种有力的方式涉及情感——放弃选择我们渴望的方法，接受事实上我们不采取就会后悔的那种方法。这种通过反思而得出的方法，往往需要我们的勇气。

应该说，反思是一门学科极其宝贵的品质，著名学者布迪厄就曾指出，当今包括社会科学在内的所有知识都可以分为两种类型：一种知识类型是旨在捍卫现在社会秩序并为其提供合法性的"法理型"知识，另一种类型则是旨在把社会及法理型知识作为自身研究对象并保有对一些规范准则的合法性进行批判和反思的知识。只有后一种知识才是学术研究，才是真正的社会科学。

塑造反思的典范，还必须做到真正的思想开放，包容任何可能性。如果有一位教师确信讲授这种教学方法具有内在的、普遍的优越性，那么我在和他进行批判对话时，就应该分享他的这种观点。尽管我认为这种方法并非如此，但如果我想诚实地参与批判对话，并重视别人的不同观点，那么就千万不要把这种可能性看作完全不可想象。没有任何证据表明经过推理得出的特定的思考或教学方式是唯一正确的，所以不要认为只有当人们的观点完全和我们自己的相同时才可能是正确的，尊重和包容他人的观点和方法是创设真正对话的前提。

能够和与我们持相反观点的同事进行讨论，将会使我们改变自己的教学承诺，而不是削弱这些承诺。如果我们对当前的观点和做法不满意，经过反思对话，可能会发现有比这更加正确和有效的观点和方法。为了使自己的行为理由更加明确，我们必须努力去发现并面对每一种相反的观点和辩论，去发现每一种对我们所持观点的价值提出质疑的证据。如果这些相反的观点是正确的话，那么我们的一些观点、假定和行动就是基于想象的，而不是基于实证的、可证实的命题。

有人认为，反思型教师是软弱的、模棱两可的人，总是可以看到事情的两个方面，因此在做出选择时缺乏信心。然而事实是，有些教师真诚并勇于承认自己具有犯错误的可能性，反而被很多学生和同事视为坚强的人，而不是软弱的人。这些教师很显然是由学习者发展而来，总是处在自我塑造的过程之中。并相信在将来的某个时候，经历将让我们修正甚至放弃过去的一些不成熟的主张。有理由相信，进行批判反思是生活有信心、有力量的一个标志。

第四节　教师教育反思行动研究

一、教育日志

教师每天面临许多教育现象，每天要解决许多教育问题，而在这其中教师总会有许多的体验和感悟，其中也不乏蕴涵教育哲理的行为和思考，每天把它及时记录下来，是教师今后进行系统教育教学反思和总结的重要依据。撰写教育日志是教师反思的重要方式，也是教育教学反思成果呈现的一种重要方法。

（一）教育日志的含义

教育日志是教师将自己教育教学中甚至教育理念中随时出现的、记忆最深刻的事件（包括问题、经验、体会）等进行总结和分析，并记录下来。从本质上讲，教育日志是把反思这一单纯的内省活动外化的一种表现在具体行动上的形式，通过撰写教育日志可以及时、生动地再现教育教学活动中的各种欢乐与忧虑的事件，对自己的教育教学活动进行不断的分析、回顾、研究，以改进自己的教育教学活动，提高自身的反思能力。

除了传统的以纸、笔做载体的教育日志外，近年来，一种以互联网为载体的网络日志——Blog在教育领域迅速流行。有研究表明，对广大教师而言，以计算机、网络为载体的教育日志比传统的以纸、笔为载体的教育日志更具吸引力。Blog在文章的发布、管理、和他人交流等方面体现了明显的优势，他们更喜爱在网上发布自己的教育日志并期待与他人交流、分享。一般来说，教育日志不是仅仅罗列生活事件清单，而是通过聚集这些事件，让教师更多地了解自己的思想和相关行为。通过撰写研究日志这种方式，教师可以定期地回顾和反思日常的教育教学情境。在不断地回顾和反思地过程中，教师对教育教学事件、问题和自己认知方式与情感的洞察力也会不断加强。国外的一位中学教师，曾经这样描述："日志是一种有价值的工具。我经常回来读一读在过去的一周发生了些什么。我能够注意到一些关于我教学的事情，例如，有用的和无用的教训。我每星期至少做四次记录。这看起来能使我专注于教学实践中的关键问题。"

与其他形式的反思方式相比较，对教师来讲，教育日志更易于完成，只要有书写工具，如纸、笔、电脑等，随时随地都可以写；教育日志不特别强调文章的结构与修饰，可长可短，短者，寥寥数语，言简而意丰，长者，汩汩滔滔，下笔千言，在文体上比较随意；由于教育日志涉及教师每天的教育教学活动，可选择的内容也非常丰富。由于具有这样的特点，教育日志的撰写显得更为简单易行。

教育日志的内容可以包括具体事件（包括问题、经验、体会）描述记录，如对某个事件的处理、师生之间的精彩对话、教学设计与教学实际效果的差距分析等，也包括对教学工作甚至自身教育理念中出现的问题进行深入的分析，并积极寻求解决的对策，如自己在教学中的偶然感悟、对某种理念的感悟等。

（二）教育日志的类别

教育日志常用的类型有跟踪式教育日志、专题式教育日志、随笔式教育日志和网络教育日志等。不同类型的教育日志在记录的侧重点以及文体的表现形式方面有一定差异。

1. 跟踪式教育日志

跟踪式教育日志是按照时间的推进对事件发生的过程进行的记述。这种教育日志最重要的特征就是以时间为线索进行记录，有比较明显的时间信号提示。在跟踪式教育日志中，所体现的主题较为鲜明，记述的内容聚焦于跟踪的对象。

从记述的内容看,可以是对某一事件的跟踪记述,也可以是对某个个体如学生或教师等的跟踪记述,无论哪种内容,主题在记录中都是很明显的。

2. 专题式的教育日志

专题式教育日志是对集中于某一个专题而发生的事件进行观察、记录、分析的教育日志,这种日志的特点是主题非常鲜明,针对性强,分析也相对较为深入。在记述中,紧紧围绕主题而忽略其他事件,只对与专题内容相关的事件进行记录。这种日志一般用于专题研究,经过一段时间的积累,所记录的内容可以为研究提供较为详尽、真实的素材。

在教育教学中,可选择作为反思对象的专题是很多的,比如从教学各因素的角度来看,可以是教育任务的完成程度,或是教学内容确定的适宜程度,或是教学策略选择的得当程度等;从教学实施的具体要求来看,可以是教学与学生生活实际相联系的程度,或是学生自主支配时间和空间的程度,或是信息技术与学科教学整合的程度等。在一定程度上,凡是教育教学中存在的问题,都可以成为专题式教育日志的对象。

3. 随笔式的教育日志

随笔式教育日志是对发生在自己身边的教育教学活动只要感到有话可说就记录下来的教育日志。在内容上有关于教育教学中偶发事件的、有师生精彩对话的、有自己感觉成功的经验的、有自己认为是失败的做法的,同时,还有教师在学习理论文章、面对教育教学现象时,对某种教育理论、观点、现象所产生的思考与感悟等。总之,只要是能引发作者思考的某一事件都可以记录下来。这种教育日志的特点是全面、随意,教师可以随时在日志中记录自己的一些随想和感受,它可能并没有完整的结构,但是它为教师对某些关键问题的深思提供了素材,更为教师教育者提供了与一线教师合作的切入点。

4. 网络教育日志

网络日志(Blog)是一种以互联网为载体的日志形式,于 1997 年在美国出现。目前,Blog 开始在国内迅速流行,有很多行业和领域都在使用 Blog,教育领域也开始大量应用,我们称之为网络教育日志。它克服了传统的以纸笔做工具的反思日记存在的诸多弊端,成为一种新型的教师反思的工具。

Blog 与传统日记型工具相比,具有明显的优势,除了如传统日志一样,可以在其中记录自己的学习、研究、教学经验与思想变化外,Blog 还具有"平等、开放、共享"的发布机制,教师可以把自己的做法、经验与异地教师分享,既为他人提供思维的前提和原料,也帮助自己反思,在群体的分享与交流中促进自身的提高。

（三）教育日志的撰写

尽管教育日志具有简单易行的特点，但是为了使教育日志发挥出它应有的作用，在撰写中还需要注意以下几个方面。

1. 要注意读书、勤于思考

教师要结合自己的工作，注意多读书学习，不断学习教育改革的理论，读优秀教师的教学经验总结，提高理论修养，在与大师、优秀教师的对话中反思自己的理念、反思自己的教育教学实践。

教育日志是对发生在教师自己身边的事件的记录，但并不是对所有事情的记录，而是选择那些引发自己思索的事件，这就需要教师要勤于思考，形成较强的问题意识，学会自我提问，进行有效反思，使教育日志的撰写真正在促进教师专业发展中发挥作用。

但是，也要注意千万不能走向极端，强调了问题意识，结果教育日志通篇都只是摆摆问题、发发牢骚，变成了"牢骚日志"，其作用仍然得不到正常发挥。因此，在提出问题的同时，最好还要有自己的思考和观点。

2. 要重视日常观察、及时记录、持之以恒

教育日志的写作始于观察，通过观察并把观察到的事实记录和表达出来，也就大致形成了教育日志，因此在平时的教育教学工作中，教师要特别注意培养自己敏锐的观察力，在习以为常的工作中，观察细微的变化，形成善于观察的良好习惯。同时掌握一定的观察方法也是很重要的，既要善于观察，又要会观察，及时发现和捕捉住教育教学中的关键性问题。在观察的基础上，还要及时及早地进行记述，对于一个事件，愈早写愈好，早一点进行回忆，记忆会更清晰。

教育日志的撰写还要持之以恒，坚持不懈，不能"三天打鱼，两天晒网"，最好每天或隔几天安排一个特定的时间来专门写教育日志。为了及时捕捉信息，要养成随身携带记事本与笔的习惯，随时随地将所见所思所想及时地记录下来，如果时间来不及，可在活动过程中用缩写符号、片语来简记一些重点。总之，不要过于相信自己的记忆力，如果时间许可，越快记越好，记得越详细越好。哪怕只是记只言片语，对于日志的撰写来说也是很有帮助的。如果是用笔记本来记载日志的，那么笔记本的每一页右边最好留下一些空白的地方。在日后整理日志时，这些留白之处可用于记录一些新增的变化、附录或相关的信息，而且，在对日志记下的资料进行分析时，它也会派上特别的用场。在这些留白之处，一些简单的分析可以随意出现（不管是句子或一些简单的字），这部分内容可以作为这一段记录的解释。如果是直接用电脑来记载研究日志，日后在整

理日志时新增加的内容可以用不同的字体来标出。需要强调的是，对日志记录作一些暂时性的分析是非常有必要的。

3. 描述性的记录与解释性记录相结合

撰写教育日志时要将事件记录与事件分析结合起来，要使描述性的记录与解释性的记录结合起来。描述性记录是对教育事件的描述，如个人的肖像与特征（如外表、说话与动作的风格）的叙述，对话、手势、声调、面部表情的描写，时间、地点与设备的介绍等。在描述时，最好是依事件发生的先后次序来记录。需要强调的是，在任何可能的时候，有人说了什么话，最好直接记录，并用引号表示，或用独立的一段文字说明。即使当时的情景不允许即时记录，也要尽可能在事后的第一时间把记忆中尚比较鲜明的细节、研究对象的话语记录下来。用以描述一个人、一个群体、一个情境的文字与措辞，最能呈现其特性，最能从中反映隐藏在个体或群体的行为背后的态度，然而，要达到最好的效果，只有尽可能地精确记录才行。

在教育日志中，除了描述性的记录，还应含有解释性记录，如感受、解释、创见、思索、推测、预感、事件的解说，对自己假设与偏见的反思、理论的发展等。解释不仅会在写下经验时产生，也会在不久之后产生，在写日志时（如观察笔记）有所反思时引发。

4. 要做到总结经验与检讨失误相结合

教育日志的内容不能仅仅停留在"反省"或"悔过"上，这样很容易打击人的自信。其实，总结经验比检讨错误更加重要，在撰写教育日志时，我们应首先指出自己的独特之处、得意之处、成功之处、感动自我之处，然后才是我怎样做得更好，最后才是我还有什么感到遗憾、不足，只有把反思建立在让反思者本人更自尊、更自信的基础上，反思才能成为教育者日常的生活方式，才能成为我们发展和进步的动力。

5. 要善于交流与研讨

写好后的日志不能束之高阁，如有可能，要就自己的反思内容和看法主动地与同事或研究者进行交流与探讨，和同事们分享自己的日志。分享日志的方式可以是直接把日志拿给别人来看，也可以在休息时间里与别人谈论日志所记的内容。由于撰写者通常是"当局者"的身份，往往会"迷"于熟悉的事物之中，难以清晰地看到问题的本身。通过与他人的讨论与交流，可以帮助日志撰写者理清思路，更好地洞察自己非常熟悉且习以为常的教学实践，找出解决问题的方法，改进自己的教育教学。但在撰写时，最好先自己写，不要和任何人讨论，因为那样做有可能影响和修改你的记忆，等到写好之后再进行交流和研讨。

已完成的教育日志在日后的不断重复阅读中，可以发现与修正错误，许多事情也会变得更为清晰。在重复读所写的内容时，会比在撰写时更容易判断哪些资料是重要的或是不重要的。你也可能会发现某些观念与观念之间的新关系，通常一些新的体悟也接踵而来，在与同事的交流与研讨过程中，可以达到这个目的。

二、教育案例

案例研究最先源于医学界，由于它在医师培养方面的特殊作用，很快被许多领域所借鉴和采用，其中包括教育领域。近几年，教育案例在我国备受关注，许多专家致力于教育案例研究，有关介绍资料和研究成果相继出现，案例研究正在成为教育理论研究和实践改革的一项重要内容。

对教师个体来说，案例讨论、案例撰写等是教师的教育教学反思水平提高的有效途径和主要方法。在案例撰写的过程中，它可以使教师关注、分析、判断、选择、重新评价当前的问题，使教师对自己的教学进行深思熟虑，从而更清楚明白自己的优势与不足。教育案例撰写可以使教师通过书面语言简洁明了地把案例故事表述出来，将自己的经验以文字的形式物化，这对教师理清自己的思维、认清自己的行为、掌握理论与规律都是非常有帮助的，教育案例研究在教师专业发展中也具有重要的意义。

（一）教育案例的含义

关于案例是什么的问题，许多案例研究的专家从不同的角度进行了不同的阐述：

劳伦斯认为，"案例是对一个复杂情境的记录。一个好的案例是一种把部分真实生活引入课堂从而可使教师和全班学生对之进行分析和学习的工具，它可使课堂讨论一直围绕只有真实生活中才存在的棘手问题来进行。但一个好的案例首先必须是一篇好报道"。汉森认为，"愿意把案例说成是对真实事件的描写，其中所包括的内容，能足够引起大家思考和争论的兴趣，且富有启发性"。理查特却认为，"教学案例描述的是教学实践，它以丰富的叙述形式，向人们展示了一些包含有教师和学生的典型行为、思想、感情在内的故事"。舒尔曼则是这样简单地来描述案例的，"一个案例，正确理解的话，不单单是一个事件或事故的报道。称某事为一个案例就相当于做一个理论断言——断言它是某事的一种情况或更大类中的一个例子"。顾泠沅认为，所谓案例是指包含有某些决策或疑难问题的教学情境故事，这些故事反映了典型的教学思考水平及其保持、下降或达成等现象，郑金洲在《案例教学指南》一书中提出，一个案例就是一

129

个实际情境的描述，在这个情境中包含有一个或多个疑难问题，同时也可能包含有解决这些问题的方法。李忠如认为，简单地说，一个案例就是一个包含有疑难问题的实际情境的描述，是一个教育实践过程中的故事。描述的是教学过程中"意料之外，情理之中的事"。

在以上的研究中，尽管阐述的角度不同，但对案例的认识基本是一致的：案例是对一个真实情境的描述，情境中有明显的疑难问题或矛盾冲突，案例的内容应当能为读者带来启发。教育案例就是对一个真实的教育活动情境的描述，其中包含有明显的教育疑难问题及矛盾冲突，以及对这些问题的解决方法。因此，教育案例具有典型性、研究性、启发性等特点。

（二）教育案例的基本要素

从近几年教育类刊物发表的教育教学案例来看，教育案例大致可以分为学校管理案例、教学案例、德育案例和心理辅导案例等。由于不同类型的教育案例涉及的内容不同，其结构也有所差异。如学校管理案例的结构为：背景＋发生的时间＋解决的办法＋讨论评析；教学案例一般为：背景＋教学设计思路及课前准备＋教学过程节录＋教育学的行为分析＋关于教学改进的反思研究；德育案例为：背景＋实例描述＋讨论评析；心理辅导案例为：背景＋个性测试＋心理辅导过程描述＋讨论评析。尽管如此，还是有一些基本要素是各种教育案例所共同的。一般来说，教育案例的基本要素有三：案例背景、案例事件、对案例事件的反思。

1. 案例背景

案例中的事件是发生在一定的时空框架之中的，是依托一定的背景的。背景的交代在案例的叙述中非常重要，它要为读者提供事件发生的"前因"、对后来事件发生过程的描述、对事件的分析，甚至为读者理解案例提供依据。一般来讲，背景可以分为两个层次：间接背景和直接背景。间接背景是与事件相关但关联程度并不直接的背景，直接背景是直接导引事件发生与事件联系十分密切的背景。这两个层次的背景在撰写中有时并不是明显地用标题分开，但是在内容上需要进行区分。

2. 案例事件

案例事件的描述是案例的主体部分，是案例的核心。其中包括教育教学中的一个或多个疑难问题，以及对这些疑难问题的解决。在叙述时要向读者展现出明显的矛盾冲突，要讲明问题是如何发生的，问题是什么，问题产生的原因有哪些，要展现问题解决的过程、步骤，以及问题解决中出现的反复、挫折，以及问题解决初步的成效等。

在对案例事件进行描述时，要注意对事件进行详细、客观的描述，要避免出现个人感情的宣泄，在这部分最好不要有个人的观点的阐述，尽可能地呈现给读者一个客观、白描式的事件，以免由于作者的观点而影响读者对事件的认识。在这部分中，可以将通过其他途径获得的相关信息与现场信息进行综合，形成对事件的完整描述。

3. 案例事件的分析与反思

在对某一个案例事件进行描述之后，作为一篇教育案例，还需要有对案例事件的分析与反思。在工商管理的案例中，有些案例没有反思与讨论这部分内容，但在案例后面所列出的思考题中，有案例作者自身的一些想法与思考。而教育教学的案例，除了像工商管理案例那样由专业研究者撰写外，还有一大部分是由工作、生活在教育教学第一线的教师自己完成的。教师撰写案例的过程，也是对自己解决问题的心路历程进行再分析的过程，同时也是梳理自己相关经验和教训的过程。因而，教师在撰写教育案例时，系统地反思自身的教育教学行为，对于提升教育智慧、形成自己解决教育教学问题的独特艺术等都至关重要。反思与讨论主要涉及的问题有：问题解决中有哪些利弊得失？问题解决中还发现存在哪些新的问题？在以后的教育教学中，如何进一步解决这些新的问题？问题解决中有哪些体会、启示等，当然，反思与讨论并不见得要面面俱到，选择重要的方面或印象深刻的方面加以思考也就可以了。

上述案例包含的内容不是案例的形式结构，也就是说，不见得每篇案例各组成部分的题目都按上述几部分确定（当然，也并不排除这种形式排列方式），只要在案例相关内容的叙述上，考虑到以上几方面并按照一定的逻辑结构加以组合就可以了。

（三）教育案例的撰写

1. 教育案例撰写的一般原则

教育案例的撰写应当遵循以下原则：

（1）亲历性原则。案例的内容应当是教师在教育教学中所遇到的真实问题，无论作为当事人还是非当事人，案例的内容必须是亲身经历的故事，特别是作为非当事人撰写案例，不能够将听到的或在报纸刊物上看到的消息编成案例，单纯通过观看教育教学实录的录像撰写案例也有些片面，因为课堂教学中有许多即时信息，有时由于观察者的关注点不同，对于事件的描述也会有所不同，为了克服报道作者和录像的摄像者的视角局限，最好的办法就是进入实地进行观察和记录，以捕捉尽量多的信息。

（2）典型性原则。案例的内容应是具有代表性的典型事件，要有一定的普遍性和借鉴意义，能引起读者共鸣、带来启示。如在全班学生的讨论中教师的介入问题是许多教师都感兴趣的问题，因为他们在教学过程中时常会遇到这样的情况，往往是如果不组织讨论，课堂就显得死板，而如果组织讨论，教师又会担心出现无法控制的局面。因此，教师组织课堂讨论问题应当是比较典型的一个问题。

（3）复杂性原则。案例的内容应是有多种因素交织在一起的带有一定的复杂性的事件，案例中的事件应有明显的矛盾冲突，案例中问题的解决方案可以是多个。

（4）形象性原则。文字的表述应准确、简洁，语言形象、生动，是写实性的叙述，不要议论，要具有较强的可读性。

（四）教育案例撰写的流程

以上案例撰写原则是我们在撰写教育案例时必须要遵循的基本要求，除此以外，案例的撰写也还有一些基本的流程。以课堂教学案例的编写过程为例，其基本过程可以概括如表5-1：

表5-1　课教学案例编号基本过程

步骤/撰写人员	当事人开发和撰写案例	非当事人开发和撰写案例
准备阶段	教育教学反思	选择案例采集点
采集阶段	回忆教育教学过程，与有关人员座谈，查阅相关资料。	教育教学活动观察记录，与有关人员座谈，查阅相关资料。
分析阶段	汇总案例素材，进行讨论分析，确定案例主题	汇总案例素材，进行讨论分析，确定案例主题
撰写阶段（一）	撰写案例初稿	撰写案例初稿
反馈阶段	初稿讨论专家指导	初稿讨论征询案例当事人意见
撰写阶段（二）	根据反馈意见进行修改	根据反馈意见进行修改
反馈阶段	专家指导	征询案例当事人意见
定稿阶段	完成案例的撰写	完成案例的撰写

这是课堂教学案例撰写的流程图，它对其他类型案例的撰写也有一定的借鉴意义。关于这个流程图，还有几个关键环节需要特别注意。

1. 课堂教学案例资源的寻找

课堂教学活动中有着丰富的可供开发的案例资源，在课堂教学的实际情景中，任何一项决策或一个疑难，都可以成为一个案例的来源。课堂教学案例撰写的主体不同，案例的来源也略有区别。

如果案例撰写者是非当事人，课堂教学案例的来源有两个：一是通过调研活动，自己去发现有价值的、可开发的案例资源；二是通过各种其他途径获得案例资源信息。如：《在全班讨论中，他"站"在学生的……》这篇案例的开发与撰写是基于一次偶然的机会。2000年，语文特级教师曹慰年先生提到了他带的一个"弟子"江荣斌老师在初中语文教学中进行了一些改革尝试，效果很好。当时我们刚好在做课题"课堂教学案例的开发与撰写研究"，正在为寻找合适的案例素材而发愁，听到这个消息，我们兴奋异常，当即决定对他的课堂教学活动进行研究，从中选择适当的内容，编成案例。

如果是案例的当事人，课堂教学案例的来源更为直接。教师在课堂教学活动中会遇到各种各样事件，在处理这些事件中会产生各种各样的想法和体会，这些都是丰富的案例资源，有待我们去开发。教师要善于发现问题，善于捕捉案例信息，当自己急于想要把某事告诉别人时，要想想看急于告诉别人的原因，这个原因就是形成案例主题的基础。

2. 课堂教学案例素材的组成和搜集

案例素材的搜集是案例撰写的首要环节，案例背景资料获得是全方位的。为了使课堂教学案例撰写具有真实性、典型性，在案例素材的搜集中，需要尽可能全面地去观察、了解、发现各种信息，并及时捕捉，有些信息极可能成为以后选定主题时的重要参考。

一般来说，课堂教学案例素材的组成主要有两个方面的内容：课堂教学实录内容和访谈内容，将这两方面的信息进行综合，就形成了课堂教学案例的基本素材。

由于案例开发主体的不同，课堂教学案例素材的搜集方法也不尽相同。

作为案例的非当事人，课堂教学实录内容是通过案例撰写者深入课堂，按照教师课堂教学活动的基本分类，对课堂教学活动进行记录，实地搜集相关课堂教学信息而获得。在实录内容的搜集过程中，观察者应当仔细观察，以保证能够及时发现和捕捉课堂上的各种信息。当案例主题在观察前已经十分清晰时，观察和记录的目的应当十分明确，观察人员注意的焦点应当集中于案例主题；

而当案例主题在观察之前尚未确定时，则需要观察者要有比较广泛的注意视野，要及时地将各种信息进行记录，作为案例的第一手素材，以备将来确定案例主题所用。

在课堂教学实录的过程中，运用录音机、摄像机等机器是非常好的记录手段，观察者可以借助于这些机器进行现场记录。但是在这些机器的运用中，特别是对摄像机的运用，还需要充分考虑到拍摄技术及拍摄角度对案例素材的搜集所产生的影响。比如在使用固定式摄像时，由于拍摄角度固定，摄像机记录下来的活动或只有教师的活动，或只有学生的活动，或只有部分学生的活动，不能将课堂教学活动全部记录下来，这就影响了材料获取的全面性；即使是使用移动式的摄像，由于摄像者的注意范围有限，也难免会顾此失彼。因此，在使用这些机器进行实录时，一方面可以由案例撰写者、至少是参与案例撰写研究讨论的人员亲自拍摄，这样拍摄者可以根据研究的需要选择拍摄内容；另一方面摄像实录的方式一定要与笔录相结合，使两者互相补充，以保证案例素材搜集的全面性和有效性。

作为案例的非当事人，在课堂教学案例素材的搜集中，还需要通过对事件当事人进行访谈。访谈的目的是为了获得一些课堂外的信息，以帮助理解和解释课堂上的一些活动，并作为案例背景的素材。因此，作为非当事人，访谈内容不仅可以作为实录的补充，而且也是必需的。在与案例的当事人访谈中，要注意与之建立比较融洽的关系，以便获得较为真实的信息。访谈的对象包括任课教师、任课班级学生、学校的有关领导等。访谈的内容可以是为案例撰写的需要而事先设计好的，也可以是针对课堂教学活动中出现的一些现象有感而发的；访谈的方式可以是对答式的，也可以是研讨式的，也可以是比较随意的漫谈式的。访谈获得的信息可以根据案例内容的需要，适当地穿插到案例中，作为案例有机组成部分。以《在全班讨论中，他"站"在学生的……》的素材搜集为例：为了了解更多的背景材料，使案例的素材更丰富，在案例撰写之前，案例撰写者准备先尽量多地听江荣斌老师的课，充分感受他的教学风格和特色，为选择和确定案例主题提供更多的依据。在案例素材采集的近两个月里，撰写者听课七八次，每次听课都进行课堂实录。在课间，还利用各种机会与江老师的学生交谈，尽可能多地了解各种信息。每次课后与江老师的深入研讨更是为案例撰写者提供了丰富的资料和素材，许多内容成为案例的有机组成部分。如案例中关于学生上课发言积极性的原因的原始素材就是在课间与学生交谈时获得的，并不是发生在当时的课堂上，由于案例内容的需要，这部分内容被放到了案例背景部分。在案例素材的采集中，与案例当事人建立较为亲密和融洽的合作关系是非常重要的。在这个案例中，案例撰写者在几次的听课、评课中，始终是以一种平等的、朋友式的身份与江老师研究、探讨一些问题。在轻松、愉快、和谐的氛围中，江老师充分敞开他的心扉，使案例撰写者了解到了更为真实的江老师。

作为案例的当事人，形成课堂教学案例的原始素材可以是当事人自己平时记录下来的教学日志、笔记、随笔、观察记录、教后记、信件以及学生作品等，也可以是自己的教学录像带等。

案例素材搜集可以采用查阅上述资料和对课堂教学进行回忆的方法，也可以请其他老师对自己的某一次课堂教学活动进行记录，然后共同讨论、分析，并将这些资料作为案例素材的有机组成部分。在以上两种方法中，案例素材中还应当包括对学生进行访谈的相关材料，如学生在课堂上的学习情况、他们对于课堂教学活动的感受等等。

3. 课堂教学案例主题的确定

案例的主题是案例的灵魂，从某种意义上来讲，课堂教学案例的教育学价值在很大程度上取决于案例的主题。因此，课堂教学案例主题的确定是案例撰写中重要的一个环节。

课堂教学活动的内容丰富多彩，但一个案例总是围绕某一方面问题展开，不可能面面俱到。通过研究，我们认为，在课堂教学案例主题的确定中，要遵循以下的几个方面的要求：①案例主题应当是事件发生中最突出的、最鲜明的内容。《在全班讨论中，他"站"在学生的……》这篇案例就选择了本节课中最为突出的内容，即在全班讨论中教师的介入问题作为案例主题。②案例的主题要有一定的普遍性，能引起读者共鸣，给读者带来启示。《在全班讨论中，他"站"在学生的……》这篇案例将组织全班讨论中教师的介入问题作为主题，能够引起许多教师的兴趣，因为这是他们普遍关注的问题，许多老师在教学过程中时常会遇到同样的情况，他们往往会感到：如果不组织课堂讨论，课堂会显得死板，而如果组织讨论，又担心无法控制局面。此案例正是反映了这一困惑，相信也必然会引起他们的共鸣。③案例中的矛盾冲突要明显、精彩。④案例主题要体现一定的教育理念，具有教育学意义。如《在全班讨论中，他"站"在学生的……》案例中体现出的是教学过程中教师与学生平等、合作的教育理念。

围绕以上案例主题的确定要求，在课堂教学案例撰写中，大致可以有两种不同的主题选择和确定模式：一种是在广泛搜集案例素材的基础上，从课堂教学活动的观察和记录中，发现问题或特色，从中选择主题；另外一种是事先确定好主题，根据主题内容的要求有目的地去搜集素材。尽管两种情况在主题确定的前后顺序上有所区别，但强调案例主题确定的重要性这一点是共同的。

在课堂教学案例的开发过程中，面对搜集到的事件所涉及的众多信息和资料，应当善于取舍，既要能够从中选取有用的信息，确定主题，也要勇于毫不犹豫地舍去无关信息，使主题更加突出。

三、教育叙事

长期以来，人们常常过分信赖甚至迷信专家的宏大理论引导。这在各教育报纸杂志中，体现得最为明显——几乎很少听到基层教师、学生、家长的声音。宏大理论主要体现为试图安排人类精神与生活的思辨形式。从某种意义上看，宏大理论似乎在寻求一种普遍意义的、精确制导的真理，寻求一种广泛的理性技术、工具，以求得能以快捷的方式为教育实践开出有效的处方。其实这正是过去科学哲学思维过分依赖技术理性的倾向。在这种宏大的理论叙述中，个性鲜明多彩的教师（学生）及其鲜活丰富的实践经验不知不觉中被掏空和抽干；直接关注现实和实践细节的变化也往往有意无意地被忽略或过滤掉。

当然，专家的宏大理论仍是左右教育的核心力量，但它对教育中行为关系的指导，一方面在话语方面与广大教师存在阻隔；另一方面，更重要的是就其理论本身而言，远不可能如想象得那样清晰、精确、可行、适用。教育叙事就是弥补宏大理论的这些遗憾。

叙事研究是近几年我国教育界颇受关注的研究方法之一，而教师以研究者身份从事的叙事研究是其中重要的组成部分。教育叙事（包括教学叙事）可以理解为一种研究方式，也可以理解成研究成果的表述形式。作为行动研究成果，既指教师在研究过程中用叙事的方法所作的某些简短的记录，也指教师在研究中采用叙事方法写作的成形的研究成果。

（一）教育叙事的含义

叙事长期而又广泛地存在于我们的日常生活世界，以及体现在文化艺术领域（如小说、诗歌、绘画和影视），是人们表达思想和情感的主要方式，也是人们基本的生活方式。它陈述的是人、动物、宇宙空间各种生命事物身上已发生或正在发生的事情，是人们将各种经验组织成有现实意义的事件的基本方式。简单地讲，叙事就是"讲故事"，讲述叙事者亲身经历的事件。

教育叙事是教育教学事实真相的表达，它能超越时间和概念体系，说明教育实际中的真实情况。教育叙事虽然没有直接的真理或理论价值，但具有人的生命意义与精神的占据，具有实践的生机活力，是教育教学的血肉之躯。教育叙事尤其是教师所作的教育叙事陈述的是教师在日常生活、课堂教学、教改实践活动曾经发生或正在发生的事件，也包括教师本人撰写个人传记、个人经验总结等各类文本。这些"故事"样式的实践记录，是具体的、情景性的，活灵活现地描绘出教师的经验世界，记录的是教师心灵成长的轨迹，道出的是教师在教育教学活动中的真情实感。

　　事件是突发的、不规则的、个性化的、未经设计的；同时，事件也是具体的、流动的、历史的、清晰的。教育就是这样一系列教育事件的耦合。每个学生都生存或生活于各种各样的教育事件之中，每个事件都是个性化的独特境遇，都是师生间或生生间点对点的教育关系。教育事件是最为生动、最为稳定、最为常见、最为重要的境遇。我们必须充分关注并且让学生在教育事件的境遇中生长，重视境遇的独特性。事件的中心词是"事"，事的主体是人。教育中的事件旨在通过交往让学生发现问题、形成能力、学会做事，生成情感态度价值观，并确认自己的存在，促进人不断的生长与生成。

　　从本体上看，教育事件就是教育经验和现象，也称为教育故事、课程事件、课程故事。教育叙事以讲故事的方式描述教师的教育教学经验、行为。其叙事形式有故事、口述、日记、访谈、总结报告等，但教育教学事件强调的不是形式，而是经验的意义。教育教学事件作为意义存在的载体，用故事来说明教育教学的意义和实质。相对科学理论和逻辑证明，教育教学事件的研究关注教育实践经验的复杂性、丰富性、多样性，以最可能地逼近经验和实践本身。教师的教学实践经验总结介绍文章就可称为教育教学事件的叙述，这种称谓更能接近其意义的本身和实质。

　　在传统里，专家就是理论的代表，教师就是实践的化身。太长时间以来，专家与教师的隔阂，造成了理论与实践的分离，理论和实践走向互不相融的两极。专家日趋钻进理论的空壳，教师日趋保守在经验的窠臼。抓住教育教学经验的故事性特征研究教育教学事件，是研究教育中人的关系的最佳方式。教育事件的表述接近经验，也接近理论。它把生活性质的理论思想置于活生生的教学之中，促进人们对教育及其意义的理解。可以说教育事件的研究促进了专家与教师的视界融合，在理论与实践之间开放了一个思考空间。

　　对教育叙事的关注不仅能克服运用逻辑语言进行教育学写作的局限，为普通教师、学生及其他读者提供一种能让他们参与进来的生活语言风格的研究文本，而且它还是一种现实的、实证的研究，能弥补宏大理论对实践未能穷尽的遗憾。理论不能完全穷尽地指导实践，实践也不能完全穷尽地诠释理论。对教育事件的研究，一方面能以实践的视域促进理论向实践的物化、回归；另一方面,也能以理论的视域促进实践向理论的理化、升越。

教师自我叙述教育教学故事,既不是为了检验某种已有教育理论,也不是为了构建一种新教育理论,更不是向别人炫耀自己的研究成果。教师叙事研究的主要目的,是以自我叙述的方式来反思自己的教育教学活动,并通过反思来改进自己的行动,不断提高教育教学质量。

(二)教育叙事的特征

教育叙事研究的基本特点是研究者以叙事、讲故事的方式表达对教育的理解和解释。它不直接定义教育是什么,也不直接规定教育应该怎么做,它只是给读者讲一个或多个教育故事,让读者从故事中体验教育是什么或应该怎么做。主要具有如下特点:

1. 教育叙事研究所叙述的内容是已经过去的教育事件,而不是对未来的展望。它所报告的内容是实际发生的教育事件,而不是教育者的主观想象。教育叙事研究十分重视叙事者的处境和地位,尤其肯定叙事者的个人生活史和个人生活实践的重要意义。在教育叙事研究中,叙述者既是说故事的人,也是他们自己故事里或别人故事中的角色。

2. 叙述的故事中必然有与所叙述的教育事件相关的具体人物。教育叙事研究特别关注叙述者的亲身经历,不仅把作者自己摆进去,而且把写作的对象从知识事件转换为人的事件。同时采用"心理分析"技术,对某个人或某个群体的行为作出解释和合理想象。

3. 教育叙事研究所报告的内容具有一定的"情节性"。叙事谈论的是特别的人和特别的冲突、问题或使生活变得复杂的任何东西,所以叙事研究不是记流水账,而是记述有情节、有意义的相对完整的故事。比如:教师在某个教育问题或事件中遭遇困境时,就要思考和谋划解决问题、定出困境的出路,这里面就会涉及很多曲折的情节。

4. 教育叙事研究获得某种教育理论或教育信念的方式是归纳而不是演绎。也就是说,教育理论是从过去的具体教育事件及其情节中归纳出来的。

可见,教育叙事研究重视普通人的日常生活故事,包括重视这些生活故事的内在情节,不以抽象的概念或符号压制教育生活的情节和情趣。这种研究,让叙事者自己说话或让历史印记自己显露出它的意义,它面向事实,从事实本身寻找内在的"结构",而不过多地用外来的框架有意无意地歪曲事实或滥用事实。从结果的表现形式来看,叙事研究报告体现为蕴涵细腻情感的叙事风格,既有细致翔实的故事性描述,又有基于事实的深刻分析;既力图创设出一种现场感,把真实的教育生活淋漓尽致地展现出来,又要在众多具体的偶然多变的现场中去透析种种关系，解析现象背后所隐蔽的真实，从而使教育生活故事焕发出理性的光辉和智慧的魅力。

教育叙事研究非常重视教师的日常生活故事及故事的细节，不以抽象的概念或符号替代教育生活中鲜活生动的情节，不以苍白的语言来描述概括的教育事实。这种研究方式和成果表达形式对教师来说有着显而易见的优点，同时其局限性也是非常明显的。表5-2大致能说明这点。

表5-2 教育叙事的优点与局限性

教育叙事的优点	教育叙事的局限性
·易于理解。 ·接近日常生活与思维方式，可帮助读者在多个侧面和维度上认识教育实践，更能吸引读者。 ·使读者有亲近感，具有人文气息，能创造性地再现事件场景和过程，给读者带来一定的想象空间。	·一旦与传统的研究方式混淆，容易遗漏事件中的一些重要信息。 ·收集的材料可能不太容易与故事的线索相吻合，读者容易忽略对故事叙述重点问题的把握，难以使读者有身临其境的"局内人"感觉，结果常常不清晰明确。

（三）教育叙事撰写的注意事项

教育叙事研究和写作过程中，需要注意以下事项。

1. 多向收集资料

教育叙事的写作离不开丰富的素材和详细的原始记录，而且，在资料的收集与整理的过程中，或许就会初步形成教育叙事报告的思路。

与资料收集密切相关的研究方法，通常是观察、访谈和问卷。教育叙事研究作为一种质的研究，在收集资料中所使用的具体研究方法，主要是参与式观察和深度访谈。在研究中，教师可以密切地接近被观察者，细致地观察研究对象的行为和神情；也可以与研究对象进行非结构性的、非常自由的且较为深入的访谈，捕捉把握研究对象的深层信息。

在参与式观察和深度访谈的基础上，教师可以及时地做一些记录，而一旦教师形成了记录的习惯，这些记录也可以被看成"教育日志"。通常而言，撰写教育叙事报告需要积累大量的第一手的记录，除教师自己的记录外，还应包括学生的周记、各种活动的图片、相关的文件等。

2. 把握事件主线

对收集的各种材料进行仔细比较、筛选和辨别，从中发现可用之处，是撰写教育叙事报告的第一步，接下来的一步需要根据故事内容安排的需要将材料连贯起来。而一个完整的故事，应该有一个明确的主题，而且，这个"主题"应体现相关的教育教学理念，一定是从某个或一连串教育教学事件中产生，是从事件中梳理出线索，而不是将某个理论与几个教育教学事例嫁接在一起，即采用"观点+材料"或"事实+总结"的模式。

教师在讲故事的时候还需要展现真实的自我，展示出具体的、独特的、情景化的日常教育生活。这样才会使讲述的故事生动形象、富有感染力，才能紧紧地吸引读者的眼球，深深地打动读者的心，并引起读者的共鸣，而避免落入惯常的经验总结套路，使用大众化的话语生产出"千篇一律"的文章。

3. 注重事件细节

教育叙事的对象就是教师自己和学生（师生都同时参与并生活在教学事件之中），所"叙"之"事"就是教学事件和生活事件。事件在教育叙事报告中有着极其重要的地位，发挥着不可替代的作用，可以说，教育叙事报告就是由一系列事件和事件细节组成的。因而，撰写教育叙事报告必须时刻注意回到事件本身，用"事件"来说话，来讲故事。

对事件细节的关注和描绘，本身就能提供给读者丰富的意义生成空间。以电影中的叙事方法为例，电影画面既有一种明显内容，也有一种潜在内容（或者可以说，一种解释性内容和一种提示性内容），第一种内容是直接的、可以鲜明地看到的，而第二种内容（虚拟的）则由导演有意赋予画面的或观众自己从中看到的一种象征意义所组成。同样地，在教育叙事报告中，对事件细节部分的精雕细刻，除了能使读者了解故事的来龙去脉外，还能提供给读者隐藏在由细节组成的画面之中的潜在含义。如此一来，教师通过讲述自己的故事，叙述教育事件，描绘事件细节，本身就能显现出某种有价值的成分，甚至不需要过多地用理论来阐释事件的意义。

4. 关注事件的分析阐释

毫无疑问，教育叙事的写作以叙述为主，否则，便不能称之为教育叙事。但是，对所叙之"事"进行分析与解释，在很多情况下是必不可少的。从研究成果的表达形式来看，教育叙事报告既有对故事细致入微的描述，又有洞悉教育事件的深刻阐释；既要把日常的教育现象详尽地展现在读者面前，为读者创设一种身临其境的感觉，又要解析隐藏在教育现象背后的教育本质，使平凡的教育故事蕴藏不平凡的教育智慧。

与教育日志一样，教育叙事是教师用自己的语言记叙身边的事情，虽然它没有抽象的概念、专业化的词汇，似乎显得"理论性不强"，但正是在鲜活的语言和生动的事例中，教师在自我成长和发展着。而这也正是我们所期待的！

四、教后记

教后记指的是教师以体会、感想、启示等形式在每节课后对自身教育教学行为进行的批判性思考，它是教师反思行动的又一种形式，是属于行为后的一种反思。一般来讲，教学工作是大多数教师的主要工作，教师在每节课后，需要进行认真的分析与总结，把教学过程中的成功之处、失误之处、改进的措施记下来，以指导以后的教学。因此，写教后记的过程实质上就是反思的过程。这种教师反思的形式的特点在于"教后"，即教学之后的反思，不属于预见的、超前的范畴，是课后教学反思的重要外显形式。教后记中所要反思的内容可以涉及教学工作的方方面面，如对教学设计的反思，对教学实施过程的反思，对教学中出现的问题的分析与对策反思等。从反思的时间上来看，教后记既可以是教师针对本节课的反思，也可以是针对前一阶段（时间段落或是思想段落）的反思。从教师本人对教学效果的评价上看来，可以分为对经验的反思和对教训的反思。从方法上看，有教后自我回忆分析法反思、课堂录像分析法反思等。

（一）教后记的内容

教后记属于对教育教学事件或行为的有感而发，一切对教师自身有触动的事件或行为都属于记叙的对象。

以下几个方面的内容是教师在教后记中常常要涉及的内容。

1. 课堂上发生的一些事件的记述与分析

如可以把一堂课的教学变化或"闪光点"记下来，这些变化或"闪光点"是以往课堂上较少出现的，对教师本人认识学生或教学行为有这样或那样的启示。也可以记述教学中的失误之处，在教学过程中，可能会出现一些不成功的教学设计和处理方法，在教后反思时，这些内容或自己认识到，或经别人指点而意识到，而后成为教后记的内容之一。

2. 课堂教学环境的记述与分析

课堂教学环境可以分为软环境和硬环境，软环境指课堂上师生互动情况、学生的学习反应等，硬环境如教室内课桌椅的摆放、教师上课站立的位置、教室布置等，在教育叙事中，要对这些情况进行记述，同时还要分析这些环境对课堂教学效果产生的影响。

3. 记述课堂教学的体会与感悟

教师可以从纵向和横向两个角度对自己的教学进行反思，一方面对照自己的过去与自身所具备的教学特点，反思自己的教学；另一方面对照专家的理论与他人的教学，反思自己的教学。课堂教学体会和感悟的内容是很多的。比如，在教学目标方面，可以反思教学目标是否完成，如果没有完成，原因是什么，教学目标设置的是否合理；在教学内容方面，可以反思教材内容重点、难点的处理方法是否适合学生的实际情况，单元教学内容在学科体系中的位置是否合理，能不能补充一些新的教学内容，什么样的教学内容是学生感兴趣的；在教学方法方面，可以反思什么样的方法比较适合于本节课的内容，学生对于讨论法、小组学习法等是否适应，在选择、使用不同的教学方法时要注意什么的策略；在教学程序方面，可以反思教学的导入、教学的推进、教学的结束等教学环节是否衔接得恰到好处，各环节花费时间是否合理；在师生互动方面，可以反思教师是否过多地占用了课堂教学时间，是否过度地使用了预设，是否过分地强调了课堂纪律，学生在课堂教学中是否积极参与，学生在课堂是否敢于提出不同于教师、不同于同学的看法，学习困难的学生是否处于师生互动的边缘等。

4. 记述别人的评价

对于同一堂课，评课教师会从不同的角度提出各种不同的看法，有的进行鼓励，有的指出不足，有的提出质疑。在教后记中应当将这些看法都原原本本地记下来，以便今后在教学中进行借鉴。如有教师在外校教七年级公开课《小橘灯》时，板书设计原定为"制作"，结果学生设计的板书为一个字"做"，教师便写成了"作"。一个学生举手指出教师写错了，应为"做"。教师随即在下面板书"做"字，鼓励了一番，之后，教师便问："作'并不见得就错了，谁能在前面加一个字呢？"结果，同学们都说出了"制"字。评课时老师们对此评价很高，说是"解惑有方"。

5. 记述教学中的生成性问题及解决过程

教师在教学过程中，经常会遇到一些预先没有准备好而被学生突然问到的问题，或者由某一问题而引发出的生成性问题，将这些问题及解决的过程记述下来，进行分析，也是教育叙事的内容之一。

6. 记述学生的行为

学生是教学活动的主体，在他们的学习过程中，总会有和教师教学思路不和谐的"音符"弹出，总会有"智慧的火花"闪现，教师对学生就某一问题发表的独特见解应予以鼓励，尽量给学生提供发表不同见解的机会，以考查学生思维的偏差或思维的创造性，这将有利于拓宽教师的教学思路和改进教学设计，在撰写教育叙事时，教师要注重对学生行为的记述与分析，从学生的行为中，分析自己的教学的效果，反思教学活动对学生的影响，并将其作为进行教学调整的依据。学生的作业情况能真实地暴露教学中的不足之处,而且能反映出学生在此年龄段上思维的特点。教师也可以将其作为教育叙事的素材来源。

(二)教后记撰写的注意事项

撰写教后记本身并不是一件复杂的事情,只要具有批判性分析的眼光,善于发现教育教学过程中的问题,随时随地都可以开展,长期坚持下去,使自己的教育教学活动变得更具理性。以下几个方面可以帮助我们更好地完成教后记的反思。

1. 以新课程改革的理念为依据

教师在进行教后记的反思活动时,要以新教育理念为出发点,以新课程的基本主张为参照点,注意形成反思的框架标准,实施对本次教学活动的评判、思考活动。下述实例大体可作说明。

2. 要注意及时进行反思

在教学活动结束后需要立即对活动过程中的现象、问题或活动的成效等进行反思。由于反思活动紧跟着教学活动进行,使反思可以在头脑中清晰地、详尽地再现活动的场景,对活动的分析和评判就会更为准确。

3. 要善于在观摩中学习与提高

无论是有组织的名师观摩课、专题讲座、学术报告,还是本单位的集体备课、小组讨论、研究课观摩等,都是很好的学习和反思的机会。通过仔细倾听与观察、用心感悟与体会,探其精微,寻其奥妙,看一看别人在处理相似的问题时是如何做的,听一听专家是怎样说的,想一想自己在教学中过去和将来的做法,找出自己的经验与差距,为教后反思确定坐标。

4. 要有自我诘难、积极改进的勇气和习惯

教后记是教师反思的一种方式,教师反思涉及一系列相应的态度和德行。教师在开展教育反思活动时,要注意形成自身的问题意识,要善于在稍纵即逝的现象中捕捉问题,在貌似没有问题的地方发现问题,教后记同样需要这种勇气和习惯。在此过程中,需要教师能够认真地检讨自己的言行,表现出豁达的胸怀、适当的谦恭、足够的改进勇气。调查发现,优秀教师的"教后记"都包含了他们在"教后"对"教中"反思修正的执着情怀和热切愿望。

5. 主动邀请专家指导

不定期地邀请专家(包括理论专家和学科专家)光临自己的课堂,课后充分地与专家对话,认真倾听他们对自己教学的意见,并积极感悟。在与他人对话时,教师可以使自己的思路更清晰,反过来对方的反应又激发自己做更深入的反思,在此基础上形成的教后记更能够促进教师的专业发展。

6. 采用纵向和横向比较法进行反思

在撰写教后记中，教师用发展的眼光看待自己的教学，在分析自己现在的教学情况时，要结合自己的教学风格与特点、结合自己以往教学的情况进行纵向的比较分析，既意识到自己在教育教学过程中存在的问题，又感受到自己的进步，以增强信心。同时，教师也要将自己同周围的同事加以比较，尤其是用同事的长处与自己的短处加以比较，在比较中汲取同事的经验和长处，看到自己与他人的差距，产生追上他人的想法和念头，与同事共同前进。

7. 要有对今后教学改进的思考与行动方案

完成一篇教后记不是最终的目的，反思是一个积极思考的过程，更重要的是一个积极的行动、积极的行为改进的过程，经过反思之后，要有付诸实践、对行为进行积极改进的策略，在行动中反思，在反思中行动，反思后，要对自己教育教学行为进行重新建构和改进，这样才能达到教后记的最终目的。

五、网络教研

网络教研是一种利用信息技术（或网络技术）的跨时空的教学研究活动方式。或称之为信息化教研、虚拟教研。采用网络教研模式组织起来的教研团队或组织被称为网络教研室或者网络教研中心。网络教研突破了原有地域的限制和经费的限制，扩大了教师反思的渠道和途径，正日益受到教师的关注和接受，影响也越来越大。

（一）网络教研的作用

1. 突破地域限制

教师对自身教育教学行为进行系统反思和在不同教师之间进行反思交流本来就是件不容易的事。现在，新课程又倡导学校根据课程标准以"多纲多本"的原则选择教材，造成了课本教学内容的不一致，这样使得就近开展教研活动更加困难。但是，教师的反思对于新课程的实验是弥足珍贵的，包括对教材的吃透、对教参的利用、对课堂模式的发展等都关系到课堂教学的方向与质量。有些教师人数相对少的学校往往只有少数人参加过零星的新课程培训，甚至有选派闲散人员去应付培训的现象，这种种的原因加剧了教研开展的难度。另一方面，借鉴其他地区的教学经验可以防止走不必要的弯路，防止给学生学习造成不必要的损失，所以跨区域教研非常迫切。

网络教研正是解决这些现实问题的有效手段。通过教育社区论坛或者基于在线通信工具的教研群体，大家可以进行区域内或跨区域的教研活动；利用论坛发帖等方式还能够解决众多教师参加教研活动的时间不一致的问题，实现异步交流。目前，在网络上已形成了几种形式的教研形态，包括：教育行政部门的官方网站组织的论坛讨论、成果展示、课例交流等；各家教材出版社组织的教材网站，进行教材培训、教材研讨及教学资源支持等；专家或教师自己组织的专题网站，针对特定学科领域进行网络研讨，进行教学心得、教学难题方面的讨论。另外，最近比较流行的网络教研模式还有教育博客等形式。

网络教研达到了一种跨区域的共享、互补的功效，能够实现异步、同步相结合的更加以人为本的教研。

2. 实现民主讨论

一方面，传统教研活动往往由专家或领导主讲，其他教师参与讨论。这样的形式很容易造成人云亦云的虚假教研，因为大家不好意思明确提出反对意见。另一方面，由于受条件的限制，更多的专家并不能很容易地深入地方教研，缺乏对实践进行明确的指导，甚至过高或过低估计了地方情况。

通过网络教研，专家可以定期地参与讨论一些疑难问题，既解决了一线的困惑，也有利于教师发表真实的言论，这对专家了解基层、调整学术方向也有益处。通过几个新课程网站的网络教研实例来看，的确能形成专家与教师、教师与教师、教师与学生之间，甚至教育行政领导与普通的教师和学生之间开展更加民主化的、真实化的教研活动，对新课程健康发展的作用是不可估量的。

3. 共享集体智慧

我们在教育论坛、教育博客上的明显位置经常看到一些真知灼见的观点、经验和案例，这一方面是参加网络教研的教师集体智慧的结晶，另一方面也是网络教研组织者进行梳理、整合的结果。通过网络教研，群策群力，大家把自己的教学困惑、教学观点、教学经验与大家一起分享，凝聚更多人的智慧，达到一种更高的学术层次，促进了普通教师与国家级专家和各地优秀教师的广泛交流。

需要注意的是，网络教研的组织者要在形式、制度上把握好、管理好，不但要及时鼓励、发现、整理好的研究成果，还要防止网络教研脱离学术专业，走上闲聊、诉苦的庸俗化，甚至因为不正当活动走上低级化和罪恶化。所以，注意净化网络教研的空气，形成良好的学术氛围是需要特别加以重视的。

4. 促进研究深入

网络教研带来的另一个不凡的现象就是"泛研"现象的产生。"泛研"不仅是内容广泛化教研，也不仅是活动的教研广泛开展，而是指教研手段、教研过程、教研形式等教研行为、教研思维的广泛化。教研不再仅仅是以教研部门为中心，而是能够使得教师在超越时空的同时还能超越自我，教育博客就是一例。

通过教育博客，教师可以发表自己的来源于教育实践的教育感想，在这种随笔式的记述中不仅可以提供与大家真实交流的机会，而且可以提升自己的心灵感触。在教育博客聚合的环境中，大家以共鸣的方式相互促进与提高，一起构建和谐的抒发、表达、辨析、总结教育思想、教育方法、教育规律的人文网络环境，一起构成丰富多彩的"社会大教研"。所以，网络教研不再仅仅是一种参与形式而是一种行为变革，更是一种创新思维，这会对教研的动力、教研的质量进行深度催化。

（二）网络教研的条件

1. 硬件条件

（1）校园网络。校园网络不仅仅具备校园局域网的功能，同时必须能够连通 Internet，保证网络畅通，建立校园网站，建议包括如下内容：教研新闻、课程改革、教考研究、教学研究、课题研究、专题研究、教研论坛、教研论文、教研计划、教研通知、学科动态、教学论文、教学设计、课外活动等栏目。充分发挥了网络速度快、信息发布及时、不受时间空间限制、透明度、参与面与交流面都较大等优点，积极开展网络教研。在此过程中，在及时有效地为基层提供服务的基础上，促进了教研观念的更新，对变革传统的教研方式做了有益的探索，进而提高教学研究工作、教学管理工作的水平、质量和效益。

（2）基本硬件。包括给办公室配备台式电脑，安装基本常用办公软件，配备专职网络管理人员进行定期和不定期维护，保证校园网络的畅通。

2. 软件条件

（1）教师素质。

首先，要转变教师传统的教研理念，新课改的启动，带来了新理念、新课堂、新教研。教育科研必须以教师发展为本，必须确立教师在教育科研工作中的主体地位，让教师成为科研的主人；通过科研来培养教师，提高教师素质，为教师的自我发展、价值实现服务；教育科研必须以学生发展为本，教育科研要研究学生，遵循学生的身心发展规律，尤其要解决学生发展过程中存在的疑难问题，要有针对性，讲求实效性。利用业余学习时间组织举办培训班，对全体教师进行网络教研的相关培训。

其次，培养强化教师的信息素养，让每位教师会使用计算机和网络，学会在网络上收集寻找各种教育信息和教育资源。向教师明确提出开展网络教研的规定和要求，推动开展网络教研，整体提高教师利用现代教育技术开展教学研究的水平，提高教研活动的水平、质量和效益。

第三，鼓励教师学习，一个优秀的教师应该是一个勤于学习、不断充实自我的教师。尤其是在当今信息如此丰富的社会，每天都有那么多的新知识需要掌握，每刻都有那么多的新见解需要了解，教师需要加强自身学习。

第四，对教师参加网络教研进行合理分工，根据每位教师的自身特点制订合理的分工合作计划，使网络教研做到有章可循，有条不紊按部就班地顺利开展。

（2）教研氛围。

学校要具有浓郁的教科研学术氛围，可以制订相应的规章制度鼓励教师进行网络教研，同时对不参加教研的教师给予相应的惩罚，这样才会使教师们增强教科研意识，提高教师参与的积极性和主动性，采用新老教师结对子的方式，利用新教师的活力结合老教师的经验形成优势互补，就会将网络教研如火如荼地开展起来。

随着新课程实验的发展，各大实验区之间的交流与合作越来越重要，新老教师之间的教研协作与成果共享也越来越迫切。然而，由于地域的限制、经费的限制，实验教师的横向交流不甚通畅，人数少、时间短的培训会仅起到了在点上的交流，而无全局意义。所以，一些教育主管部门大力提倡基于网络技术组织一些网络教研活动，不少教育工作者也自发地开始了很多形式的网络教研活动，这对于促进新课程实验的开展大有裨益。

第六章 教师教学反思能力的培养形式

第一节 反思型教师与培训

尽管人们对反思和反思型教师教育的理解和实施方法上存在着种种分歧和争论，但"反思"似乎已越来越普遍地被认为是优秀教学的标志，是教师专业成长和发展中的关键要素，从而也是教师教育应该追求的目标。

美国学者瓦利指出，要培养教师的反思能力，教师教育者应从两方面来把握：一是从价值理论的视角，对反思型教师教育模式进行横向分析。二是从认知理论的视角，对反思型教师个体认知发展水平进行纵向研究。模式是理论与应用的中介，在理论与实践之间，模式能够起到承上启下的作用，所以对反思型教师培养模式的研究，对于反思型教师的培养意义重大。其过程可表征为：理论模式实践。既有从理论到模式再到实践这一程序；也有从实践到模式再到理论这一程序。显然，模式能沟通理论与实践，既能促进理论的提高，又能促进实践的发展。

一、反思型教师教育五种模式

既然反思能力对于教师来说是如此重要，那么教师教育计划应如何帮助教师培养反思的能力和素质呢？美国学者瓦利指出，要培养教师的反思能力，教师教育者必须首先明确反思的两个维度：一是社会学的维度，即反思的内容或范围；二是心理学的维度，即反思的质量。所谓反思的内容是指教师所考虑的东西；而反思的质量则是指教师如何思考他们的教学，即他们所经历的思维过程。反思的这两个维度可以被用来确定和判断什么是优秀教学，也可以帮助教师确定他们是否在做出明智的决策。

（一）行动中反思模式（reflection-in-action）

行动中反思是指教师在课堂教学过程中所做出的迅速地、即时的、自发性、直觉性决定，在教学过程中有意识的思考正在发生的一切，并及时调节自己的行为。萧恩（Schon, D.A.）指出，教师们的教学过程充满着诸多不确定性、不稳定性和复杂性，他们的每一次教学都有着与以往或其他教师不同的独特性。因此，教师们不可能总是套用先前所学到的理论知识来解决当前存在于他们教学中的问题。他们要想在教学实践中做出明智的决策，就必须首先立足于他们自身的实践。而反思的质量将主要决定于教师根据自己的教学情境和经验做出明智决策并能够予以证明的能力。它与技术性反思相同的是主要都关注课堂的教学行为，最大区别是行动中反思更多地强调课堂的背景因素与教学实践的关系。至于对学校教育的目的和目标进行更广泛的研究和探讨，还没有进入反思者的视野。

同强调技术性反思的教师教育计划相比，提倡行动中反思的教师教育计划并不强调给师范生提供可供遵循的明确规则，而只是建议、要求他们以日记的形式记录下他们所亲历的事情，以帮助他们回顾发生在他们教学中的所有事情和事后就此进行仔细的思考，或者也可能让他们阅读其他教师经验的案例研究。那些提倡这种反思的人们确信，师范生对独特教学情境的反思越多，他们在行动当中就越能做出更好的决策。

（二）技术性反思模式（technical reflection）

技术性反思中的所谓"技术"实际上有双重含义：第一个含义关涉反思的内容或范围；第二个含义关涉反思的质量。第一个含义上的技术主要指实现某一特定目标的手段，它所体现的实际上是一种对待教学的工具主义取向。在这一工具主义取向中，反思的问题主要集中在如何使教与学的过程更有效果和效率。它所关注的主要是课堂情境中各种技能与技巧问题。从这个意义上来讲，技术性反思的内容局限在课堂管理与教学的手段上。

第二个含义上的技术主要是指简单直接地运用研究者的教学研究成果来指导自己的行动。正如格里梅特（Grimmet, P.）所描述的那样，在技术性反思中，"倡导的知识被进行反思，然后又以工具主义的方式运用于实践"，教师被要求做的就是使自己的实践服从于所谓外部权威通过研究得出的概括性结论。在此意义上，反思的质量将只是取决于使自己的教学行为符合预定的规则的能力。

在技术性反思里，教师主要根据外部权威，如专家、研究者和政府等所制定的规范和标准来对自己的教学是否达到了那些标准来对自己的教学行为进行评价。因此，教师的反思就局限在为了更好地完成预先设定的教学目的而对预定的教学策略的效果进行回顾性的比较上。除此之外，并不要求教师过多地关注目标本身，也不要求对诸如教学的社会背景、环境、社会的公平与公正等一些更加宽泛的问题进行反思。

相应地，侧重于技术性反思的教师教育计划，对师范生（prospective teacher）反思能力的培养就会局限在狭窄的教学技能、技巧范围之内，只要求他们对这些内容进行反思。侧重于技术性反思的教师教育所培养出的教师可能具有很高的教学技能与技巧，他们能够按指令行事，在教学上所采取的每一步骤都似乎恰如其分、无懈可击。他们无须知道教学的"为什么"，只需知道"怎样去做"即可。总而言之，在技术性反思的教师教育中，外部权威或专家的意见发挥主导作用。

（三）缜密性反思模式（deliberate reflection）

缜密性反思则强调教学决策要建立在对研究、经验、其他教师的建议、个人信念和价值观等多种知识来源的权衡基础上。缜密性反思要求教师反思、关注教学整个领域的事情，这包括学生、课程、教学策略及课堂的组织与原则等。进一步说，教师们不仅要反思他们自己的教学行为，他们与学生的关系，他们所教授的学科内容，而且还要反思学校的组织、社会准则及伦理等方面的问题。由于教师反思的内容来源复杂多样，因此，在教师做出某项决策之前，他们必须面临着在对构成教师教育核心要素的各种解释、观点和理论进行权衡的基础上尽可能做出最佳决策的挑战。在这种方法中，知识不作为指导实践的基础，而是间接地发挥着作用。在缜密性反思中，反思的质量将主要取决于教师对各种对立的主张进行权衡和给出其所做出的决定的合理理由的能力。

在强调缜密性反思的教师教育计划中，教师教育者的任务就是要帮助师范生对各种对立的观点进行仔细斟酌、权衡，确定各种知识、信息来源的可信度，思考最佳选择方案。也就是说，要帮助他们成为出色决策者。

（四）人格性反思模式（personal reflection）

人格性反思源于由斯巴克斯—兰格（Sparks-Langer）所提出的叙事研究的方法，泽茨纳（Zeichner）将其解释为发展主义价值取向。教师的心声，个人的成长和专业发展相关事项是构成人格性反思的主要反思内容。人格性反思的提倡者们认为，以个人化的方式进行反思的教师会有意识地将他们的个人生活与职业生活联系起来。他们会考虑自己想成为什么类型的人和作为教师应该如何帮助学生实现他们的生活目标。他们对学生的关心不局限于学生的学业成绩，而是对学生生活的所有方面都充满兴趣。学生的个人追求，学生所关心的事情及学生对未来的憧憬和梦想都在他们的关注范围之内。在人格性反思中，教师是以一个关怀者（Caretaker）的身份或面目出现。他们的工作就是了解学生的实际情况，以便尽可能给予他们最佳关怀。在这种反思中，反思的质量将主要取决于教师的同情能力。人格性反思型教师将较少地关心学生在学业考试中的成绩，而更多地关注学生富有同情心地生活。

人格性反思强调的核心问题是教师要构建和确立个人的实践理论和"鉴评系统"（appreciation system）。通常的做法是采用撰写教师专业日记的方法。专业日记作为教师专业生活的一种反思与叙事，其价值在于让教师探究他们在教育方面所经历的事件的不同方面，这些事件是如何影响他们的专业意图与行为的，从而改造和促进教育实践，不断提高教师的专业水平。人格性反思的教师教育着重帮助师范生考察那些影响他们成为教师的因素；帮助他们倾听他人的意见和自己的心声；帮助他们学会质疑其信念、态度和偏见的产生来源；帮助他们弄清哪些经验有助于他们成为出色的教师，哪些事情妨碍了他们的专业发展。

（五）批判性反思模式（critical reflection）

批判性反思的思想起源于诸如哈贝马斯那样的政治哲学家所提出的批判理论，并由社会重构主义价值取向发展而来。哈贝马斯认为知识可以划分为三类：一是技术性知识（technical knowledge），即现行资本主义国家课程中的核心知识，主要服务于个人、社会、国家之竞争的目标。二是实践性知识（pactical knowledge），意在帮助个体形成世间生活的日常行为，一般通过历史发展的描述、分析、社会状况的考察获得，帮助个体获得社会事件中隐藏的真谛。三是解放性知识（emancipatory knowledge），它帮助我们理解社会关系如何形成，如何由权力关系制约，意在创造社会公正、平等与权力的基础。

根据这一知识分类，凯米斯（Kemmis, S）等人将反思划分为三个层次：一是技术性反思，在这一层次里反思的问题在于有效实现既定目标，主要对课堂情境中各种技能与技术的有效性进行反思。二是实践性反思，在这一层次里反思的问题包括假说、倾向、价值观以及由行为产生的结果。三是批判性反思，批判性反思是唯一明确地将学校和学校知识看作是政治建构的一种反思。泽茨纳（Zeichner）提醒到，对学校教育的社会和政治方面的研究不是构成批判观念必要条件，这种观念强调的是学校涉及维持不公正社会秩序的现实可能，因此，学校应该帮助教师在课堂、学校和制度层面来改变这种不公正。批判性反思的目的不仅仅是理解，而是在于改善处于不利地位群体的生活质量。批判性反思所关注的是教学实践和学校内部所蕴含的社会、政治意义，这其中包含对教学法和学校结构的道德和伦理意义的反思。

带有批判性反思取向的教师教育通常强调，任何教育决策都必然要建立在关于什么是好的或所期望的信念的基础上，并且假定学校经常再生产一些不平等。因此，认为教师反思的内容应该是学校和教师造成社会不公正、不平等的方式和帮助克服这些不平等的途径。这种教师教育鼓励其毕业生成为改革者和社会行动者，鼓励他们帮助改变导致社会不公正和不平等的教学实践和学校结构，鼓励他们倾听社会边缘人群的声音。在批判性反思中，反思的质量将主要取决于教师将伦理标准运用到学校教育的目标和过程中去的能力。因此，在强调批判性反思的教师教育中，鼓励师范生结合广泛的社会目标考察他们所有的教学行为。

关于批判性反思，瓦利曾指出，尽管反思质量的标准可能过于宽松，但是批判性反思的标准则可能过于绝对，处于灌输的边缘。如果这成为现实生活的话，批判性反思就可能拥有与技术性反思同样的问题，即它有可能受由外部人士确立的标准所驱使。教师自身将很难参与到对其自身工作目的和目标的确定工作中去，他们将被期望只是判断他们的教学是否符合外部人士强加的规定和原则。因此，批判性反思和技术性反思都倾向于轻视教师的才智和不将他们看作是非常专业的人员的，都倾向于看轻教师的意见和实践性知识。

通过技术反思，教师可以在教学技能和技巧方面达到较高水平，而且一定水平的教学技能和技巧也是作为教师应该具备的最基本的素质。但教学技能和技巧并不是教师素质和能力的全部。如果让教师过分关注这些方面，必将使其忽略对其他内容的反思。换句话说，以技术性反思或技术理性为最高价值标准的教师培养方式由于过分强调对教师行为技能和技巧的训练，而忽视让他们对这些行为本身进行思考；由于太倾向于让教师照本宣科和遵循教学常规，而轻视让他们对教学信念、学生思维以及教学行为的后果与替代方案等进行慎重思考。如此，教师所学到的只是教学的方法而不是教学的原理；教师由于过分看重外部的评价标准，势必会沉溺于盲目的试验、武断的决定或生搬硬套、墨守成规的习惯之中。正由于技术性反思和技术性反思取向的教师教育存在着诸多弊端，它受到了来自各方面的批判。事实上，反思型教师与教师教育运动正是作为对技术性教师观和技术型教师培养的一种反动而兴起的。然而，令人遗憾的是，尽管技术性反思有着诸多缺点，但是目前它在国际教师教育培养计划中仍然占据主导地位。

二、反思型教师与在职培训

(一) 教师生涯发展理论

教师的专业发展是一个动态的、伴随职业生涯始终的过程。其中教师的每一个发展阶段都离不开对专业的反思。成为反思型教师的过程在本质上是没有终点的,它是一个永不停息地致力于成长、改变、发展与进步的过程。教师专业发展过程本身就是目标。研究和分析教师职业生涯周期,根据教师发展的不同阶段,适时地给教师以激励与支持将会更加有利于反思型教师的成长和发展。

教师生涯有关系统的研究始于傅乐(F.Fuller)所进行教师关注(teacher concerns)探究,他曾于德州大学(University of Texas)对师资课程进行研究,他利用广泛的谈话、文献探讨和编制教师关注问卷(Teacher Concerns Questionaire),对研究教师生涯发展做出很大的贡献。其后,又有卡茨(L.GKatz)、伯顿(P.Burden)、费斯勒(R.Fessler)、司德菲(B.E.Steffy)、伯林纳(DC Berliner)等许多学者也都相继提出不同的生涯发展理论。

1. 傅乐教师生涯关注阶段论

傅乐认为在成为教师之前的过程中,教师的关注事物可分为四个阶段:(Fuller&Bown,1975)

(1) 教学前关注(preteachering concerns)此阶段是师资养成时期,学生仍是扮演学生角色,对于教师角色仅处于想象,因为未曾经历教学角色,可以说无教学经验,所以只关注自己。对于教师观察初期,常常是表示同情的,甚至还带有敌意的,在观察中,抱着批判的态度。

(2) 早期生存关注(early concerns about survival)此阶段是初次实际接触教学工作,所关注的是作为教师自己的生存问题。所以,教师们关注班级和经营、熟练教学内容,以及上级督导者的评价。故在此阶段,都具有相当大的压力。

(3) 教学情境关注(teaching situation concerns)在这个阶段所关注的是教学情境的需要或限制和挫折,以及对教师们各种教学的能力与技巧要求。因此在这个阶段里,教师重视自己的教学所需要的知识、能力、技巧,所关注的是自己教学的表现,而不是学生的学习。

(4) 关注学生(concerns about students)许多在职前接受师资培育的准教师们,在当时都表达了对学生学习、社会、品德和情绪需求的关注,但是却没有实际的行动,当时不是不行动,而是不知道该如何做;一直到这些准教师成了真正的教师后，从实际的工作经验中学习到了如何克服困难和适应了繁重的工作时，才能真正地关注到学生，关注自己对学生的影响以及自己与学生的关系。

傅乐所提出的这一套教师的关注理论，着重在教师职前的培育时期，准教师们一心所关注的是如何学习成为一名教师，是在于所经历不同事物的关注，这套关注理论在师资培育方面具有参考价值，但不足以对教师生涯发展的全面考察。

2.卡茨的教师生涯规划时期论

卡茨针对学前教师的训练需求和专业成长，提出了四种生涯发展的看法。

（1）生存（survival）时期——在完全无学前经验的情况下，任职在一所学前的教育机构中，新来的教师所关心的是自己能否在新的环境生存下来，这种情形有可能持续到一、二年，在这段时期最需要支持、理解、鼓励、给予信心、给予安慰和辅导，此外，也需要给予教学上各种技术的协助。

（2）强化（consolidation）时期——此一阶段可能会持续到第三年，在此阶段的学前教师已经学习到一些处理教学事物的基础，这时教师会统整生存阶段所获得的经验和技巧，开始注意到个别学生的问题，以及思考如何来帮助学生，此时给予现场协助、接触专家、同事和咨询人员的建议是有必要的。

（3）更新（renewal）时期——此一阶段的情形可能会持续到第三年或第四年，在此阶段的学前教师，对于平日繁杂而又规律刻板的生涯感到倦怠，这时，必须鼓励教师参加教师会议、加入专业组织以及参加各种研习活动，或是鼓励教师到教师研习中心进修，进修期间和其他教师彼此交换教学心得与经验，可以从与其他教师的交往中学习到新的经验、技巧和方法。

（4）成熟（maturity）时期——有些学前教师进步很快，二至三年就能达到成熟的阶段，有些教师则需要较长的时期，约四、五年或以上的时间才能达到成熟的阶段。到了成熟时期的教师，自己已有足够的能力来探讨一些较深入、较抽象的问题，这些问题对于学前教育远景的探究、发展与理想更具意义。在此阶段的教师，较适合学前教育的发展活动，包括参加各种研习会、研讨会、进修学位、参加会议、收集资料及阅读各种相关资讯等。

虽然卡茨所提出的教师生涯发展是以学前教师为主，但是其内容对中小学教师在训练需求、协助教师专业成长等方面也都有参考与实用的价值。美中不足的是对学前教师成熟阶段以后的生涯发展与规划提的较少。

3.伯顿的教师生涯发展阶段论

伯顿从与小学教师的谈话中，整理与归纳教师们所提的反馈意见，提出教师生涯发展的三个阶段。

（1）生存阶段（survival stage）——在此阶段的教师，刚踏入一个新环境，再加上又无实际教学经验，所面对的各种事物都在适应之中，此时教师所关心的、所关注的是班级经营、学科教学、改进教学技巧、教具的使用、如何了解与之相处的学生，以及尽快地了解所教的内容，做好教学工作。

（2）调整阶段（adjust mentstage）——在进入教学第二年至第四年之间的时期，教师的知识也较丰富、心情也较轻松。教师们有精力开始了解到孩子们的复杂性，此时会寻求新的教学技巧与解决问题的新方法，以迎合各种不同的需求。此时期的教师变得较开放、也较能开导学生，在这时期，教师也感觉到自己更能够迎合学生们的各种不同需求。

（3）成熟阶段（maturity stage）——教师在进入第五年或以上的时期，此时期的教师经验丰富，对教学活动轻车熟路，对教学环境了解与熟悉，教师们感觉安心，此时可以放心地、专心地去处理教学所发生的事情。教师不断地追求与尝试新的方法，更能关心学生，更能满足学生的需求，也关心师生之间的关系。

(二) 反思型教师成长的路径分析

教师的反思与教师专业发展一样是分阶段的，而且是非线性。要想使教师成为反思型教师，教师教育工作者就要遵循教师专业发展的生涯周期理论和特点，分阶段、分步骤地对教师给予适时的支持和鼓励。

教师教育，特别是反思型教师教育具有很强的实践性，也就是说教师教育研究要面向实践形态的教师教育，要将一种实践状态的教师教育现象作为教师教育的研究对象。教师教育研究过程实际上包括两个方面的内容：寻找实践的轨迹；解释实践的逻辑。如果我们把教师生涯周期理论称之为寻找实践的轨迹的话，那么对反思型教师成长路径的分析就作为一种解释实践的逻辑。对教师教育研究者而言，解释教师教育的实践逻辑不能离开教师教育过程，更不能离开中小学教师的职业生活。

1. 布鲁克菲尔德的反思型教师成长的四种途径

如果说教师对自己教学实践进行不断的反思是实现教师专业化的最佳途径，那么成为反思型教师就是其前提和基础。那么如何才能成为反思型教师呢？美国学者斯蒂芬·布鲁克菲尔德（Stephen D Brookfield, 2002）以教师的教学实践为基础，从自身的经历、学生的视角、同事的合作和教育理论的学习为切入点，提出了培养反思型教师的四种途径。在此基础上，我们总结归纳出了以下四方面内容。

(1) 通过自传式反思，培养反思能力

自传式的反思就是指教师对自己过去和现在的亲身经历的一种自我反思，反思教师的自传，常常是形成反思能力的第一步，是教师获取教学洞察力的一个重要源泉。这种反思与我们前面所提到的"意像"有异曲同工的效果，分析我们作为学习者的自传，常常能帮助我们解释教师致力于从事的那些实践，回想教师作为学习者的自传中充满感情的经历，有助于我们理解在教学时，为什么会倾向于使用这种方式而不采用别的方式。那些看起来很自然的教学偏好，都能追溯到我们作为学习者的经历，找到它的影子。

(2) 从学生的眼中认识自己

在教师所面临的所有教育任务中，了解学生们头脑中的想法是最棘手的问题，同时也是最关键的因素之一。当教师开始从学生的眼中来看自己的时候就可以了解到"不同世界"教学的另一方面。如果教师知道自己的行动对学生来说有什么象征性的意义，就能更好地塑造自己的行为以使自己达到所希望的结果。研究学生对教学的感受，可以让教师们提防由教师的行为所导致的问题和本来可以避免的错误，了解学生意味着教师可以使自己做出更正确的决策，指导教师们怎样去教学，去教什么。"反思型教师首要的责任是研究学生们所知道的、所谈论的、所经历的和所感受的事情，并以此为出发点，设计出一种符合要求的课程。"

(3) 在与同事的合作中，提高自己的反思能力

许多研究表明，反思是一种社会实践的活动，并一致认为没有这种社会性的交流和探讨教师的发展将受到制约。合作包括教师与家长、教师与学生、教师与教师、中小学教师与大学教师之间的合作等等。合作有助于消除教师反思过程中的孤独感和无助感，为教师提供情感上的支持。合作还可以为教师提供有积极意义的"形成性评价"，有助于减少教师反思的偏差。因此说，合作是使教师个体的反思走向深化的基础和保证。在这里我们主要谈的是同事之间的交流与合作，和同事们进行交谈，可以帮助教师了解到，他们的教学在多大程度上是自以为是的，又在多大程度上是可以证明的。同事之间的对话为教师的实践反思提供了新的可能性，为教师分析和回答问题提供了新的方法。以下两种方式能有效地促进教师之间的对话。

(4) 从理论的视角，提高教师的反思能力

教师了解和反思自己实践的最后一个视角是理论视角。教育理论可以帮助人们检验实践者的直觉、本能和默认的知识，它不仅可以帮助人们更好地理解自身的行为和想法，而且还能够提出实践的多种可能性。不论你承认与否，所

有人都既是理论家又是实践者，对教师来说尤其如此。潜在的和非正规的教学理论指导着教师的教学实践，公开发表的教育理论是对一般教育过程的思考，是更条理、更概括的理论形式。但是，在本质上与那些根植于我们决定和行动中的理解是没有区别的。正如尤舍（Usher）所说的那样，正规理论"是非正规理论发展和提炼的一种资源和宣传者——是把批判分析应用于非正规理论中的一种方式"。

2. 康内利和克兰迪宁的反思型教师成长模式

加拿大学者迈克尔·康内利和琼·克兰迪宁（Michael Connelly&Jean Clandinin）把教师反思分为两大类：一是自我反思，二是与他人合作反思。在自我反思中包括：日记、传记、图例以及档案分析的方法。当没有其他老师和你一起工作时，这些方法是帮助你反思的合适的方法。在与他人合作的反思方法中包括：讲故事、写信、教师访谈以及参与式观察。当你和某个同事或教师群体一起工作时，你可以使用这些方法。

（1）自我反思方法

①记日记。日记是对我们的日常行为以及有关日常行为的想法的记录，是对实践以及实践反思的即时记录。记日记是一种有用的方法，但必须在一定时期内经常记录。当你重读几天或几个星期的日记时，这些基于日常行为的反思为你洞察自己的个人知识提供了帮助。在这一过程中，教师会经常思索，教学中所关注问题的线索，有无重复出现的事件和想法等。

记日记没有固定不变的规则，但最要紧的是应清楚日记应该写什么？首先，在日记上写出尽可能多的东西。可以是对行为、学生、事件的描述，也可以是你在教学过程中和教学后的反应。要记录你在实践中的感受，以及发生的各种各样的事件。特别要留意那些在你脑海中浮现时，能够引起你情感和道德上强烈反应的经历和事件。其次，日记要经常记。如果你有时间或有一些特别的事发生，你更要经常记。作为一个有用的反思方法，记日记应成为一种对思想即时记录习惯。第三，要经常读自己的日记。对写过的日记要反复阅读，并且试图弄明白那些对你来说哪些是重要的事情，这是非常有用的。当你读这些日记的时候，寻找那些能使你头脑中产生某些想法和模式的事情。在页边的空白处记下那些想法。在研究中，有人把他那些笔记称为"理论备忘录"。可见，日记在研究者眼中的重要性了。

②传记。另外一个有助于反思个人化实践知识的工具是传记和自传。传记和自传略有不同，它们的区别在于：自传是讲述我们自己的历史，而传记是他人对某个人的过去经历的重构。尽管我们经常发现阅读他人的传记有助于我们

认识自己与他人之间的不同之处，但是我们的兴趣主要是重构和讲述我们自己的过去。每个人都有自己心中崇拜的教育家或是"心向往之"的偶像，他们的生活经历对于帮助教师反思他们的经验是非常有用的。

我们重点关注和尝试理解的是自传这种传记方式，它可以单独操作，也可与同事一起合作使用。这种方式对于探索我们的个人化实践知识来说，是一个非常有用的起点。对于新任教师来说通常让学员分享简短的自传片段，在口头朗读简单的材料之后再提供篇幅较长的书面材料，这个办法是很有效果的。

写自传需要注意的：一是，如果你有足够的时间，你可以将你的自传写成一本书。但由于时间和能力的问题，不是每个人都能做得到。如果做不到，建议写5～10页（大约1万～2万）字左右为好。若比这短，你就不能真正捕捉到生活中的细节。二是，写自传像写文章一样，要反复修改，不断充实细节或事件。定稿之后，还要不断反思，为自己今后的教学实践提供个人实践理论基础。

③图例（picturing）。在心理学领域，图例被用作一种咨询方法，也被用来帮助个人理解他们自己的个人观念。这里是我们对心理学中正在运用的图例方法进行了改造。我们大脑中创造出的图例画面是我们的一部分，并且具有情感维度。

戴维·亨特（David Hunt）在与教师一起工作中使用了一种类似的技术，以帮助教师成为他们自己最好的理论家。开始时，他让参与者闭上眼睛，让他们想象着舒适的感觉。然后，他给他们一系列的指令，指引着他们创造出一幕幕他们在不同地方、正在参与不同事件的心理图景，比如他们正在上课，要不就是正与孩子们或者同事谈话等。他要求他们舒展自己的感觉，以便让想象的图景"变得生动"，并且体验与这些图景有关的情感。

人们发现图例有助于教师们理解他们平时所用的各种概念的意义。例如，研究者曾经在与教师以及他人一起工作时采用了这项技术，帮助他们反思一些变化的概念的意义，如课程、工作、合作研究以及问题儿童等。这种方法在反思个人化实践知识的任何时间都是可以使用。

戴维·亨特（DavidHunt）的图例方法特别有效。当教师开始反思一些特别的术语或概念时，图例的过程很有帮助。当你试图与进入你思想中的独特的术语或观点发生联系时，它是一个非常有用的起点。当你想对自己的观点进行分类，当你找不到合适的话去表达个人的理解时，它对你正在进行的深思也是非常有用的。使用图例法，重要的是放松，让图例的画面在脑海中出现，并且允许你的情绪反应和画面一起出现。还有一点需要指出的是你要对脑海中出现的东西进行简略的记录,试着记下你进行图例的时间、情景以及图例中的其他细节,及时捕捉和画面一起出现的情感。如果当你进行图例的时候,画面或者情感发生了变化,也要将这些变化记录下来。

④档案分析。这里所指的档案包括学校的时事通讯、班级计划簿、课程纲要以及时间表等。罗布·沃克(Rob Walker)在《做研究:教师指导手册》(Doing Research:A Hand book for Teacher)一书中,提及了把这些档案用作"内部意见"(interview)方面的研究资料的可能性。使用档案进行反思的方法,是从档案分析与其他反思方法,如与书信、日记、讲故事等方法结合使用中发展而来的。

档案分析作为一种反思方法具有巨大的潜力,但还没有被研究者们广泛地使用。这种方法还存在着许多问题。一是,档案种类复杂,不知道有哪些种类的教学记录。除了学校的教学长期计划、课程纲要,甚至还有学校寄给父母的书信等,对研究者来说都有很大的帮助。二是,档案分析法可以和许多研究方法共同来使用。如参与式观察、日记、书信或者传记与档案分析一起使用都会非常有效。哪一种最有效还需要在实践中进一步加以印证。

(2)与他人合作的反思方法

①讲故事。讲故事这种方法不仅有利于我们对个人化实践知识的理解和反思,而且可以帮助教师进行自我反思。研究者要求每个教师写下三个他们作为教师的故事,这些故事要尽可能写得详细。人物是谁?背景是什么?什么时候——是工作的早期、几年前、去年,还是上个星期?当然,故事中要有作为教师本人的参与,而且要注重故事的情节。对于教师来说,有许多故事可以立即浮现在脑海中,但是让他们完整地、深刻地、有意义地讲出来有时是非常困难的。

教师把故事写完后,研究者一般要求这些教师(作者)与他们信任的另一位教师一起分享。他们共同分享过他们的故事后,再要求教师针对他的故事提出一些问题,以便获得一些有意义的东西。主要问题有:我有什么样的学生观、教材观和教学观?如何看待教与学的关系?如何看待教育的情境?当然,也可以从独特的和个人化的视角提出一些个人感兴趣的问题,这些问题对你思考你的教学和班级有帮助。

当你从你的故事中提出尽可能多的问题时,当你有机会回答其他教师的问题时,教师们会对自己的教学实践及个人的实践知识有更多的感悟的体会。

教师在写故事时一般会问到的问题以及指导者应给予解释和回答的问题有以下两方面:一是,在写故事之前首先要考虑你准备和谁分享这些故事。不要写那些你不愿意与教学中的其他人分享的故事。某些故事的书写和分享可能会构成很大的个人风险。写那些对你重要的故事，回过头全面地考虑你的教学体验。试着写那些似乎在"讲述"你的教学的故事。二是，作为一种与同事分享反思方法，如果想检验教学的某个主题、线索及模式，三个故事似乎是最少的数目，当然有条例的话可以写更多的故事。对于写过的故事，要经常与同事阅读与反思，还要经常独自阅读，向故事提问，逐渐形成你个人化的实践知识。

②写信：同行对话。在课堂情境中，我们经常可以看到教师与学生间的对话。在课外情境中，对话可以发生在你和另外某位教师之间。研究者最初是在研究教师的个人化实践知识中采用的一种方法，后来经过改进形成了一种有用的反思方法。它不仅对教师教学过程中的反思有用，而且也可作为教师在课外进行反思性对话的一种方法。

在写信时，研究者让教师反思他们有关课程、课堂以及课外的经验是如何促使他们对各自的实践产生不同的认识这一问题。研究者要求教师描述行为、事件以及他们的反应。在这方面，书信类似于记日记。所不同的是，此时你写的是和另外一位实践者的对话。你控制着对话，你选择主题，并决定是否回答另外一个人的问题及意见。如果你需要的话，你还可以重新确定讨论的重点。根据你的兴趣，这些记录可长可短，但你必须记住它是正在进行的对话，是书面的谈话。

在书信对话过程中需要注意的：一是，信件用的纸应垂直将每一页分成两半，右边用于自己的写作，左边留给交流的另一方写他的评论和问题。左边的空白处也可以在你重新阅读对话时，用来写一些"理论备忘录"。二是，每封信没有固定不变的规定。但是你需要写得足够多，以便引起某个对话。要经常阅读书信，它可以使你发现交流中开始出现的主题或模式，并保持一种反思的冲动。与阅读日记相似，看一看你是如何使用书信去理解你的个人化实践知识的，不同的是写信显示为两个参与者之间的"行动中的反思"（reflection-in-action）。

③教师访谈。最早运用此方法的是约南穆拉（Margaret Yonemura）。他将教师与教师之间的对话描述为"对某位教师的实践及内隐理论审慎的检查与反思，另一位教师不时地对他的实践及内隐理论给予专心和支持性的关注"。在对话中，研究者为教师提供以下的机会：反思教学，而且把它作为艺术来欣赏；在教学的孤立与压力之中获得一些放松；在支持性理论以及教学理念与实践之间达到更高程度的一致。约南穆拉认为，"通过这些反思的、支持性的对话，指导教师实践的原则将能更加清晰地被确认出来"。

访谈的问题主要是课程所关注的中心问题，诸如情境、教学设计、教材、教师对儿童的看法以及教与学的过程等等。研究者发现，问一些诸如让教师描述一天的教学之类的问题对于打开谈论的话题很有帮助。访谈的问题应该是开放的、个人化的和具体的。访谈的资料要有丰富的实践中的细节。

第二节 纸笔式教学反思日记

长期从事教学工作的教师，对自己的某些教学行为习以为常，并不觉得有什么疑问，但如古诗"不识庐山真面目，只缘身在此山中"所言，事实上可能存在许多问题。那么，如何做到在实践中自我认识和反思呢？日记正在变成教师手中自我反思的"法宝"。奥尔波特（Auport）指出："自然而真实的日记是最好的个人资料。"他把对个人资料的运用当作一种研究策略，并且把日记放在了这些策略的第一位。胡克（Hook）说："日记里包含了个人的观察、感受、态度、理解、反思、假设、长篇大论，以及批判性的意见。这些内容都是记日记的人跟自己的交流，而且是种高度个人化的交流，所记录的事情都是作者认为有意义的。"所以，借助个人日记，我们可以以一种更加个性化或人性化的方式去理解课程，于是，日记愈来愈越成为教师进行研究的新宠。

一、日记：教师研究手段的新趋向

教育要求教师不仅是教育过程的参与者，而且是教育过程的研究者。在新的研究方法理论的指引下，日记在教师研究者的角色中起到重要的作用。

（一）日记在叙事研究中兴起

长期以来，科学主义的研究方法，如教育实验法、教育调查法、教育统计与教育测量等定量研究方法在教育研究中占据着主导地位。但是，人们在人文研究的实践中逐步认识到教育科研不能简单照搬自然科学的研究方法。例如，现象解释学认为，科学认识是我们认识世界许多方式中的一种，我们决不能以近代自然科学的认识和真理概念作为衡量一切其他认识方式的标准，理解、解释、体验等也是人类探索世界的方式，通过它们获得的知识和真理不同于科学的认识和真理。"故事、叙述的方法当然是逻辑分析的方法，就像科学的、理性的方法是逻辑的方法一样。"因此，叙事在人文研究中取得了自己的理论基石。

叙事长期而广泛地存在于我们的日常生活世界，体现在文化艺术领域（如小说、诗歌、绘画和影视）中，它是人们表达思想和情感的主要方式，也是人们基本的生活方式。叙事就是陈述人、动物、宇宙空间各种生命事物身上已发生或正在发生的事情，它是人们将各种经验组织成有现实意义的事件的基本方式。这种方式向我们提供了了解世界和向别人讲述我们对世界的了解的途径。

作为活生生的人，并在教学活动中成长发展的人，教师的生活充满了故事性的事件，有许多自己的叙事性记录。教师叙事性记录是教师教学成长的历程，是教师在教育教学活动中的真情体验，通过教师对自我教学体验的记录，见证了教师的生活原生态。在现有的教师叙事记录文本中，日记是一种平常而重要的文本形式，因为它出自教师之手，是教师教学过程中的第一手资料，并一般是以故事的形式进行记录的。日记在叙事研究的背景下正越来越显示出其新的现实意义。

（二）教学日记的定义

那么，什么是教学日记？有学者认为：教学日记是教师对自己每天从事教育活动的记录，跟一般的生活日记相比，它的内容是记录教师自己的教育活动的。教学杂感是教师对教育教学中点滴认识的记录，形式自由，内容广泛，可以较好地记录教师的思想。这个定义区分了教学日记和教学杂感两种记录方法。

在众多的叙事研究方法中，教师记录自己经验的教学日记是教师有效实现叙事研究的重要途径之一。关于教师日记，有"教学日记""教师日志"等提法，它们异名同实，都是教师个体对自己生活事件的记录。所以，为了统一，我们采用了教学日记这种提法。

有人从研究日志的角度提出：研究日志是一种教师对生活事件定期的记录，它有意识地生动地表达了教师自己。它不是仅仅罗列生活事件清单，而是通过聚集这些事件，让我们更多地了解自己的假设。这种定义突出了教师的有意识的主动性。我们认为，作为教师叙事研究的教学日记，可以定义为：在一定方法和记录方式的基础上，运用日记记录的书面形式，对教师自己的教学生活、思想等自我记录或反思。

二、教学日记写作对教师的现实意义

教学日记作为具有研究性的方式是时代对教师的新要求和教育科研方法的创新的双重要求的体现。作为现代的教师，必须具有对教学的反思意识和能力，成为一位反思型的教师。这就要求教师掌握成为反思型的教师的实现途径与方法。同时，教育科研方法的实践性，越来越重视教师的参与，所以教师成了教育研究的重要生力军，教学日记的研究性意义正是于这种背景下提出的。

（一）对教师的反思性作用

日记通常是指把当天发生的事情及时地通过文字的方式记录下来。作为一名教师，日记可以作为一种反思自我教学活动和思维的镜子，通过这面"文字"构成的镜子，教师能够有效地发现自己的教学优点与不足。因此，"只有通过语言，我们才能把教育体验转化为符号形式，而且符号形式具有奇特的本质，能够推动我们建立对话关系。"正是这种教师的自我对话，促进了教师的教学发展，从而把教学活动从随机的机械活动变为主动的变化调整过程，因此，教师的教学活动成了活的过程，被赋予了生命性。"只有当一篇描述能够唤起我们对其描述的体验的基本感受时，才是一篇有效力的描述。也正是以此形式，我们去经历更为本质的体验。"可见，日记对教师的教学反思具有重大意义。

（二）对教师研究的作用

作为一种常见的个人化的写作形式，日记具有把教师活动呈现出来，并使之面对教师自我审视，所以，日记可以成为教师研究的起点，并且通过日记写作和对日记的思考，使教师走上具有研究意义的教学道路。

作为一名教师，作为一名反思型的教师，更作为一位有研究意识的教师，日记对教师的教学研究有巨大的价值，教师应该作为一位研究者去实践日记的写作。

教师参与研究的意义已经日益为大家所重视，因为，没有教师的研究，教学是难以有自下而上的发展的。教师的研究立足于以研究的意识对待教学中现象和问题，而日记则是不错的研究立足点。"写作是将思维成果跃然纸上。写作是将内在的东西进行外化，使我们离开自己直接面对的世界。如果我们审视纸张，审视我们所写的东西，我们客观化了的思维也在审视着我们。于是，写作就建立了某种思考的认识状态，这种状态通常是社会科学理论所具有的特征。""写作把我们跟我们的生活世界分离开，又吸引我们更接近生活世界。""使我们对世界的体验抽象化，又使我们对世界的理解更为具体。"

三、日记的写作

对大多数人而言，日记就是自己的写作练习，但我们要把日记的作用提高，把教学日记作为研究型的日记来用、来记录，这就规定了教学日记的写作必然跟一般的日记有所区别。

（一）日记的记录内容

日记就是要把故事或事件写出来。问题是，有的教师想写，但苦于找不到素材，因此，我们在这里简单介绍一下如何从教学活动中找出写作的线索。

（1）记录成功做法。每个教师在教学中都会有自己比较满意的做法，把这些成功的做法真实地记录下来，对促进日后的教学应当具有积极的意义。

（2）记录失败之处。把失败之处记录下来，并进行反思，这对改进教学同样具有积极意义。

（3）记录发生的事件。这种事件不是特指典型的事件，而是自己认为是一个完整的而有意义的事情。通过记录这些看似平常的事情，可以培养和训练观察事物、判断事件的重要性及时捕捉教育现象的能力。

（4）记学习心得。教师在学习提升中，可以结合学习反思自己原有的教学活动，并记录下自己新的认识和观点，以提升运用理论反思的能力。当然，这仅仅是写作的线索。只要平时能勤动笔，快动笔，到时候笔下自然如泉涌。

（二）日记的记录方式

按日记记录的内容特点，可把教学日记分为备忘录型日记、描述型日记、解释型日记、反思型日记。

1. 备忘录型日记

备忘录作为一种常见的日记，同时也是保存资料的有效形式。备忘录的特点是非个人化的，它试图保持客观而具体，而且不关注个人的感受。撰写备忘录型日记的时候，需要注意的是：第一，在一个事件发生后，应及时做好记录；第二，记录时要求记录者保持客观的、独立的地位，不要受其他因素的干扰；第三，可在记录活动的过程中用缩写符号、片语来简记一些重点，以便快速跟踪，但做整理时必须复原符号所代表的内容；第四，忠实记录时间、地点和事件，并把同一项目的记录统一保存；第五，备忘录的目的在于对情境做一种事实过程的描述，应尽可能全面地描述出事件的全部要素，而不是去作价值判断；第六，对一个长期事件应该归类处理，以能全面了解这个过程的发展。

2. 描述型日记

描述型日记包含对某一教学活动的说明，人物的肖像与特征（如外表、说话与动作风格）的描述，对话、手势、声调、面部表情的描写，时间、地点与相关设备的介绍等。其中，以特定的情境、个人的语言行为描述的重要内容，并且，描述的段落应尽可能地进行细节的描写，同时抓取典型的东西，重点关注活动的描述，而不是对活动的评估。

需要强调的是，对于人物对话，只要可能，最好直接记录，并用引号表示，或用独立的一段文字说明。即使当时的情景不允许即时记录，也要尽可能在事后的第一时间把记忆中尚比较鲜明的细节、研究对象的话语记录下来。用以描述一个人、一个群体、一个情境的文字与措辞，最能呈现其特征，最能从中反映隐藏在个体或群体的行为背后的态度，而要达到最好的效果，只有尽可能地精确记录下来才行。这正反映了描述型日记最大的特点，即拉近读者与现场的距离，让人有一种身临现场的感觉。

3.解释型日记

在日记中，对一个教学现象或问题给予一定的解释，如感受、创见、思索、推测、预感、事件的解说等，这种类型的教学日记，即解释型日记。解释不仅会在记录经验时产生，也会在不久之后产生，比如在写日记（如观察笔记）的过程中有所反思时引发。由于日记会在日后被反复阅读，于是便可以发现与修正原有的错误，许多事情也会得到更清晰的认识。重读所写的内容会比撰写时更容易脱离原有的情绪干扰，可能会发现某些观念与观念之间的新关系，促进理论的认识加深，一些新的体悟也可能接踵而来，原先在文章中的思想可能被重新建构，所以，解释型日记具有一个长时间的形成过程，这也是教师认识发展的过程。

4.反思型日记

反思型日记除了报道与解释，还要在日记中加入自己的猜测与推理，包括作者的自我评价、反省性思考和期待性想法，其特点是作者带有很强的自我意识。作为反思型日记，主要是对教育教学工作的总结和规划，它既包括对自己工作的总结与体会，也包括对教学工作甚至自身教育理念中出现的问题进行深入的分析，并积极寻求解决的对策，对令人兴奋的、疑惑的或已经证实的一两个事件进行深入、详细的记录与分析。在众多日记类型中，反思型日记对教师成长的影响最大，因为它是教师对自己教学活动再认识的重要途径。

（三）教学日记撰写中的注意事项

对教学日记的要求主要有两个方面：一是持续性，因为日记是以生活为对象的记录，而生活本身是持续的发展过程，这就要求日记也是持续的；二是具体性，因为日记是对事件的记录，必须保证记录清楚，利于回忆。具体注意以下几点：

（1）有规律地记日记。日记是对事实、逸事、思想等的连续记录，一旦中断一段时间，这些内容可能会被很快忘掉。

（2）必须标明日期，并跟相关的其他日期相互参照。记录下日期与时间，可以使事件发生的顺序更清楚一些，因为仅凭记忆是不太可靠的。同时，要努力通过系统的交叉参照的方式，把相似的主题、概念与事件联系起来。

（3）日记应同时包含事实和解释。首先要记录下发生的事实，然后进行分析和解释各种分析性的注解，即同时考虑意图、事件和结果这三种因素好坏两个方面的情况。

（4）日记要注意保存。日记不是一时的记录，它是对发展过程的反映，所以应该妥善保存，以免造成缺失。

第三节　电子档案袋式教学反思

从一些档案袋评定发展较早的国家和学校看，目前档案袋评定的标准一般有三种类型：第一种是集中关注作业的关键特征，如目标、组织、文章的技巧等，并给不同特征打出一定范围的等级，如1~4级；第二种类型运用一般的等级，如1~4级或1~5级，反应不同的能力水平，某一组特征都与一个数字分数相关联；第三种类型是确认主要的维度，如流畅性或精致性，以此来确定成就水平。对教师和学生来说尤其重要的是要将那些被用作评价学生进步的标准区分优先秩序。不但要有形成性的（例如在教育的某一个阶段），还要有总结性的（例如作为最后项目、活动或者相关评价的一部分，用于决定已定的课程期望值、目标和标准已达到的程度）。师生在标准的制定中可参考以上标准，但在具体的项目活动中，对不同的任务和表现要有灵活的界定。

一、电子档案袋在教学实践中的作用

（一）制定评价标准

1. 评价标准制定的原则

为了判断学生表现的水平并记录学习的过程，教师应先设定评分标准，以确保学生作品评价的效度、一致性与公平性。评价标准是指对要评价的对象内容做出质量与数量要求的规定，像其他评价一样，包含评价指标体系和评价标准。

评价标准的制定主要集中在以下几个方面：①问题解决（策略的开发和实施）；②关联（将物理与其他学科联系）；③思维灵活（多种方法，策略的应用）；④物理交流（物理材料的阅读与写作）；⑤随时间而发生的成长（从错误中学习）；⑥自我评价的能力；⑦与他人的合作。

评价标准的科学、客观和有效性标志着评价结果的信度和效度。在制定评价标准时要让学生参与讨论、制定、修正以确保最大限度地提高档案袋评价标准的质量。

2. 制定评价标准

档案袋的目的是显而易见的，即促使学生向更高的标准持续地提高。这样关于标准的争议以及这些标准如何产生和用于判断，必须是开发档案袋评定的一个组成部分。比尔·约翰逊认为："如果新的评定不尝试澄清对优质作业的期望是什么，我们很可能是在用新瓶装旧酒。"[①] 什么样的作品是"优异"的，什么样的作品是"合格"的，标准必须让学生清楚，如果我们不给学生提供清晰的作品标准和规则而要求学生"取得"某种成就，这是不公平的。由于表现性评定最终要适合于表现，因此，教师和学生必须完全清楚，什么是优异、及格或需要重新来过的表现标准。这样做有助于学生学会自己判断自己的进步，反思自己的学习，帮助学生认识自我，从而更好地发展自己。所以，学生在接受任务时都要收到一份关于项目的评分规则，项目的评定标准是档案袋中必有的内容。

教师与学生合作，提出可以用于评价电子档案袋作品质量的标准。由于不同学生的电子档案袋作品各不相同，所以制定标准并不是一件很简单的事情。另外，评价标准，至少是主要的评价标准必须是相互独立的，否则学生很难评价他们的努力和进步。评价标准一旦确定，还必须要有具体的使用说明。

教师和学生应成为标准的开发者，而非旁观者，这是表现评定特别强调的。教师是教学活动的计划者、组织者和实施者，最了解学生。制定什么样的标准更适合本地区、本学校、本班的实际情况，教师和学生是最有发言权的。同时，教师和学生在开发标准的过程中，会对标准有更深入的理解和把握，有助于更好地达到标准。标准往往交由教学活动的直接参与者——教师和学生共同制定。这种做法，最大限度地保证了师生特别是学生对标准的了解和把握，让学生清楚地知道对他们在各方面的要求究竟达到何种程度。当然，对我国教师而言，这是一项很少接触的工作，是一件极其复杂、麻烦的事情，需要付出许多时间和精力，但从学生发展角度讲，确实是一件值得做的事情。

（二）电子作品集

1. 收集

电子档案袋通过建立生活经验、与其他人的合作和深入的思考，培养学生解决真实情景中问题的能力和处理内在信息的能力。正是如此，电子档案袋被认为是可信的评价方式。为确保档案袋的可信度，学生作品应当包含以下方面：①针对"真实情景"主题的行为、研究或技能。②研究资料包括传统的（书、杂志）和非传统的（CD—ROM、网上资源、采访）。③权威的适当信度的资源。

---

① 庞淑芳.培养教师反思能力的实践与研究[J].中小学教师培训，2006，07:13-15.

④使用与年级知识水平和理解力相对应的实时信息。⑤包括录音、调查、图片或其他形式的媒体的交互资源。⑥与同伴合作的作品和自己独立完成的作品。⑦自我评价和反馈以及从其他人那里得到评价反馈的机会。⑧真实发布：印刷、上网或陈述表达。⑨技术潜能（作品是否有超越班上其他人的价值？）

教师要指导学生收集那些能展示学习过程和成果的作品，应指导学生从以下几个方面考虑来收集作品。

（1）主要行为和成果是什么，或者在一个明确的时间段（一天、一季度、一个学期、一节课等）中课程学习的主要行为有哪些？使用档案袋评价哪些成果最有效？电子作品可根据所学内容选择，也可由教师列出一些可选项目，由学生选择做出。对于学生所选择的条目，应附上选择这个条目的简短原因（可与学生的表现相联系，也可与他们作为学习者自身的进步相联系）。

（2）像明确的学习基础知识和技能一样，在到达确定目标过程中，哪些可以观察到的现象可以给出学生学习情况和取得进步的证据？

（3）可被设计成学生取得基本技能和知识的证据的主要活动是什么？哪些活动将更适合于评价？

教学目标和评价目的是学生活动项目确定的直接依据，什么样的成果能最好地反映他们向有价值的目标所取得的进步，什么样的证据能清楚地反映出学生在要评价的素质方面的成长，就设计什么项目。

项目要具有真实性和情景性。档案袋评定的心理学基础是多元智能理论，多元智能理论认为智能的发展是情景化的，智能是一定文化背景中的学习机会和生理特征相互作用的产物，所以，档案袋评定特别强调评定问题的真实性和情景性。这也是与测验或考试卷中试题的最大不同，测验或考试的问题多属于静态的，而档案袋中的项目多属于动态的，它强调学生以可验证的方式展示他们的所知所能。

2. 作品存放

要明确在档案袋里放什么放多少，对于每一个条目都要明确它是怎样被评价的。学生要在使用档案袋之前对评价的等级量表非常熟悉。档案袋条目可以由多种方式呈现。建议对档案袋条目数量进行限制。不要鼓励学生向档案袋中放过多的条目内容。要让学生明白重要的是质量而不是数量，而且档案袋评价的关键之处在于对能证明学习情况的内容的慎重选择。档案袋中的陈述要求表达清晰，并附属相关的反馈或评论。

3. 作品的评价

在教师的指导下，学生可整体的评价自己的作品，或者分项评价，也可以综合使用上述两种方法。这种自我评价可以成为每个学生的日常工作。这个阶段有以下几个方面的工作。

(1)教师组织召开师生交流会,练习评价和自我评价,因为这些技能对大多数学生来说都是全新的。例如,鼓励他们向自己提问:在这次活动中,我需要达到的目的是什么?我从它里面学到了什么?哪些是我做得好的?我为什么选择它?在这个项目里我想得到什么提高?我怎么看待我的表现?出现的问题是什么?我还需要在哪些地方改进?教师可以从一些结构性较强的评价开始逐步过渡到开放性的反馈评论。这个阶段的工作是确保学生能依据既定的标准评价自己的作品。

与其他教学目标一样,自我评价技能需要不断练习和反馈。电子档案袋中设计的学生作品集,不仅包括了学生选择的作品样本,也包含了学生对作品的反思和评价。学生对作品的选择和反思可以为教师提供有关学生成就的信息,同时也为教师了解学生的自我评价技能提供了一个窗口。电子档案袋评价也同样强调教师和学生之间对所期望的表现和高质量标准进行讨论,从而使学生将这些标准内化并用于自己作品的评价中。

(2)教师要对学生的电子档案袋内容做出及时的反馈,这样可使学生知道他们是否在正确地轨道上前行。

(3)为确保档案袋呈现的是学生自己的作品,对于合作的作品,教师可以请学生在他们的反馈中阐述是谁(同学或父母)帮助他们完成了作品以及在作品修正中学到了什么。

(4)每个档案袋条目都要根据他的具体目标进行评价,自我和协同评价可以作为形成性评价的一个工具。学生必须根据评价标准和档案中的具体内容评出他们的等级;建议教师为档案袋做出反馈而不仅仅是给出分数,并根据已定的标准对档案袋做出评价并给出今后的发展建议。

电子档案袋的一个突出特征就是动态性,随着每天、每周以及每月的流逝而不断发生改变。教师有很多机会来检查这些作品,并与学生讨论下一步的想法。在电子档案袋完成的过程中进行观察,可以为教师提供进一步的计划和形成性评价的依据。

(三)安排和举行电子档案袋会议

档案袋评价会议的召开是为了教师、学生之间更好的交流作品和反馈评价,对发挥电子档案袋评价的潜在功能具有十分关键的影响。这种会议不仅要评价学生的作品,还要帮助学生提高自我评价能力。

档案袋内容的收集、编排、保存等工作可以由学生在教师指导下完成,但档案袋会议必须由教师亲自主持。一般来说，档案袋会议的内容主要是对学生的作业进行回顾与反思，教师要鼓励学生对自己的作品进行自我评价，并在必要时帮助自我反思能力比较薄弱的学生发展相应的能力。

通过会议，促使教师和学生经常讨论关于创造有价值的作品的过程、有效评价的组成以及对尚在发展的作品进行评论的方式等。这一切的重要性在于，它们可以帮助学生把讨论评价作为学习的机会，评价由此实现了与课程、教学的整合。会议中家长对学生的作品进行评价，关注学生的学习过程，公众及其他同学可对学生的作品进行评价。

（四）调动家长参与电子档案袋评价过程

电子档案袋在教学中的一个重要用途是指导学生与不同的人进行交流，电子档案袋可以作为教师和家长之间对学生的表现进行沟通的焦点。当学生向家长呈现并解释档案袋中的作品时，教师和家长都有机会更好的理解学生对作品质量进行判断的过程以及他们对于高质量标准的理解。

因此，要鼓励学生思考哪些作品能够让家长知道他们的学业成就。作品和学生的自我反思可以为家长提供一个了解课堂的窗口，让他们更清楚地了解孩子在学校各个方面的经历和表现。电子档案袋可以提供三方面的信息，即关于学生的现状、进步和下一步努力的领域。对于中学生的档案袋，其参阅者包括教师、家长、同学，还可能包括雇佣者和大学。

在新学期开始时，教师要帮助学生家长理解电子档案袋评价过程的性质。教师还要鼓励学生家长或监护人定期回顾、评价其子女的作品样本及其子女对作品的自我评价意见。家长越是积极的回顾、评论学生的作品，学生越是会感受到电子档案袋应用的重要性。如果可能，教师还可以让学生选择他们的最优秀作品组成一个展示型档案袋，向家长汇报成果。

（五）对整个档案袋的评价

档案袋提供与传统方式不同的评价学生学习的方法。档案袋评价给教师和学生提供在较宽范围（探索、开发创新的解决方案、学习对自己的成绩做出评判）中观察学生的机会。电子档案袋记录学生整个学期的课程学习情况，展示学生的学习成果，在学期末有必要对已完成的档案袋内容进行整体评价，并将评价结果作为学生最终学习成绩的一部分，这也是激励学生使用档案袋评价的一个方面。

为了开展有思想性的评价，教师必须有多种评分策略来评价学生的进步。对已完成的档案袋的评价包含以下几个方面：①慎重的思考。包括学生跟踪自己的理解力、元认知反馈和有创造力的思考习惯的证明。②对课程的期望及目标的培养和发展。③主要过程的理解和应用。④在档案袋中展示完整、正确、适当的作品和完成作品的过程。⑤多样化条目（用多种形式展示经过指定的成绩评定标准的结果）。对已完成的档案袋的评价结果可以放在学期评定中，可由教师、学生家长共同参与评价。

教学反思是教师不断提升教学实践的合理性，使自己成为专家型教师的一种有效方法。档案袋评价中的教学也不例外，教学目标是否达到？教学目标制定得是否合适？课程资源开发得如何？通过档案袋评定暴露了学生的哪些问题？哪些方面比较薄弱，如何通过教学加以改进？等等这些问题都必须要考虑，从而对教学加以调控，使教学更具有合理性。

教学档案袋中包含教学日志、学生成绩管理和学生档案袋入口。教学日志可记录上述对教学活动的反思，也可记录与学生的访谈、查看学生档案袋情况、学生课堂表现记录和档案袋会议的记录等，这些情况都可以是学生档案袋中教师反馈的依据，也是进行下一步工作的前期资料。

二、教师教学行为诊断式档案袋设计

"在教师评价中，允许教师选择评价的资料，建立基于自己教学和专业发展的档案袋，强调教师对评价信息的自主选择。"设计教师教学行为诊断式档案袋的最终目标，是方便学生全面了解教师，主动适应教师，从而更好地督促教师改进教学，提高教学监控能力。注重教对学的开放，可以督促教师在批判与反思的基础上提升自己的教学艺术，为教师提供了一个探究、展示、反思教学的平台，从而达到以学督教、以学评教、自主参评的目的，同时也为考评教师提供参考，着眼于教学反思研究的教师教学行为诊断式档案袋能表明、反映教师工作的复杂性，是教师作为专业人员对自己评价观、教学观的个性化肖像。理想的教师教学行为诊断式档案袋评价体系从教师自身条件与素质、教学过程与职责和教学效果与效益三方面构建标准体系，以此促成教师素质档案袋、教学过程档案袋和教学效果档案袋的形成。

（一）教师自身条件与素质

罗杰斯研究认为，好教师具有的四种人格特征：信任感、诚实、尊重他人、同情心。他们的研究揭示了教师的人格特征对学生的发展和教学有效性的重要影响，是影响教学效果和学生发展的重要隐性因素。因此，教师自身条件与素质是学生能否发展的前提，对教师自身条件与素质的信息掌握是学生主动适应教师的基础，对自身条件与素质的准确认识也是教师本人教学信念提升的基础，开放性教师档案袋要有教师自身条件与素质评价标准。

教师自身条件与素质档案材料构建应注意以下几个问题。（1）材料填写应遵循真实性和个性化原则。教师档案袋的观众是学校领导、同事、学生及其家长，所以填档教师要本着真实可信的原则，如实填写自己的实际情况，形成个性化特色档案袋。为了方便学生全面了解自己，教师还可在此项目中填写自己的兴趣爱好，以及以前求学之路的感悟体会等，加深与学生的沟通。（2）发挥好教师自身条件素质材料的激励功能。构建教师基本条件和素质项目表，对高规格的教师而言，因为他们的高学历、高职称、出生名校而使他们在时时翻阅档案材料时看到自己的高起点，因自信而增强自身自我效能感；对一般教师而言，也会使自己在翻阅档案材料时不断鞭策自己，促使自己进步，所以档案袋还有自我调控功能。

（二）教师教学过程展示与职责

对教学过程的深化研究可以揭示教学思维展开度。教师通过档案袋的整理可以训练其正确教学归因，提高教学效能感，以此提升教学信念。通过教学归因、教学效能感、教学思维品质及其类型来反映教师教学过程与职责，是基于教学效能感、教学归因、教学思维品质与教师专业成长和学生发展有直接关系的理念。其依据来源：Woolflok（1990年）研究表明，个人教学效能感越强，教师对学生的控制定向越人道，学生自主性越好，教学效果越好；低效感的教师认为学生必须受到控制且不信任学生，他们更相信外部奖励对学生的激励作用；对教学思维品质与类型研究表明，教学思维的条理性、逻辑性、系统性和创造性是影响教学成效的最重要因素，教师思维的流畅性与教学成效的等级有显著相关。在咨询专家和文档查阅基础上，教学过程与职责的评价以教师专业知识、教学思维品质、教学效能感、教学归因四个评价维度进行，以关键表现作为评价具体项目。

教师教学过程与职责档案材料构建应注意以下几个问题。

（1）材料的搜集要体现诊断性、表现性原则。教师档案袋中关于教学过程与职责的材料应该着眼于诊断教学中的困难和问题，反馈教和学的信息，并有针对性提出改进措施依据档案袋目标搜集材料，依据材料诊断问题，依据问题进行反思，依据反思改进教学。档案袋评价关注成长、改变历程和表现性行为，所以搜集的资料包括草稿、初稿、修改稿、完稿、学习启迪记录等内容资料。

（2）借助教学过程展示提升教师反思能力。与其他方法相比，档案袋过程更能激起反思。正如杜威所说，只有对我们从事的活动不断反思，才能进行真正的"做中学"。教师的反思性纪事是档案袋的基本内容。写反思材料可以推动教师更深入地检查自己的教学，同时也可使其他人根据反思材料检查该教师的思维。有了思维，档案袋就会变成学习的一部分，没有反思，档案袋可能只是材料的聚集。教师可以对自我情感体验、教学过程中师生互动、教学方式的运用、教学内容的选择、预设目标和生成目标的达成度等方面进行全面反思，以带动教师对教学中体现的教学策略、教学机制、教学语言进行深入的研究和思考。

（三）教师教学效果与效益

此项目可以说是教师的一张"成绩报告单"，收集分析教师教学的效果与效益可以给相关部门提供考核教师的原始资料。考察教学效果与效益可以从学生学习情况、学生对教师的态度、家长对教师评价、社会对教师评价几方面进行。

教师教学效果与效益档案材料构建应注意以下几个问题。（1）对教师教学效果与效益的总结材料要体现客观性、发展性原则。教师的教学效果与效益材料是教师综合素质的体现，教师在对学生学习情况评价时要客观、公正，分析问题要深入，家长、学生和社区对教师的评价材料收集是为教师的发展性评价服务。（2）教师教学效果与效益的总结材料可以为教师评职晋级提供依据。新评价理念提倡主体多元性评价，要打破只由学校领导评价教师的单一评价主体，构建有教师、学生、家长、社区共同参与评价活动的评价网络。在传统评价中，运用学生成绩评价教师在许多学校和地区表现为运用纯粹的学生期中、期末或升学的考试分数来评价教师。单纯的学生成绩表现不能评价出老师的综合素质，应该通过多途径收集信息，如学生和家长对老师的态度，社区对老师的观察资料等来评价老师。本项目在设计上着重强调了教师的情意在学生发展中的作用。

（四）校本培训学习过程档案袋个案评析

某校一位副校长利用档案袋评价方法，为本校教师校本培训设计了学习档案袋。经过整理，其评价目标要素、档案项目、评价标准的具体内容如下。

档案袋主题：校本教师培训

评价对象：本校教师

评价目标要素：能自行设计、整理学习档案，能根据新课改理念设计一个有创新意义的教学课，能撰写各种不同学生的教育个案，能自行策划一次别开生面的主题班会，能利用资源对学生进行教育，能对学生进行发展性评价，能自省档案作品。

经评价目标要素转化的档案项目（档案目录）：整理与呈现学习档案，优质课献课活动，撰写一个教育案例，组织一次班会活动，组织并指导家长会，为所教学科的学生作业写评语，档案的反思与感想等7张学习单。这7张学习单的评价标准如下：

《档案目录》：档案封面符合主题、美观、富有创意，档案呈现整齐、统

一、完整；档案目录完整、清晰扼要。

《优质课献课》：CD拷盘，画面配音清晰；文字教案工整，设计符合新课改理念。

《教育案例撰写》：故事生动、富有吸引力，案例时代性强，案例情境的描写真实可信，案例中包含的问题能调动学生积极性，撰写的案例适合学科教学。

《班会活动组织》：节目编排符合班会主题，仪态端庄大方、语言清晰流畅，班会活动计划表书写规范。

《家长会》：介绍主题明确，中心问题突出，介绍学生情况稳、准，能指导家长参与对学生的评价。

《评语写作》：能对学生进行发展性评价；能善用激励语言，寻找学生闪光点；写作形式多样、内容丰富；能全面评价学生。

《档案的反思与感想》：内容要具体反省、提出感想；段落分明，分析问题中肯、深入；材料前后比较详细真实；反思材料感情真实。

评析：从上述这一档案袋的设计来看，它是一种较典型的结构式档案袋（structured port folio）。倘若删除7张学习评价表，剩下档案袋的7个重要项目，则成为半结构式档案袋。如果再把这7个重要项目名称都删去，只告诉教师校本培训档案袋主题以及有关注意事项或要求，则成为非结构式档案袋。这种形式的档案袋虽然相对来说创意与发挥的空间相对较少，但建档容易，而且易于开展评价工作。上述档案袋是为教师校本培训之用，从内容设计看，是较符合建档目标的，材料的收集强调教师的内省与反思，较符合新课改理念，收集的内容相对完整；从上述档案袋评价方式看，突破了传统仅呈现能力之对错的评价，代之为"能力"与"努力"两个向度，"能力"向度以很好、不错、加油、改进、补做表示，"努力"向度以进步、退步表示。

第七章　教师教学反思性评价

第一节　教学评价概述

教学评价是对教学过程、质量或效果所作的测量、分析和评定。它既可是综合性的评价，如评价一个相对完整的教学过程，或评价比较全面的教学质量；又可是单一的评价，如评价教师的授课质量，或评价学生的操作能力等。

教学评价是教学工作的重要组成部分之一，是实现教学目的的一个重要手段，它直接影响教师教的积极性和学生学的主动性。同时，教学评价还影响与教学相关的其他教育活动。这一切是由教学评价的基本作用决定的。

一、反思性教学评价的特殊性

反思性教学评价在吸收操作性教学评价之长的基础上，坚持如下评价标准。

（一）科学评价与人文评价的统一

在一切可用科学标准客观评价的环节和方面，反思性教学评价与操作性教学评价无异。这主要表现在：一是严格把握评价标准和尺度；二是最大限度降低评价手段等方面的主观因素，努力排除个人感情和价值观等的影响；三是确定合理的评价程序。同时，在不适合客观评价的环节和方面，反思性教学强调可以采用人文评价，而且必须采用人文评价。这里的人文评价特指把事实判断与价值判断融为一体的评价。即这种评价不仅依赖客观事实，而且允许被评价者或评价者的主观因素融入其中。这里讲的主观因素主要有师生的道德修养、价值观念等。在有客观事实做基础的前提下，这些主观因素往往不是人们想象的那种可随心所欲的因素，而是反映着主体的理智程度与客观精神的主观因素。

因此，在比较成熟的教学评价者所作的评价中，人文评价也是有客观性的。叙事研究中，让人们讲故事的方法，也可用于反思性教学评价中，因为讲有关自己的故事，是不可以胡编乱造的。

（二）定量评价与定性评价的统一

操作性教学发展到当代，由于受技术理性的影响，对自然科学坚持的定量的评价方法比较推崇。这尽管对改变历史上较长时期内人们单纯采用定性方法评价教学大有好处，但由于它忽略了教学中的"人性"，因而很难说明一些复杂的教学现象。因为定量评价必须借助数学语言，而数学语言尽管是一种益于精确化的语言，但是一种无力说明非数学现象的语言。因此，对于教学中比较复杂的情况，除了定量评价还要用定性化的语言评价，如用评语描述。

二、教学评价的作用

（一）反馈作用

教学评价可以给师生提供有关教学目的达成度、教学过程合理性、教学方法有效性等方面的信息，以致师生调节自己的教学行为。教学评价的反馈作用亦有正负之分，正反馈即加强输入信号的反馈，即教学评价结果肯定了师生的教学行为，以致他们以更大的热情按原订计划教学。负反馈即减弱输入信号的反馈，意味着教学评价结果表明，现有的教学行为与预期目标有一定差距，应进行必要的调节。

（二）评判作用

教学评价是对教师授课和学生学习情况的判断。借助这种判断，教学管理人员可以了解每个教师的施教情况，区别教师工作的质量和水平，发现问题，总结经验，研究对策，完善措施，以改进教学。同时也可为教师一个时期的工作做出结论，并提供某种教师资格证明，必要时作为教师晋升、进修，人员调整等的参考。同时，学校可定期将教学评价情况通报家长，让他们了解自己子女在校学习的情况，以求得他们的积极支持。同时，有关学生学业的评价信息还是决定学生升留级和能否毕业的依据。

（三）促进作用

公正的教学评价可以激发师生的积极性。因为评价本身提供了号召人们努力的目标，目标所具有的效价，对人们来说具有吸引力。同时，公正的评价意味着公平竞争的可能性，给人们一种安全感，为人们乐意参与竞争打下了良好的基础。

总而言之，反思性教学实践的完整过程与操作性教学基本上是一致的。它所不同的是教师与学生都有比较清醒的反思意识，并在具体教学过程中采取反思的举措，特别是探究问题，解决问题。

三、传统操作性课堂教学评价的误区与反思性课堂教学评价的现状

（一）传统操作性课堂教学评价的误区

1. 评价功能的偏向性

当前教学评价强调的仍然是"甄别、选拔"功能的发挥。考虑到教育教学资源稀缺带来的升学竞争和就业压力，把"甄别、选拔"作为一种权宜之计对现实进行协调有其合理之处，而目前的问题是存在把"甄别、选拔"绝对化、普遍化的现象。学生为了能够在激烈的选拔中胜出，不得不放弃许多其他能促进自身发展的需要，把自己变成一架考试的机器。选拔还人为地为学生进行标定，通过选拔的是成功者，没有通过的则是失败者，时间久了便会强化学生偏颇的自我认识和自我发展的错误定位。

2. 重评价学生知识技能，轻评价学生的非学业性内容

传统课堂教学评价关注的是作为客体的知识和技能，而不是作为主体的教与学。学生的知识和技能为衡量教学的主要尺度，评价的工具无非就是考试，分数在这里就是压倒一切的指标，教学也就是为了单纯应付考试，而不是为了学生的长远发展考虑。而对非学业性内容（如学习兴趣，学习方法，学科素养，团队合作精神，基本的科学精神和科学态度，科学实验能力，收集信息、分析信息、发现问题、解决问题的能力，探究精神，反思的自觉意识和能力，创新能力，生活实践能力，动手能力，口头表达能力，分析推理能力，健康的体魄，心理素质等等）的评价却过于简单，流于形式，忽视了学生存在的个体差异，抹杀了学生不同的兴趣爱好，也背离了学生多样化、自由化、自主性的发展要求，不能关照到价值的多元诉求，导致学生评价的僵化与片面，必然造成学生高分低能、思维僵化、脱离生活实际。

3. 重评教，轻评学

传统课堂教学评价关注的是教师"如何教"，而不是学生"怎样学"，与此相应的教师评价是，从教师的教学难点是否得到好的解决、重点是否突出、语言表达是否流畅、语言表达是否具有感染力、板书是否整洁、板书设计是否合理、教态是否自然、感情是否投入、教学思路是否清晰、教学设计是否合理、结构是否完整等等角度对教师进行评定。而对学生在课堂教学中的表现、教师

与学生的互动情况、学生的自主学习水平、学生与同伴合作中的表现、参与课堂教学的热情、源于课堂活动的情感体验、表现出的探究兴趣、思考的努力程度等方面的表现的却比较漠然。

4. 评价主体的权力化、单一化，评价缺乏民主性

教学评价是一个互动的过程，绝不是一个单方面的事情。但在实际教学评价中，由于"应试教育"的主导思维还没有被扭转，教学评价仍是"自上而下"的活动。决策者和教师掌握着评价的主动权，他们的偏好决定了评价的理念、标准、方法及内容等各个方面。学生是处于权力最下方的群体，基本没有"发声"的空间与机会，但当教育行政部门和学校评价老师时，教师又成了弱势，评价者始终处于居高临下的地位，教学评价的主体始终不能多元化。可见，这样的教学评价都是单方面、直线式的、缺少互动的评价，这样的评价当然也就缺乏民主、缺乏平等的交流和沟通，最终，各个主体之间必将产生隔阂，教师和学生都会对评价产生抵触情绪和心理，不配合评价。而所谓的"主动性"和"自主性"也是主动、自主地"接受"，其实是一种伪主体性。它表面宣扬着主体性的发挥与调动，实质上却在潜隐处消解着主体自主评价与评价他人的能力和意愿。可以想见，这样的评价质量肯定不能令人满意，起不了评价本应该有的作用。

5. 重评价意见，轻关心心理，评价过程的封闭化

在传统教学评价中，无论是对学生评价还是对教师评价，往往是对结果的评定，而缺少对过程的监控，缺少对教师和学生的心理层面的关心。封闭的评价用绝对的标准来考察教师和学生，不能关注到教师教学和专业发展的过程以及学生学习和发展的过程，忽视真实、有效地记录表明教师和学生发展过程的资料，并不能及时将这些资料呈现并反馈给教师和学生，也不能不断对教师的教学表现和学生的学习表现进行纵向比较，更不会顾及教师和学生在评价中的心理感受。从而，有些评价的意见不能被教师和学生接受，使教师和学生对评价产生抵触情绪；评价不能提出教师在教学上应该改进的方向和改进教学的具体建议；不能对学生在学习上应该努力的方向和具体的改进措施。这样，就导致教师和学生不能通过外在的评价了解和促进自己的成长与发展。

6. 评价方法上重定量评价，轻质性评价

定量的评价理论在我国开始盛行于20世纪80年代，它把科学化当作教育评价追求的目标，试图以一套客观的、量化的标准来评价教学。对量化强调的评价在纠正主观臆断、随意性很大的评价确实起了很大的作用，但是教学中有许多现象是不能用数量来表示的，而是需要进行质性评价的。如果一味地量化

评价会把复杂的教育现象简单化，或者干脆只是评价简单的教育现象。定量评价也根本无法体现评价的客观性，会使评价目标误入歧途，更大的损失是有可能丢失教育中最有意义、最根本的内容。

7. 评价方式的程序化

在传统教学评价中，往往有固定的程式。如在课堂上教师对学生的表现一味说好，还加以统一的掌声和口号声。再如，评价的标准、程序固定、僵硬化，不会根据实际情况改变。甚至连对教师、学生的评语都有套路。这样程式化的评价缺乏针对性、实效性，不能对教学有很好的促进作用。

（二）反思性教学评价的现状

在我国，反思性教学实验已在上海、浙江、河南等地进行并有扩展的态势。但在实际评价中，很多教师往往把反思性教学评价等同于操作性教学评价，把操作性教学评价的方法、标准照搬用于反思性教学评价。为提高反思性教学质量，许多进行实验的教师都迫切希望能找到一个科学合理的反思性教学评价的方法、标准，作为评价反思性教学的标尺。

从目前情况来看，由于反思性教学评价有其特殊性，要制定统一的反思性教学评价方法、标准仍然是一个难题。一方面，反思性教学本身就是一门艺术，其水平的高下不仅关涉师生外显的教学行为，而且也关涉师生内隐的教学反思；另一方面，反思性教学是一个有待深入探讨的课题，随着反思性教学国际潮流的迅速拓展和国内实验的逐渐深入，客观上需要深化反思性教学理论研究，包括反思性教学评价理论研究。因此，探讨反思性教学评价方法，是反思性教学理论和实践提出的新课题。

第二节　反思性教学评价的价值取向

教学评价是根据一定教学目的和教学原理，运用切实可行的评价方法和手段，对整体或局部的教学系统进行全面考察和价值判断。教学评价是教学工作的重要组成部分，是实现教学目的的一个重要手段，它直接影响教师和学生的积极性。反思性教学评价在吸收操作性教学评价之长的基础上，又有其特殊的地方。

一、树立反思性教学评价的合理评价理念

（一）正视教师和学生在评价中的个体差异

传统教学评价在评价教师和学生时都给出了种种规定，而且这些规定大多以量的形式展现出来。明确的规定虽然为教师和学生提供了努力的方向和目标。但当它们被固定化、程序化和定量化时，在追求所谓"科学""客观""公正"的过程中也就忽视了教师和学生的个体差异以及具体的教学和学习背景。用统一的标准来衡量所有的教师和学生，使他们削足适履，放弃个性，严重妨碍了教师的教学创新和自身潜能的发挥以及学生创新能力和学习潜能的发挥。

事实上如果评价不符合教师的本人情况，不符合学生和教学的实际情况，即使在理论上看来是正确的、应当的，其在具体的结合中也必然是不合理的。评价必须要结合教师和学生的个体素质基础和可能的、合理的发展方向。此外，同一化的评价往往倾向于模糊或笼统，在施行、操作和保证公平性方面就会有困难。因此，评价不能同质化，而要根据教师、学生和教学环境的特点，通过评价突出教师和学生在教学中的差异。在实践中，好的评价应该通过许多不断的尝试确定评价维度的特异性水平，并在多样的教学背景中检验其适用性；关注教师和学生的个体差异，鼓励教师和学生发挥自己的特长，形成个性化评价。

（二）重在促进教师成长，强调教师"学会教学"

在传统教学评价中，把"学生成绩"作为评价教师的唯一标准。这种片面的做法与现代教育对教师素养和专业水平所提出的要求是不相适应的。在反思性教学评价中，要加入能促进教师进步的发展性内容，以促进教师成长，并最终要让教师成为学者型教师。

反思性教学评价的重点不在于鉴定教师的课堂教学结果，而是探究和解决教师课堂教学中出现的问题，满足教师的个人发展需求。教师能在对教学主体、教学目的和教学工具等方面，从教学前、教学中、教学后等环节的评价中获得体验，经过反复的实践、评价、体验，使他们变得成熟起来，达到"学会教学"的目的。

（三）正确处理教师业绩评价和发展性评价的关系

在传统教学评价中，对教师的评价主要是对教师的业绩进行评价，而忽略了对教师的发展进行评价。业绩评价是在某个时期给教师的业绩和能力下一个结论，主要是为了对教师的教学质量进行监控，与教师的工资和职称升迁有直接关系。相比而言，教师发展评价则旨在对教师实行帮助，它为教师提供反馈，

指导他们改进或完善教学，明确个人的发展需求和对教师进行相应的培训，从而提高他们的能力以促进其完成目前的任务或达到将来的目标。

业绩评价不容许教师犯错，如果发现教师在教学上有问题，那么教师将付出一系列的代价，这种代价有物质上的，也有精神上的。发展性评价则承诺教师可以犯错，甚至把教师在教学中出现问题看作是一件有意义的事，因为这样可以帮助教师发现自己在某些方面的不足，进而改进。显然，业绩评价与发展性评价之间是有矛盾、有冲突的。要将两者结合起来，需要付出暂时影响教学效果的代价，需要将有限的时间分割出来进行教师培训与辅导，需要有宽容的心态，需要有冒险的精神……但从教师的长期发展角度看，将两种评价结合起来既有利于教师的持续进步，也是反思性教学评价所应倡导的理念。

（四）确立对学生的发展性评价观，强调学生"学会学习"

在反思性教学评价中，评价不再只是检查学生知识、技能的掌握情况，更要关注学生是怎样掌握知识和技能的，在此过程中学生的情感怎样，态度如何，关注学生价值观念的形成情况，以及这些知识、技能和情感能否保证学生的持续、健康发展。评价也不再是如何对学生加以识别与标定，而是要对学生产生激励作用，不是单纯关心学生是否达到了规定的要求，而更注重学生与自己以前的水平相比是否有了成长和进步。

反思性教学评价要有促进学生全面发展的理念。这一理念首先体现在对教学目标的评价上，反思性教学评价不仅要评价对教学内容和知识、技能等基础性的目标的完成情况，而且要对学生的发展性目标的形成情况进行评价。其次体现在教学过程中，要体现学生的主体地位，鼓励学生自己探究问题，自己解决问题，并形成结论。总之，评价只是一种手段，它的目的是通过问题发现，帮助学生分析现实的状况及可能的发展方向，指导学生改进学习计划与方式。评价要让学生养成能反思自己学习行为、态度等的习惯，并能针对学习当中出现的问题提出解决的办法，如此不断的养成，逐渐地提高学习的能力，学会学习。

（五）体现以学论教

要真正地发挥反思性教学的作用，就必须认真地搞好反思性教学评价。要体现以学生的"学"来评价教师的"教"的"以学论教"的评价思想。强调从学生在课堂教学中呈现的状态（学生的反思意识、学生的反思能力、学生的自主学习水平、学生的团结合作精神、参与课堂教学的积极性、源于课堂活动的情感体验、积极探究的精神、思考的努力程度等）以及学生的成长记录来评价反思性教学质量。

（六）倡导参与性评价观

传统课堂教学评价中，要么把教师排除在评价活动之外，要么忽视学生的存在，忽视了自我评价的重要作用，客观上造成了评价活动中的主客体两分，使教学评价不能很好地进行。在参与性评价中，不论是教师还是学生都应该是评价的真正的、平等的主体，评价变成了主动参与、自我反思、自我觉悟、自我教育、自我学习的过程。评价者与被评价者、教师与学生在评价过程中是"交互主体"的关系，评价过程是一种民主参与、协商和交往的过程，管理者、教师与学生共同承担促进学生成长与发展的职责。

二、反思性教学评价方式的要求

（一）科学评价和人文评价相结合

反思性教学评价需要用科学标准客观评价时，要从以下三方面进行把握：一是严格把握评价标准和尺度，二是降低评价手段等方面的主观因素的影响，三是制定合理的评价程序。但反思性教学评价也有其特殊之处，在不适合客观评价的环节和方面，反思性教学评价强调采用人文评价。在这里所谓人文评价是指把事实判断和价值判断融为一体的评价。换言之，这种评价允许将被评价者和评价者的主观因素融入其中。当然，融入的主观因素必须要反映主体的理智和客观精神，只有这样，人文评价才有客观性。

（二）定量评价和质性评价相结合

量化评价追求评价的客观性、准确性和科学化，它强调将预定教育目标以可观测或测量的行为目标的方式来陈述，改变了人们长时期内单纯采用定性的方法评价教学的历史。反思性教学的评价也追求评价的客观性、准确性，可以采用量化评价的方式。但是，如果同操作性教学一样单纯推崇定量的评价方法，将会使评价陷入困境。这是由于定量评价忽略了教学中的"人性"，因而很难说明一些复杂的教学现象和许多难以量化的丰富的内容；加上反思性教学是教师个人的生活经历，并且这种经历对于个人的意义只有他本人才能解释；反思性教学也关涉到教师个人的意识形态。所有这些都是考试、分数所不能完全反映而必须兼用定性的方法才能正确反映和评价的。所以，反思性教学的评价除了用定量评价外，还要用质性评价，如用评语描述等。所谓质性评价，是指在已有的价值理论指导下，根据既定的价值结构，运用非数学方法，对评价对象的价值结构与既定价值结构的一致性作出判断的评价，评价的直接目的是确认事物是否具有现有的某种价值。

质性评价作为一种新的评价范式，是为了更逼真地反映教育现象，因此，它从本质上并不排斥量化评价，而是把它整合于自身，在适当的评价内容或场景中依然需要使用量化的方式进行评价。倡导质性评价并不是要走向它的对立，走向另一个极端——"唯质性评价""唯观察""唯评语"，而是要将这两个方面结合起来，达到综合互补的效果。

（三）自我评价和他人评价相结合

反思性教学就是教师在教学实践中，不断地对自己的教学进行思考、自我评价的活动过程，它强调教师在自我反思、自我评价过程中实现自我专业发展，同时达到提高教育教学质量、促进学生进步的目的。因此，在反思性教学的评价中，教师的自我评价是核心。而在操作性教学评价中，主要是由他人对教学者进行评价，他人处于主动地位，教师自己反而处于被动地位。教师的主观能动性和积极性没有很好地调动起来，这对教师本身的发展和教学的改进非常不利。所以，在反思性教学评价中应着重自我评价。

教师对自己的教学进行自我评价是反思性教学极其重要和主要的手段，但除了自我评价外，学校、同事、学生等他人也有必要对教师的反思性教学进行评价。必须承认，没有某种约束机制，没有某种规范的评价程序，而采取一种放任自流的态度，很少人能全面评价自己的优缺点，也就很难实现发展自己的愿望。在反思性教学的评价中，同事、朋友、学生、管理者以及学校领导精心组织的评价程序可以促进和深化教师个人的自我评价和自我发展，成为进行反思性教学的强大动力。

（四）正确处理外显行为与内隐反思的关系

对反思性教学进行评价，还要考虑到师生外显行为与内隐反思的关系。这就是说，在反思性教学评价中不仅应反映师生教学的外显行为，如教学中教师引导学生思考：是怎样想的？为什么这样想？为什么会有这样的现象？为什么做出这样的选择？而且还要注意教师的这种外显行为在深层次上还有内隐反思的成分。在评价中，还必须借助叙事研究，让教师通过讲故事的方式"叙述和说明教与学的复杂行为中的人际关系和内在相互作用，并使它们的多重存在合理化。也用独特的个人的方式认识自己的境况，从而使自己生活中的过去的、现实的、未来的、个人的和职业的关联合理化"。通过叙事研究，使评价者在理解教师的外显行为的同时理解其深层思想。所以说，反思性教学评价要很好地处理外显行为与内隐反思之间的关系，承认二者之间的一致性及其合理性，既重外显行为的观察，又重内隐反思的叙述，既分列标准，又以联系的视角看问题，紧紧围绕"发展"这一原则确立如何进行评价。

第三节　反思性教学评价的设计与方法选择

反思学说的蓬勃兴起，引起了教育教学的反思热潮，反思性教学也应运而生。而反思性教学要有效地实施在很大程度上依赖于对反思性教学评价的思考和定位。在这个过程中，应该从那些体现反思理念的维度对反思性教学进行评价？什么样的课才算是好课？怎样来评反思性教学课？

一、反思性教学的理性分析

（一）反思性教学的基本走向

反思性教学要构建一个教育教学的全新"平台"，这一全新"平台"本质的特征是让教师"学会教学"和让学生"学会学习"结合起来。换而言之，反思性教学必须构建在以教师和学生都能得到全面发展为本的"平台"上。

反思性教学这个"以教师和学生为本的平台"与传统操作性教学"以知识为本的平台"有很大的不同，两者形成了鲜明的对照。前者超越了后者不顾一切追求知识的获得的水平，把教学提高到"以人为本"的层面，从而实现教学实践合理性，不断提高教学的质量和效益。这个走向也符合新课程教学改革的基本精神，是有着强大的生命力的。

（二）反思性教学中的一堂好课的主要指标

反思性课堂教学既与操作性课堂教学有相同之处，又有其特殊的地方。因此，要使反思性教学有效的开展起来，就必须从操作层面搞清"什么样的反思性教学课才是一堂好课"。

但是，由于在我国进行反思性教学的实验才刚刚起步，要一下子明确无误、完整地提出一堂好反思性教学课的标准确实比较困难。再者，由于学科、地区、构成班级的学生群体、每一堂课教学内容等等的差异，不可能用完全统一的标准去衡量每一堂课。但可以做理性的思考，从而提出一些"理性的概括"，抛砖引玉，供大家参考。

（三）反思性教学中的一堂好课

应从总体上体现三个方面：反思性教学主体、学习主体合理性，反思性教学目的合理性，反思性教学工具合理性。

（1）反思性教学能否实现自己所追求达到的教育教学理想，相对操作性教学有无更合理的面貌，教学主体、学习主体合理性能否现实化是关键。

这里所谓的教学主体、学习主体是教学实践中确证了自己主体地位的人。那么在教学中怎样才表明教学主体、学习主体合理性已现实化了呢？

第一，教学个体主体、学习个体主体有自觉的反思意识。杜威强调反思性教学有赖于责任性、执着性等态度。这也就是说教学个体要有道德心，教学个体主体、学习个体主体要有对反思价值的充分认识，这样就会自觉的反思。同时，还要能养成反思的习惯。只有如此，教学个体主体、学习个体主体在心理上才有"警觉"，一旦有疑问即可进入反思状态。

第二，教学个体、学习主体表现出了较强的反思能力。反思能力由反思的技能和反思的毅力组成。反思的技能是指主体对教学中的问题有从经验和理论进行反思的能力。如教师反思自己的教学缺乏创意，学生反思自己做题不能举一反三。反思的毅力指主体敢于"揭自己短"的勇气和对反思的持续性。因为反思是正视自己缺点，是诱发痛苦的行为，缺乏毅力者即使技能再好，反思也不能进行下去。只有具有毅力者，才能对不合理性切中要害，也才敢于面对，然后想办法去解决。

第三，消解"中心"。所谓消解"中心"是指教学主体不能在观念、教学实践上以自我为中心或以某个人或某部分人为中心，只注意发展中心，而不注意发展周边，只注意发展部分人员而不发展全体，只发展个性而不发展共性等。从两方面看，一方面，教师要消解"学生中心"，要关注"边缘人"，要促进全体学生的发展，而不仅仅是部分成绩好的学生的发展；要关注学生多元化的发展，而不仅仅是学生知识的发展。一方面又要消解"教师中心"，要让所有教师都得到全面的发展。

（2）反思性教学目的合理性是反思性教学主体合理性的具体表现，是反思性教学工具合理性的重要前提。在反思性教学中，反思性教学目的明确与否，有无实现非常重要。那么在教学中，怎样才能体现目的的合理性呢？

第一，反思性教学目的具体化。在反思性教学中，教学主体要以观念的形式对教学客体进行改造，把"要做什么"变为"怎样去做"，制定具体可行的策略，并把它融合在教学计划中，特别要经常反思"学会学习"和"学会教学"这两个方面的契合程度，并能在每一次的课堂上付诸实施。

第二，反思性教学目的始终在调节着教学主体的教学行为。首先，教学目的要引起教学主体自身的能量，进而形成现实的物质力量，就有了教师和学会教学和学生的学会学习统一的现实活动。这样就表示教学目的已不再是纸上谈兵，而是如黑格尔（G.W.F Hegel）说的"正在完成过程中的目的"。其次，教学主体的活动自始至终有教学目的的作为。对完成教学目的有利的行为就坚持，否则就进行修正。再次，即使发现教学目的有问题，教学主体也能对其进行修正。

（3）反思性教学工具合理性是反思性教学主体合理性与反思性教学目的合理性的具体表现。教学主体通过思考教学工具的有效性和合理使用工具等实现自身主体性的合理性。教学目的的确定和实现，以教学工具等标志的客观条件为前提。教学工具包括理论工具和实践工具，教学中工具的选择和运用是否合理，就从这两方面来看。第一，反思性教学理论工具合理性的关键是适当降低应用理论和科学理论的地位，适当提高基础理论和人文理论的地位。第二，反思性教学实践工具林林总总，举不胜举。此处仅简单地从以下几个方面对实践工具的选择和运用上进行阐述。①能重视人文教学在反思性教学中的作用。体现在能把课程与学生的需要、自信心等联系起来；体现在能使课程彰显学生日常生活的意义，能顾及学生的思想道德、价值观念等，能将学生的认知和情感关系展现出来；体现在课程能呈现出与社会世界有关的解释。②能重视个体差异性和个性的发展。为此，操作性教学大力推崇个别化教学，出现了个别规定教学、模组教学法、凯勒制等个别化教学形式，对学生个性的发展确有一定的作用。可通过全面反思，发现这些操作性个别化教学形式也有很多弊端。比如大大地加重了师生的负担；需要大量的配套资金；只重视学生的知识学习，忽略了情感、认知的培养等等。所以，在反思性教学中应采用以班级教学为基本框架，加以个别化教学的合作教学。形式有学生按成绩分小队法，等等。③能突出反思性教学策略的地位。所谓教学策略尚无统一之说，但无非就是为促进教学、提高教学效率而采取的方法、谋略。反思性教学策略是针对教学中存在的问题和行动研究的要求来设计的，是根据情况的变化而变化，是能因"势"制宜的。

总之，反思性教学实践从反思性教学主体合理性、反思性教学目的合理性、反思性教学工具合理性三个方面来实现自己本身的合理性。这三个方面做到了，反思性教学课就能从总体上得到把握。

由于反思性教学提出了很多全新的理念，而这些理念很难一下子转化成为教学中的实际行为。如果教师急于求成，或者有功利主义思想，就会出现虚假、作秀的课堂教学。这种不真实的反思性课堂教学，不但破坏反思性教学本身的发展，而且必然会毒害学生的纯洁心灵，危害极大。

反思性教学中"真实"，体现在学生的反思意识从模糊到清晰；体现在反思能力逐步提高，而不是人为拔高；体现在学生对知识的掌握从不懂到懂，不会到会；体现在对问题的探究、反思不是形式上的，而是追求实效性的。教学应该是真实的，这是在经历我国教学改革初期后作出的最为理性的概括。真实的，才是最美的，才是最精彩的。

反思性教学中的一堂好课应该整体体现在，学生科学的学习方式、教师高超的教学艺术。（1）学生科学的学习方式体现在：①实事求是。在教学中，该接受性学习就接受性学习，该观察模仿就观察模仿，该记忆就应记忆，该思考的时候就思考，该讨论就讨论，该动手实践就动手实践，该探索的时候就探索，有疑问需要反思的时候就应积极反思。千万不要动不动就反思，为反思而反思，为反思所累，这就有违反思性学习的初衷。②追求实效。反思性教学中，学生在学会知识的同时，还要学会学习，教师完成教学任务的同时，还要学会教学；反对的是短期效应的一味讲授，机械的模仿、训练，毫无价值的讨论、合作，形式上的探究、反思。（2）教师高超的教学艺术在一堂好课中起着非常重要的作用，可以说，没有教师高超的教学艺术，就没有一堂好课。教师高超的教学艺术，能使学生学得扎实而又灵活、轻松、愉快，使学生陶醉在一种艺术的享受中，对每次教学都会留下深刻的印象。在反思性教学中，教师针对教学出现的问题，不断地进行反思，持续地提高自己的教学水平和能力，形成自己独特的教学风格和个人魅力，以便更好地教学。与此相应，反思性教学中，教师至少应有六种反思和探究的技能。总之，科学的学习方式、高超的教学艺术是一堂好课最基本的两个要素。

二、反思性课堂教学评价的维度确定

课堂教学评价的维度很多，反思性课堂教学评价有和操作性教学评价一样的地方，但也有其特殊的地方

（一）教师的角色把握

传统教师的形象被设计为"吐丝的春蚕""燃烧的红烛""塑造人类灵魂的工程师"多种意义上。这些隐喻是出于对教师职业的肯定和褒扬，一定程度上的确提升了教师的职业形象，但换一个视角不难发现潜藏于隐喻背后的问题和危机，这些隐喻实际上是在曲解和贬低教师的职业价值。现正进行的新课程教学改革提出要求，教师在课堂教学中应该转换角色，教师必须由"传授者""监督者""指令者"转变为"组织者""引导者"和"合作者"。即使这样也还是不够全面的。

反思性教学对上述教师角色的说法进行了矫正或补充。这就是，教师不光要是"育人者"，更要是"育己者"，只有确保自己是"育己者"的基础上，才

能成为优秀的"育人者"。也就是说，在反思性教学中，教师角色除了是"组织者""引导者"和"合作者"外，还是"反思者""学习者""促进反思者"。所以，应该把"教师的角色把握"，作为反思性教学评价中的一个重要维度，来策略性地促进教师在反思性教学中能迅速转变自己的角色，使自己不光成为"育人者"，还要成为"育己者"。

（二）教师个人的反思水平

波斯纳提出的教师成长公式：成长＝反思＋经验，形象地表明了教师的成长与发展需要持续不断地反思自己已经获得的教学经验，没有经过反思的经验是狭隘的经验，至多只能是肤浅的知识。教师自己的教学经验是教学知识的重要源泉，但仅靠教学经验仍难以获得专业成长，也难以较好地完成教书育人的任务。

教师个人反思水平得到了提高，那么他的教学方式的可行性、合理性和有效性也将得到提高，也有利于进一步提高备课质量，促进教学设计更合理，教学内容也会更全面，有利于加强教学的针对性，及时发现问题查漏补缺，有利于教师积累教学经验提高教学水平，最终的结果是取得理想的教学效果、学生和教师都得到发展。

所以，应该把"教师个人的反思水平"，作为反思性教学评价中的一个重要维度。通过评价来促进教师反思水平的不断提高，进而提高教师自身的专业水平和促进学生的全面发展。

可以根据教师在教学过程中的外显行为特征来评价教师的反思水平。（1）是否积极参与反思性教学；（2）能否主动反思自己的教学行为的合理性并提出改进的措施；（3）能否主动反思学生学习的效果并找出提高的方法；（4）能否反思教学目的的确定是否以理性分析为基础，是否符合当前的各种现实；（5）能否在教学的各个环节及时反思并有效地调控，表现在三个方面。①反思与调控教学的进度和步骤，增强计划性，对讲解、提问、演示、指导学生阅读、记笔记、课堂练习等，能适当分配时间，能把握好操作环节，避免松散。②能反思学生注意力涣散的情况，借助富有吸引力的教学手段，使学生的注意力集中并持续下去。③能根据课堂情况的变化，及时调整课时计划。

（三）学生的学习方式

在学生的学习方式上，传统操作性教学一味强调接受学习，采取的是死记硬背、机械训练的方式。《基础教育课程改革纲要（试行）》在"课程改革的目标"这一部分明确提出，要改变这一现状，倡导学生"主动参与、乐于探究、勤于动手"的学习方式。反思性教学所提倡的学生学习方式应在此基础上补充一点——主动反思、积极解决。主动反思、积极解决就是学生在学习中,能对碰到的问题进行反思,并设法解决。

但是,不能简单地否定"接受学习"方式。美国著名教育心理学家奥苏伯尔(D.P.Ausubel)将"接受学习"分为"机械接受"和"意义接受"。"意义接受"也是积极主动的过程,也重视学习活动本身带来的内在强化作用。因此,在反思性教学中,必须尽可能使"意义接受"和"主动反思、探究"相辅相成,以达到最高水平的学习境界。

(四)学生的学习能力

"学会学习",是当代社会对现代人提出的新要求,也是一个现代人在社会立足的重要条件。提高学生的学习水平,让学生学会学习,是反思性教学的重要任务。可以这样说,学习水平的提升比习得学科知识更重要。

在这里,将"学生的学习能力"作为反思性教学评价的一个维度,其中包含学习动机、学习方法等维度。主要的因子有:有学习的愿望和兴趣,积极参与反思性教学;明确学习的目的能承担学习的责任;完成学习的任务;能准确表达问题;能运用各种学习策略来提高学习水平;能对自己的学习过程和结果进行反思并提出解决的方法;能把不同的学科知识联系起来思考问题;运用已有的知识和技能分析、解决问题;具有初步的探究与创新精神;等等。

通过这样的评价,改变传统操作性教学评价只重视学科知识的获得而忽视学习,学会学习的状况,促进教师在反思自己教学行为和提升自身素质的同时,也能想到提升学生的学习能力,最终使学生"学会学习"。

(五)学生的学习效果

学生的学习水平评价主要关注学生学习过程,而学生的学习效果评价则主要关注学生的学习结果。在传统教学评价中,"教学效果"是一个基本维度。而对教学效果评价的重要依据,无非就是教学任务的完成情况和效应。而"教学任务的完成情况和效应",在"以知识为本"的教学平台上,就是教师能讲完教案,学生能学会解题。所以说,这种评价导向下的课堂教学其实就是"在演一幕幕的教案剧"。

教育家叶圣陶老先生在一次评课活动中说过一句话:"重要的是看学生,而不是看教师讲课。"所以说,教学追求的效果最终应该还是学生的学习效果,反思性教学也不例外。在这里,不光要把学习效果作为反思性教学评价的一个重要维度,而且要赋予它全新的内涵。反思性教学评价中学生学习效果的评价最终定位于三个学习目标达成。

(1)知识目标——学会了吗？

(2)能力目标——会学了吗？

(3)情感目标——学的有情趣吗？

(六)反思性学习化环境的营造

古代"孟母三迁"，讲的就是环境对一个人学习、发展所起的作用。在反思性教学中，营造有利于学生发展的反思性学习化环境是十分重要的。反思学习化环境的营造是多方位的，它包括学生、教师、学校等方面。其中教师对环境的营造的作用是最为关键的。在传统操作性教学中，教师处于权威的地位，行使"专制"的权利，这就在客观上形成了沉闷的、压抑的、机械接受知识的环境，这种环境是"非学习化的"，而是"灌输式的"。在"以发展教师、学生为本"的平台上构建的反思性教学中，教师应该：(1)为学生创设平等、宽松、互动的，有利于他们在学习目标下自主学习、交流的环境。(2)为学生学习提供丰富的学习资源，在学生学习遇到困难时给予启发式的帮助。(3)为学生营造能发挥他们个性、能让他们充分而且必须表达他们观点、激励他们在学习中碰到问题能进行反思的反思性学习的氛围。

三、反思性课堂教学评价的量表设计

反思性教学中，教师在课堂教学后进行教学反思，要有一个反思科目；教师之间听课后要相互评议，教育科研人员对反思性教学要进行教学分析等等，都需要一个工具，一个可操作的量表，即课堂教学评价表。当然，反思性教学实验在我国进行的时间较短，加上反思性教学评价本身就应定量评价和质性评价相结合，笔者在这里只是想为反思性教学评价提供新的视角。提出的量表设计，还需要在不断的实践、思考、研究的基础上进行改进和完善。

第七章 教师教学反思性评价

表7-1 反思性课堂教学评价表

学 校　　　　　　学 科　　　　　　班 级　　　　　　年　月　日

评价项目 计分标准	学生学习情况的评价					教师教学情况的评价				
		评价项目	单项评价结果 （单位：分）				评价项目	单项评价结果 （单位：分）		
			优	良	一般	差		优	良	一般	差
他人评价（过程与方法的评评）	1	机械接受还是主动探索，对学习中的疑问，问题是无动于衷还是积极反思，并设法解决					1	学生有效学习和反思的组织者、引导者、激励者，合作者以及自己者的角色情况				
	2	学习兴趣、求知欲以及自觉进行反思性学习的情况					2	对反思评价值心的认识情况；道德心即良反思的积极性的情况，表现为参与反思的积极性的情况；反思行为习惯化的情况				
	3	学生对自己在学习方法、学习方式、思维方式以及自己或在同学的反思以及自己或在同学的帮助下了解决的情况					3	对教学中的每个环节及时反思并有效调控的情况。主动反思自己的教学行为的合理性并提出改进的措施的情况				
	4	学习中动手、动脑、动嘴、动眼、动耳情况。知识消化的情况					4	尊重学生，关注学生个体的差异和学生个性张扬的情况				

191

续表

评价项目计分标准		学生学习情况的评价					教师教学情况的评价				
		评价项目	单项评价结果（单位：分）				评价项目	单项评价结果（单位：分）			
			优	良	一般	差		优	良	一般	差
他人评价（过程与方法的评价）	5	不同想法、观点的表达情况					5	平等、宽松、互动的学习环境以反思性学习氛围的创设和提供的情况				
	6	群体间的交流协作情况					6	反思性教学的设计合理性情况				
	7	学习中的创意或学科特色展现的情况					7	学科教学创意或者学科特色的展现情况				
自我评价（过程与方法的评价）	1	知识目标的达成					1	调动学生进行反思性学习的积极性、发掘学生的学习潜能的情况；主动反思学习方法并找出方法加以提高的效果情况				
	2	能力目标的达成					2	提升学生反思能力、学习能力的情况；教师自己的反思水平提高情况				

192

续 表

学生学习情况的评价						教师教学情况的评价					
评价项目 计分标准	评价项目	单项评价结果（单位：分）				评价项目	单项评价结果（单位：分）				
^	^	优	良	一般	差	^	优	良	一般	差
^	情义目标的达成					学生的价值、人文教育和教学中的创意突破情况。教师自己对反思评价认识的深化情况				
3						3				
学生情况综合得分	评价综合意见	学生代表									
教师情况综合得分	分	教师									
	分	主持评价人____									

说明：

1. 该表维度较多，听课时进行他评有一定困难，但适合反思性评价和教学分析。
2. 该表主要进行各类体的等级评价。如果要量化，还要对各类指标进行分值确定。
3. 该表的评价主体多元化，有听课者进行他评，任课教师和上课学生进行自我评价，而且评价的指向明确。
4. 该表的价值取向是教师的发展以及学生的综合素质发展。换而言之，就是让教师学会教学，学生学会学习。

193

四、反思性课堂教学评价的方法选择

评课的方法多种多样，操作性教学的评课方法有些稍做改进，也可适用于反思性教学，但是反思性教学也有其特殊的评课方法。

（一）反思札记法

这是反思性教学独有的。所谓反思札记法是教师在教学结束后写下自己教学中发生的事件，尤其是认为比较重要的事件，并予以评价。这种评价的过程也是对自己过去的教学经历予以归纳、概括、反思和再次理解的过程。这种评价过程有助于教师发现存在于教学中的问题，以引起教师的不适之感并导致寻找可能解决答案的探究活动，正是在这种探究活动中探寻教育教学中的规律和基本原理。

（二）教学录像法

教学录像发就是教师把自己的课堂教学过程用摄像机录制下来后，自己对教学进行评价。这种方法优点很多，也非常适合反思性教学评价。通过看录像带，教师可以了解到很多关于自己讲课时的不足。例如，自己一直用单调的语气说话，讲课时毫无表情；课堂上学生发言的时间很少；受到学生批评后，表现生硬，变得心烦意乱，并立刻反驳学生们的意见等。由于评价活动中防卫心理的客观存在，这些意见如果是同事或学生提出时，教师会产生排斥的心理，觉得他们是在挑毛病，但如果是教师自己看录像而得出的结论，我们就会从心理上承认这些不足，并想法改进。如果，其他的评价者来评价教师的教学质量，并且被评价教师事先被告知的情况下，评价者看到的往往是教师的表演课。这种课堂评价很容易使教师产生防卫心理，而不是真正认识到自己教学的不足。但教学录像并不存在这样的问题，因为教师录像的目的是为了发现自己在教学中存在的问题，录像带是教师自己拥有的，教师有权决定给谁看。如果教师不愿意让同事作为教学摄像者，他们也可以自己充当技术人员，这样，自己的隐私权就得到了保证。

（三）量表评价法

所谓量表评价法就是制定一个关于课堂教学评价的量表，评价主体（在反思性教学中，实现了多元化，有听课者、执教教师、上课学生等）根据表中列出评价的维度进行评价。该法的优点是评价的视角比较全面、客观，缺点是过于量化。另外，量表设计的好坏也直接引导着评价的方向，影响评价的质量。

（四）综合比较法

综合比较法是指在评课过程中不是就课论课，也不是就一堂课进行评价，而是将多堂课放在一起进行多方面的对比和评价，从而可以更清晰地看出教学的优缺点和特色，以利于执教教师在其他教师的帮助和自己的总结得到提高，同时，参与评课的教师也得到受益和提高。

（五）网络评课法

所谓网络评课法就是教师将自己的教学设计或教学过程用文字、图片或录像的形式发表在 Internet 网络上，由其他人对其进行评价的方法，Internet 网络在改变人们的生活方式，同样也在改变着教学方式和评价方式。在反思性教学中，就可以利用 Internet 网络来对其进行评价。这种方法可以打破时间、空间、地点的局限，天南地北、城市和乡村的教师可以在一起共同学习、交流，大家在虚拟的世界中进行毫无保留的交流、讨论，评价也更具有真实性。总之，Internet 网络为反思性教学评价搭建了一个非常广阔的平台，促进教师的共同成长。

（六）"行为改进式"评课法

所谓"行为改进式"评课是指在课后，由授课者和评课者共同反思、讨论教学中的优缺点，提出修改意见，授课者在修改的基础上再进行教学，如此反复几次，使教师的教学行为不断改变、教学水平不断得到提高。显然，这种方式符合反思性教学的目的，能通过评课促进教师的成长。

第四节 反思性教学评价的策略

一、反思性教学评价中的自我评价

反思性教学就是教师不断地对自己的教学进行反思的活动过程，它强调教师在自我反思、自我评价过程中实现自我发展，同时达到提高教育教学质量、促进学生进步的目的。因此，在反思性教学的评价中，教师的自我评价是核心的内容，教师进行反思性教学的过程也就是教师本人对教学进行自我评价的过程。

（一）反思性教学评价中教师进行自我评价的必要性和重要性

正如 Scott G.Paris&Linda R.Ayres 在著作《培养反思力：通过学习档案和真

实性评估学会反思》中所说：自我评价是进行改变的第一步。在现实中我们很少面对自我中自己不满意的部分，然而往往这些部分才是有意义的变化的催化剂。只有当我们面对教育自我中的那些不满意的方面时，变化才成为可能。教师只有经过不断自我诊断评价，了解自己的优势和不足，才能有意识地寻找学习机会，才可能成为一个"自我引导学习者"①。

1. "内隐理论"要求教师必须进行自我评价

传统培养教师的教学中一直奉行这样的理论，认为：教师只要获得有关教育教学的理论知识，就可以在教学实践中指导并调节自身的教学行为。但实践证明，事实并非如此简单。尽管教师学习了《教育原理》《教育心理学》《心理学》《教育学》等，但这些"外部的倡导理论"，不一定会指导教师的教学行动和教学实践。真正起作用的，正是隐藏在教师内心的、嵌入教师的日常思维的那些"内隐的应用理论"（implicit theory）。这是因为，内隐理论虽然不如科学理论规范，但内隐理论却随时在影响和支配着教师日常的教学和生活，科学理论却不能有对教师这样的影响。①教师的内隐理论与教师的生活相关，它甚至就是教师对自己的生活方式的一种分解。教师大量地运用自己的内隐理论处理教学事件和教育资源，但教师本人往往对自己的内隐理论很少明白地做出解释。②教师的内隐理论如果是合理的、正确的，那么就对学生的思维发展是积极的；如果教师的内隐理论原本就不合理、不正确，就会阻碍了学生的思维发展，那么，要让学生学会正确地思维，就不得不先设法唤醒教师的自我意识，使教师改变自己的内隐理论。③反思性教学实践既是沟通教师"外部的倡导理论"与"内隐的应用理论"的桥梁，也是提高教师教学理论素养的有效途径。要使"外部的倡导理论"与"内隐的应用理论"相互协调统一，教师对自己的反思性教学进行自我评价就显得尤为必要。

2. 教师自己才真正了解自己

与外在的评价者相比，教师最清楚自己的工作背景和工作对象，最了解自己工作中的优势和困难。因此，对教师的评价必须充分发挥教师本人的作用，突出教师在整个评价过程中的主体地位，不仅把被评教师看作评价的对象，也看作评价活动的积极参与者，评价者应通过与被评教师建立平等的合作伙伴关系，鼓励教师民主参与、自我评价与自我反思。反思性教学的评价强调教师对自己教学行为的分析与反思，建立以教师自评为主，校长、教师、学生、家长共同参与的评价制度，使教师从多渠道获得信息，不断提高教学水平。教师进

---

① 王友良. 反思性教学理论与教师反思能力的培养[J]. 管理工程师，2010，01:18-20.

行反思性教学的过程就是一个价值判断、评价的过程，不断转化、更新自己的内隐理论，因而只有教师本人才知道到底反思了没有，反思得如何。

3. 自我评价是提高教师反思能力和促进教师专业发展的最佳途径

人有一种自我管理、自我完善、自我实现的心理机制。教师的自我教育的发展也有赖于教师自我管理意识的发展。这是因为，教师自我意识得到了发展，他就能正确评价自己的思想、行为，并根据自己的动机、需要和力量主动调节控制自己的行为，更好地来付诸实践，把自己提高到一个更加自觉和能动的水平。自我教育得到良好的发展后，将促使教师由不自觉到自觉、由他律到自律、由他教到自教的转化。

教师积极地进行自我评价时，要对自己的教育教学行为和全面发展状况进行系统的反思，充分认识自己的优势的同时，又要能不断地发现自己教学和专业中存在的问题和不足，并积极反思，不断地加强学习，以解决出现的问题。在这个发现问题—反思、评价—解决问题的循环过程中，教师的教育教学能力和水平将得到不断地提高。同时，教师反思能力也在这个循环中得到提高。

（二）反思性教学评价中教师进行自我评价的内容

教师在自我评价时，要对自己的教育教学行为和全面发展状况进行系统的评价、反思。当然，评价的目的不在于评优评劣，而在于由此形成改进的计划和方法，在于促进教师自己提高，教师在自我评价中可以围绕以下四个方面进行。

1. 评所得，继续发扬，形成风格

教师在每一次的课堂教学中总有成功之处。或是教学中达到预先设计目的的做法，或是运用教育学、心理学中的基本原理的心得，或是在教学方法上的突破和成功运用，或是在教学中突然迸发的灵感，或是课堂教学中成功处置突发事件的应对之策，等等。只要有所得，课后就要及时地进行评价和反思，日积月累、持之以恒，就可发现规律，加以总结完善，便能提高自身教学能力，形成自己独特的教学风格。

2. 评所失，引以为戒，完善自我

教学中，即使准备的再周全，也难免有不足之处。或是对偶发事件的估计不足和处置不当，或是感到对某个问题的处理力不从心，或是教学方法老套，或是对教材处理不当，等等。在课后，对这些自己感到做得不够的地方进行回顾，作出深刻地反思和恰当的评价，使之成为引以为戒的教训。面对自己的不足，教师需要足够的智慧和勇气，才能弥补不足，才能使自己走向成熟，走向成功。

3. 评所疑，加深研究，搞懂搞透

教学中的"疑"，有两个方面：一方面是学生的疑问。教师要把从学生反馈过来的疑问，如果课堂不能解决，或者课后又觉得解决的不够好，就应及时地记录下来，深入探讨，直到搞清楚。另一方面是教师感觉到的疑点，如教师对教材的理解中有时并非那么透彻，有时甚至是似是而非。这时，教师也应该把疑问如实地记录下来，加深研究，使之明白透彻。

4. 评所难，突破难点，加深理解

在教学中，对难点的突破事关整个教学的成败。所谓难点，是指教师感觉难讲，学生感到难以听懂的知识点。教师如果在每一次上完课后，把自己在教学中怎样处理难点的方法、效果作一个深入细致的评价，并写下今后改进的教学设想，长期坚持，必将大大地提高自己处理难点的能力，化难为易，帮助学生加深对教材的理解。

（三）反思性教学评价中教师进行自我评价的方法

1. 课后备课和教学后记

课前预定的教学目标和要求是否得到较好的实现，只有在课后才能检验出来。课后及时地进行总结、反思、评价，把存在的问题解决，并把成功的经验进行提炼和升华。

课后备课，即教师在上完课后，根据教学中所获得的反馈信息进一步修改和完善教案，明确课堂教学改进的方向和措施。教学后记，即在课堂教学结束后，对教学过程的设计和实施，结合对课堂教学的观察，进行全面的回顾和小结，将经验和教训写在教案上。通过定义可知，两者的侧重点不同，课后备课着重对教案的修改，教学后记记录的范围较广，可以记录课堂教学的成功和失败之处，也可记录教学灵感、对学生活动的思索等，但两者都是教师进行自我反思、自我评价的较为简捷的方式，长期坚持，以记录促反思，以记录促评价，对提高教师的教学专业水平大有好处。

2. 反思札记

反思札记是教师不定期地把在教学和生活中发生的重要事件，尤其是对自己专业发展影响较大的事件记录下来，是对自己过去的教学经历予以归纳、概括、反思、评价、总结。通过写反思札记可以为反思自己的专业发展历程提供基本的原始素材，也可以帮助我们对学习过程进行思考和总结。

反思札记是一个活的文档，它是一种有目的的、反思性的、可以提供反馈信息的强有力的评价工具。尽管大多数札记是书面形式的，但它还可以包括报告、小册子、录像带、光盘和录音带等，这些形式的札记往往能够提供非常有效的自我回顾和自我定位的资源以及信息。它们可以被用来记录观察所得，描述事件和经历，进行创造性的写作，进行草图性的规划，以及分析和综合自己的记录。

写反思札记的几个注意事项：只要时间空间允许就笔不离手的写；详细描写自己所想到的，不考虑措辞、标点或拼写是否得当；即使写得非常糟糕也不要紧；抓住重点和突然出现的灵感。总而言之，写的过程中不需要太多的思考或顾虑什么。教师不仅可以尝试记反思札记，并且可以用档案袋的形式来分类管理自己的反思札记，以便日后能够系统地回顾、反思自己的经历陈述。

具体而言，教学日志可记下对以下一些问题的评价、反思："在这段时间里，教学中有哪些成功或者失败之处，以及是哪些原因造成的？事件中包含哪些理论？如何改进？自己感到与学生联系最密切、最投入的时刻是什么？自己感到最不投入、最厌烦的时刻是什么？最让自己焦虑或沮丧的情形是什么？自己最自豪的教学活动是什么？如果给自己重试的机会，哪些自己将会做得更好？是不是有时候自己主要关心的是自己的目标、价值取向和自己的学生所学的东西之间的关系？能否建设一个更公正、平等、民主的课堂？自己能否将学生们从压抑的状态下解脱出来？也可把课堂教学分为教学目标、教学内容、教学过程、教学效果四个部分，再对每个部分细分。如：从教学思想运用、教学目标设计、教与学行为表现、教学手段选用的合理性；从教材内容处理的可接受性，教学时间安排的节奏感，课堂活动组织的严密性等方面进行评价、反思。"

教师和学生一样，都需要成长，都是成长的个体。在成长的过程中，教师还必须具有足够的智慧和勇气。教师需要智慧和勇气去试验新东西和问那些自己没有答案的问题。教师还必须全心全意地投入构建这些问题和寻找答案的过程中去。教师在反思性教学中就是这样，需要有足够的智慧和勇气，不断地面对自己的不成熟，不断地摸索，不断地把自己的想法及经历记录下来。当回头来看数月、一个学年或更长时间的反思札记时，就可能会发现在自己的评价和反思中出现了某种模式，某种属于自己的、富有个性的教学模式；自己的教学水平和专业水平在评价和反思中也不知不觉地得到了提高。可见，我们在写反思札记的时候，一方面就是在进行自我评价，另一方面也是在学习、在发展。

3. 教师档案袋

在20世纪90年代西方"教育评价改革运动"中，兴起了一种新型质性教育教学评价方法——档案袋（Portfolio）评价。在反思性教学评价中，为对教师的包括成果展示、学习档案和实际表现进行评价，力求表现出教师在各个方面的真实水平和客观体现教师发展、变化程度以及让教师对自己的发展状况有清楚地了解，可以使用教师档案袋这一较好的反思性评价方法。教师档案袋包含的评价信息、资料，内容允许教师自主选择，目的是要建立基于自己教学和专业发展的档案袋。

教师档案袋中究竟放哪些内容，并没有硬性的规定，档案袋也没有标准的形式，每个教师可以依据自己的目标和兴趣建立不同形式的档案袋。里面的内容可以包括教师的获奖情况；课堂教学录像简介；批判对话小组的讨论记录；教学计划中的目的和基本原则的陈述；优秀的课例、失败的课例；好的教学设计、方法，差的教学设计、方法及后来改进的设计；以及给予学生批判反思型学习的评价等等。档案袋建立的过程就是教师对已有经验进行整理和系统化的过程，是对自己成长积累的过程，也是教师进行自我评估、自我教育、自我反思的过程。建立的过程中不但能够不断激励教师发展自我评价技能，而且可以清晰、全面地记录下教师成长中的点点滴滴、方方面面，为科学诊断和调整教育活动提供充分的具体的依据。

教师档案袋评价是评定教师专业发展以及作为教师反思自己教学实践的有效途径。教师档案袋是教师作为专业人员对自己人生观、教学观反思的个性化肖像，它既是结果，也是过程。档案袋评价能帮助教师对自己的教学和学习进行纵横比较，发展自我价值，形成个性化的教学模式，有助于教师表达自己的感觉、思想、奋斗过程、理论、价值观等，充分体现了教师的主体性、自主性。总之，进行教师档案袋评价是教师为自己的教学和专业成长负责，促进教师成为反思型、学者型的教师，学会教学。

4. 行动研究

行动研究是一种研究取向、一种专业实践形式、一种研究过程，对于教师来说是一种反思性的教学方式。当教师们思考"我怎样才能进一步改进我的教学"这样的问题时，当他们试图回答这些问题，当教师们在教学中系统地观察和收集资料时，当他们和学校同事一起分析和讨论这些问题时，他们实际上就在进行反思性的教学，这种反思性教学本身就已经具有了行动研究的特征。

行动研究中的研究者与实践者是统一的，研究的起点是对自身实践的不满和反思，研究的对象是教学现实中出现的具体问题，研究的目的是为了更好地解决教学的现实问题，研究的过程是为了改善教学现实的实践，研究的结果则是切实改变了教学现状。这样，研究与实践紧紧地结合在一起，形成一个相互促进的反馈机制。所以说，行动研究是一种通过实践来使我们自己和别人的想法和理论得以检验和理论化的过程。

在反思性教学中，教师的自我评价要和行动研究紧密结合起来。所谓行动研究是指教育实践者即教师研究本学校本班级的实际情况，解决日常教育教学中出现的更深层次问题，从而不断改进教育教学工作的一种研究。在很多时候，教师忙于日常的教学，备课—上课—改作业—下班辅导，如此机械地循环往复，思维、感觉变得迟钝起来，对教学中出现的更深层次问题视若无睹。开展行动研究就是为了激发教师智慧的火花，唤醒教师内心解决问题，提高自己解决深层次问题能力的冲动。通过留心那些控制我们的感觉，以及留心那些我们固有地对学生、学校和我们自己的观念，我们将明确研究问题，而这些问题将使我们进入学术的领域，使我们的课堂变成学习的共同体。

行动研究是提高教师教育教学能力的有效途径，教师在教学过程中，要敏锐地提取教学中存在的问题，并对此展开调查研究。可充分运用观察、谈话、测验、调查问卷、查文献等多种方法，并通过课内活动、课外活动、座谈会等多种渠道，对教学中的深层次问题进行了解和展开研究，逐步减少自己对教学工作认知上的偏差。这样，通过一系列的行动研究，不断反思、评价，教师教学能力和教学水平必将有大的提高。

教师的教育研究有别于专家的学术研究，反思性教学中的行动研究旨在促进教与学。教师在研究实践中，"有行动的目的、责任，能够体察实践活动背景及有关现象的种种变化，能够通过实践检验理论、方案、计划的有效性和现实性，他们对实际问题具有专业研究人员难以替代的认识作用"。教师的行动研究目的在于改进教育教学行为，提高教育教学活动的质量和水平，使教师在反思研究中实现专业自主和自身解放，提升和确证自身的主体性和创造性。教师的教育研究所关注的不是各学科分支中的纯理论研究者认定的理论问题，而是教师们日常遇到的、急待解决的实践问题。

行动研究是反思性教学过程中必不可少的方式，甚至反思性教学就是在行动研究过程中完成的，实际上反思的过程就是自我评价的过程，并且行动研究过程中也随时伴有评价和判断，因而教师的自我评价必须和行动研究紧密结合起来。

二、从学生的视角和在评价学生时进行反思性教学评价

反思性教学评价在充分发挥教师自我评价的主体作用的同时，还应充分重视学生在评价中的作用。学生直接参与了教学活动，学生的发展是教师工作的重点和最终目标，他们对教师的教育教学活动以及师生交往有着直接的感受和判断，为了找到"真理"，我们需要去获得学生的声音，以促使教师自己成为

批判反思型教师。

学生是我们最直接的"受益者"或"受害者",因而他们的声音和学习状态是我们进行反思性教学评价时必不可少的。然而要让学生说出自己内心深处的想法和全面了解学生的学习状况并不是那么容易的。不少教师口头上说欢迎学生对自己的教学提出评价,但内心并不真的认同,甚至讨厌学生揭自己的短,因此学生尽量避免公开谈论教师。所以要得到学生的真实的评价和学生全面的学习状况,必须采取相应的办法。

(一) 学生的学习随笔

学习随笔不拘形式和风格,长度也不必写成长篇大论,寥寥几笔也可。学习随笔可关涉到任何主题,只要能反映学生的学习时的感受、思想、情感、兴趣等就行。在适当的时候,某些学习随笔的段落可以匿名念给全体学生听,旨在说明不同形式、风格和种类的主题是可接受的。

对于教师来说,从头到尾阅读这些学习随笔是一件充满挑战的事,对自己是个不小的震动。因为,通过看这些学习随笔,教师渐渐认识到隐匿于自己在课堂上司空见惯的一些面孔之后的复杂事实,不管他们是令人愉快的还是令人遗憾的。这些学习随笔可以当成学生的学习记录放入学生的档案袋。

(二) 学生档案袋

档案袋(Portfolio)是20世纪90年代,在西方"教育评价改革运动"中出现的一种新型质性教育教学评价工具。学生档案袋收集了记录学生自己、教师、同学、家长作出评价的有关材料,学生的作品反思等反映学生的学习和进步状况的材料,这些材料都是具有某种特定说服力的作品或与之相关的文献、材料,以提供给评价者进行评价。

学生档案袋为反思性教学评价提供了非常好的一种方式,其实质是教育教学评价的基础的转移,即从学生获得由教师选定的知识的多寡转移到学生运用所学知识而获得的成就上。它和反思性课堂教学紧密结合,清晰、有效记录了学生在原有基础上点点滴滴的进步,能让学生清楚地看到自己成长的每一步脚印,看到自己真实地学习历程,激励学生发展自我反思和自我评价的技能,为自己的学习负责,成为反思性学习者,以让学生能持续地发展。同时,它对教师的成长也有重要意义,它为教师最大限度地提供了有关学生学习和发展地重要信息,既有助于教师对学生的学习进行正确评价,又有助于教师全面反思、评价自己的教学,进而不断改进教学方法,提高教学质量和效益,实现教师自身的发展。

（三）批判事件调查表

批判事件是一些由于某种原因被认为有重大意义的、难以忘记的生动事件。我们可通过批判事件调查表恳请学生以匿名的方式给出他们学习的精确信息，从而把教学建立在这些信息的基础之上。批判事件调查表是一种快捷而具有揭示性的方法，通过它我们可以判定教学行动对学生所产生的影响，发现学生学习中的情感高潮和低谷。

批判事件调查表是从学生的角度来评判教师的教学。学生是教师产生的各种教育影响的直接体验者。他们的体验和感受最能有效地反映出教师的某些方面的水平，如师德修养、教学态度、教学能力、教学过程和效果等。让学生评价教师，是教师评价的一个重要的、较为可靠的信息渠道。教师可以从学生们对批判事件的回答会获得的许多自己非常想知道而单靠自己无法知道的结果，从而有可能改变自己的不太恰当的教学行为，以提高自我。

三、同事评价

俗话说"旁观者清，当局者迷"，旁人才能发现教师自我评价难以认识到的问题。一般来说，教师在工作中都存在盲点，也就是那些从未审查过的实践和假设，不管教师的思维多么有独创性，不管教师从不熟悉的视点回首他自己的经历时多么有创造性，他总会陷入自己的意图框架和视野之中不能自拔。反思性教学就应在自我批判的同时，又要是合作民主的。因此，反思性教学评价在充分发挥教师自我评价的同时，还要邀请同事对自己的反思性教学进行评价。

反思性教学中，教师要想很快提高自己，寻求同伴的帮助必不可少。由于同校特别是同一个备课组的教师在教学目标、方法和过程以及教学对象、教学环境等等方面的相似性，相互之间有更深刻的共鸣和更准确的理解。从同事的评价中反思自己的教学，既可以借鉴别人的经验，又可以吸取别人的和自己的教训，对改进教学和发展自我都是非常有意义的。

同事评价是收集自己的教学信息既简单又实惠的方法。采用这种方法时，被邀请来听课的同事应是可以和教师敞开心胸与之交流的人，因为听课的目的就是要让同事指出教师自己在教学中存在的问题和一起解决教学中存在的困惑。

在听课前，你可以告诉听课者你想要他们给你提供那些信息，例如：我处理教学中的难点的方法可行吗？学生的反应如何？我是怎样处理课堂偶发事件的？学生对我的观点持不同意见时，我是怎样的态度？在你看来，我对不同学生的发言有不同的反应吗？如果有，有什么不同？等。这样，听课者在听的过程中就可以有的放矢。

同事听完课后，应尽快地和上课教师对课堂教学进行讨论。经验证明，课后讨论的质量直接关系到课堂听课的成效。开始讨论时，评价者应该保证教师有足够的时间表达自己的感想和感觉。评价者应该首先询问教师本人对上课的看法。让他们对自己上课的表现进行自我评价，谈谈自己的优点和不当之处，解释学生的反应，分析特定的环境。之后，评价者再根据课堂上观察到的情况向教师反馈。一般来说，给教师反馈时，要尽可能地具体和有针对性，如果没有详细的行为说明，没有具体的指导建议，那么评论就没有实质性的意义。

总之，教师应该多邀请同事来评价自己的反思性教学，理性地对待同伴地评价，同时对自己的教学进行深层次地反思，才能避免"孤芳自赏""曲高和寡"，才能"百尺竿头，更进一步"。

四、学校对反思性教学进行评价

在反思性教学中，教师进行自我评价是极其重要和主要的手段，但除了自我评价、学生评价和同事评价外，学校也有必要对教师的反思性教学进行评价。没有某种约束机制，没有某种规范的评价程序，而采取一种放任自流的态度，很少人能全面评价自己的优缺点，实现自己的发展需求。因此，学校有必要建立一定的约束机制，制定相应的评价程序，以促进和深化教师个人的自我评价和自我发展，给反思性教学注入强大的动力。

（一）对反思性教学的评价应该属于教师评价的一个方面

教师评价不应该仅仅是对教师工作进行管理的方式与途径，而应该是教师从评价反馈中可以获悉自己的不足，扬长避短，不断提高自身素质、促进专业发展和教学质量提高的手段。

我国现行的教师评价制度是面向过去的教师评价制度，主要强调教师是否履行了应有的工作职责，他们的工作表现是否符合校方的期望；判断他们是否已经具备奖励或处罚的条件。但是，在现代教师的教学评价中，视野应该不仅局限于过去，而应是开阔的，评价的指标也应当是多维的。在建立教师评价的指标体系时，至少应当从两个维度来考察评价教师的表现。第一是从教育者的角度考察教师的素质、表现和成就；第二是学习维度，即从学习者的角度考察教师的终身学习意识、终身学习能力、不断自我完善的表现和成绩。这种教师评价与以往仅从教育者的角度对教师作单维评价相比，不仅要求在关注教师当前表现的同时，更要关注教师未来发展的问题。

反思的过程本来就是一个不断否定自我的过程，也是一个痛苦转换地过程，因而有些教师只不过是反思、回想一下，却不去实践、行动，那最终还是没有进行真正意义上的反思。

（二）学校应创设支持反思性教学的校园文化

没有一个支持反思的校园文化环境，教师进行反思性教学是不可能的。反思性教学注重开放、合作的环境创设，它不仅要求反思者有一个开放、负责和全心全意地投入的心态，同时也要有合作、协调、信任的环境。学校对教师的反思性教学进行评价，为教师创设了一个反思性教学的氛围，有利于教师全面开展反思性教学。

1. 学校要鼓励教师自觉地进行反思性教学

如果教师不能从思想上认同反思性教学，而是被动地开展批判反思，那就批判反思只能流于形式，难以取得理想效果。如果学校想要强迫教师进行批判反思而违背了批判反思的本质节奏，那么就会造成巨大的、可能无法挽回的损害。因此，学校可以为批判反思创造更多的有利条件，让教师自觉地进行反思性教学。

2. 学校要努力形成人人参与反思性教学及其评价的浓厚氛围

如果学校只有少数几位教师在进行反思性教学，同时又得不到其他同事和领导的支持，那整个学校系统就不是一个支持反思性教学的组织，甚至会成为一个压抑反思性教学的组织，想要组织里的所有成员都进行反思性教学就变成空想。只有整个学校系统发展成为反思型的环境，继而发展成为成员之间互相依赖、互相帮助、互相批判的学习组织，教师进行深层次的反思也才成为可能。

首先，学校领导要带头进行反思性教学。为了让教师能真正进行反思性教学，校领导就必须起带头作用，为教师创设一个支持反思性教学的文化氛围。这种文化氛围一经形成，便成为学校成员所共有的和必须遵循的学校普遍文化，并对学校成员产生影响。奥斯特曼（Osterman）和考特凯姆（Kottkamp）的研究说明，在教师当中培育批判反思的精神，校长们公开宣布自己的错误比其他任何因素都更为重要。这些校长愿意承认他们不是全能的，并请求教师们帮助他们了解一些问题，寻找解决办法。这样，就创设了反思实践的文化。

其次，创设一种"对事不对人，鼓励公开指出个人教学中存在问题"的氛围。学校领导要能够带头公开指出、评价其他教师在教学中的问题，以形成反思性教学的风气。其他教师看到学校管理者支持反思性教学，看到指出他人特别是学校领导在教学中的问题都不会损害人际关系和自己的现实利益，他们就会自觉地进行反思性教学，就会毫无保留地对他人的教学作出如实的评价，提出自己的看法和建议，从而推动反思性教学的发展。

再次，学校对评价应当及时反馈，形成发现问题，就立即解决问题的优良作风。任何系统只有通过反馈信息，才可能实现有效的控制。学校要对教师的反思性教学的评价结果迅速、准确地反馈给教师本人，同时提出相关建议，这对教师的教学改进和成长极其重要。

3.学校要建立促进教师专业成长的评价制度

格朗兰德指出，"评价的主要目的是改进学习和教学，所以，评价结果的其他用途，都是第二位的或补充性的"。对反思性教学的评价，应建立旨在促进教师专业成长的出发点上。在考评内容和标准的制定上应反映教师创造性劳动的性质和角色转化的要求以及教学改革的方向；考评的组织实施上应杜绝形式主义，使考评过程成为引导教师学会反思、学会自我总结、自我评价的过程，从而进一步提高认识，更新观念；考评结果的使用上应杜绝分数主义，要从教师专业成长的全过程来看待每次考评的成果，为教师建立档案袋，帮助教师全面了解自己，明确自己所处的成长阶段和进一步努力的方向。

在反思性教学的评价中，教师评价应以教师的发展为核心，注重教师的个人价值、伦理价值和专业价值，注重未来的发展，帮助教师认识自我、发现自我，使每个教师都能从评价中获得激励、自信和不断前进的动力，从而提高专业水平。评价中，应强调教师在评价中的主体地位，尊重教师的需要、选择、人格等，在评价中要和教师进行平等对话、充分沟通，更多地把评价活动和过程当作为教师提高展示自我的平台和机会，使评价成为促进教师发展的手段和动力，而不是评分、分类的工具，更不是学校进行行政管理的方法。

参考文献

一、著作

[1] 毕田增，赵静春.走向校本学习与培训[M].北京：开明出版社，2003.

[2] 陈夫义.网络教研的理论与实践[M].海口：海南出版社，2013.

[3] 陈世辉.教研员工作概论[M].哈尔滨：黑龙江朝鲜民族出版社，2012.

[4] 陈永明.国际师范教育改革比较研究[M].北京：人民教育出版社，1999.

[5] 陈永明.现代教师论[M].上海：上海教育出版社，2001.

[6] 从立新.沉默的权威：中国基础教育教研组织[M].北京：北京师范大学出版社，2011.

[7] 代蕊华.教师专业发展与校本培训[M].北京：教育科学出版社，2011.

[8] 邓友超.教师实践智慧及其养成[M].北京：教育科学出版社，2007.

[9] 范国睿.多元与融合：多维视野中的学校发展[M].北京：教育科学出版社，2003.

[10] 费孝通.论文化与文化自觉[M].北京：群言出版社，2007.

[11] 傅建明.教师专业发展——途径与方法[M].上海：华东师范大学出版社，2007.

[12] 胡庆芳，汤力宏，赵勤等.校本教研实践创新[M].北京：教育科学出版社，2007.

[13] 胡协和，杨小珍.学习型组织和学习化社区——为终身教育体系打造构件、搭建平台[M].南昌：江西人民出版社，2002.

[14] 靳玉乐.探究教学论[M].重庆：西南大学出版社，2001.

[15] 李冲锋.教师教研科学指南[M].上海：华东师范大学出版社，2009.

[16] 李森.现代教学论纲要[M].北京：北京人民教育出版社，2005.

[17] 连榕.教师专业发展[M].北京：高等教育出版社，2007.

[18] 刘清华.教师知识的模型建构研究[M].北京：中国社会科学出版社，2004.

[19] 刘义兵.创造性教学研究[M].重庆：西南大学出版社，2000.

[20] 欧文斯.教育组织行为学[M].上海：华东师范大学出版社，2001.

[21] 裴娣娜.教育研究法导论[M].合肥：安徽教育出版社，2000.

[22] 钱民辉.教育社会学：现代性的思考与构建[M].北京：北京大学出版社，2004.

[23] 秦国龙.教研论[M].沈阳：辽宁大学出版社，2005.

[24] 时曦.教研员专业成长之路[M].桂林：广西师范大学出版社，2008.

[25] 苏建华.教师专业化发展的研究与实践[M].北京：中国书籍出版社，2011.

[26] 陶秀伟.教研工作的理论与实践[M].北京：人民出版社，2011.

[27] 王春光.反思型教师教育研究[M].长春：东北师范大学出版社，2010.

[28] 王福强.用心做科研：一线教师最需要的教研策略[M].长春：吉林大学出版社，2010.

[29] 王红艳.新手教师在学校实践共同体中的学习[M].武汉：华中师范大学出版社，2011.

[30] 王建军.学校转型中的教师发展[M].北京：教育科学出版社，2008.

[31] 王攀峰.走向生活世界的课堂教学[M].北京：教育科学出版社，2011.

[32] 王越，汪圣安.认知心理学（重排本）[M].北京：北京大学出版社，2006.

[33] 肖玄武.元认知与外语学习研究[M].上海：上海交通大学出版社，2011.

[34] 徐斌艳.教师专业发展的多元途径[M].上海：上海教育出版社，2001.

[35] 徐继存.教学论导论[M].甘肃：甘肃教育出版社，2001.

[36] 徐继存.课程与教学论问题的时代澄明[M].济南：山东教育出版社，2008.

[37] 余文森，洪明.校本研究九大要点[M].福州：福建教育出版社，2007.

[38] 张丰.校本研修的活动策划与制度建设[M].上海：华东师范大学出版社，2007.

[39] 张敏.教师学习的理论与实证研究[M].杭州：浙江大学出版社，2008.

[40] 张万祥，万玮.教师展业成长的途径[M].上海：华东师范大学出版社，2007.

[41] 赵才欣. 有效教研：基础教育教研工作导论 [M]. 上海：上海教育出版社，2008.

[42] 赵丽，李妍. 中外教师专业发展研究：热点、问题与对策 [M]. 上海：华东师范大学，2013.

[43] 郑金洲，陶保平，孔企平. 学校教育研究方法 [M]. 北京：教育科学出版社，2003.

[44] 郑威. 学习共同体：文化生态学习环境的理想架构 [M]. 北京：教育科学出版社，2007.

[45] 郑燕祥. 教育范式转变效能保证 [M]. 上海：上海教育出版社，2006.

[46] 钟启泉，崔允漷，吴刚平. 普通高中新课程方案导读 [M]. 上海：华东师范大学出版社，2003.

[47] 周德孚，殷建平，蔡桂其. 学习型组织 [M]. 上海：上海财经大学出版社，2008.

[48] 周越良. 信息化环境中的教师专业发展 [M]. 北京：科学出版社，2008.

[49] 邹尚智. 校本教研指导 [M]. 北京：首都师范大学出版社，2010.

[50] 佐藤学. 课程与教师 [M]. 北京：教育科学出版社，2003.

二、期刊论文

[1] 白江萍. 提高学生语文学科整理和反思能力的研究 [J]. 课程教育研究，2019，28:23-24.

[2] 陈二伟. 论反思性教师及其能力培养 [D]. 首都师范大学，2003.

[3] 陈欣. 新课程改革背景下培养教师反思能力的尝试 [J]. 福建教育学院学报，2008，01:60-64.

[4] 储召红. 论教师反思能力及其培养 [J]. 皖西学院学报，2001，04:53-56.

[5] 储召红. 论教学反思及教师反思能力的培养 [D]. 华东师范大学，2001.

[6] 范智慧. 论反思型汉语教师及其能力的培养 [D]. 山东师范大学，2015.

[7] 高玲. 教师反思能力发展特点的研究 [J]. 教育理论与实践，2007，09:45-48.

[8] 龚金丹. 教育变革过程中教师反思能力成长状态之研究 [D]. 华东师范大学，2008.

[9] 回俊松. 职前教师反思能力培养研究 [D]. 东北师范大学，2014.

[10] 季俊昌，李翠兰．基于新课程的教师反思能力培养路径探析[J].山东教育学院学报，2010，2503:22-26+34.

[11] 江晓春．论教师个体反思能力的提升[D].华东师范大学，2008.

[12] 乐瑶．师范生反思能力培养的行动研究[D].湖北师范大学，2018.

[13] 李春玲．谈教师反思能力的培养[J].长春教育学院学报，2013，29:78.

[14] 李纪艳．培智学校教师反思能力形成机制探究[J].绥化学院学报，2017，3701:121-123.

[15] 李静．教师反思能力培养有效途径与评价机制构建[J].佳木斯大学社会科学学报，2011，2905:118-119.

[16] 李瑞，韩红梅，王京华．合作学习校本培训与培养教师反思能力的实验研究[J].成人教育，2008，12:24-25.

[17] 李新华．教学反思及教师反思能力的培养[J].廊坊师范学院学报（社会科学版），2008，2406:108-109.

[18] 龙安邦，范蔚．课程创生与教师反思能力的提升[J].教育理论与实践，2013，3316:32-35.

[19] 罗晓杰，牟金江．反馈促进新教师教学反思能力发展的行动研究[J].教师教育研究，2016，2801:96-102+74.

[20] 马志鸿．美国中小学教师反思能力培养方式研究[D].四川师范大学，2008.

[21] 母雪梅．中职学生反思能力培养策略研究[D].贵州师范大学，2019.

[22] 庞淑芳．培养教师反思能力的实践与研究[J].中小学教师培训，2006，07:13-15.

[23] 王春光．反思型教师教育研究[D].东北师范大学，2007.

[24] 王永花，殷旭彪．基于反思日志培养大学生反思能力的实践研究[J].数字教育，2019，506:66-71.

[25] 王友良．反思性教学理论与教师反思能力的培养[J].管理工程师，2010，01:18-20.

[26] 王友良．形成性评价中教师反思能力的培养[J].河南财政税务高等专科学校学报，2009，2301:73-75.

[27] 魏锦，王冉．基于网络的学习共同体对教师反思能力的培养[J].中小学教师培训，2008，08:26-27.

[28] 魏喜林．论教师反思能力及培养[J].现代教育科学，2007，10:42-43.

[29] 武海燕.培养教师反思能力的意义和策略[J].内蒙古师范大学学报（教育科学版），2001,06:69-71.

[30] 徐波.教师反思能力自我培养的实践模式探讨[J].内蒙古师范大学学报（教育科学版），2008,04:73-75.

[31] 姚林群.论反思能力及其培养[J].教育研究与实验,2014,01:39-42.

[32] 俞志芳.关于教师反思能力的几点思考[J].扬州大学学报（高教研究版），2008,1206:24-26.

[33] 袁欢.教育实习对师范生教学反思能力发展的影响[D].苏州大学,2014.

[34] 张桂芝.基于构建主义理论的幼儿教师反思能力提升策略[J].开封教育学院学报,2019,3906:218-219.

[35] 张海珠,陈花,李金亭."互联网+"时代乡村教师教学反思能力检核模型的构建[J].河南师范大学学报（哲学社会科学版），2020,4702:143-150.

[36] 张洁.培养教师反思能力的策略研究[J].北京教育（普教），2010,06:20-21.

[37] 张琼.以实践能力培养为取向的知识教学变革研究[D].华中师范大学,2011.

[38] 张顺丽.基于网络学习共同体的教师反思能力提升策略研究[D].河南师范大学,2013.

[39] 张薇.师范生反思能力培养的研究[D].南京师范大学,2007.

[40] 张晓光.研究性反思：芬兰师范生教育实习探析[J].教育研究,2019,4005:86-93.

[41] 赵潇.教师教学反思能力的影响因素与提升策略[J].教学与管理,2019,12:61-64.

[42] 周志健.基于元认知理论的教师反思能力提升策略的案例研究[D].南京师范大学,2014.